NATIONAL GEOGRAPHIC

NATIONAL GEOGRAPHIC

美国国家地理全球史

罗马共和国的终结

The End of the Roman Republic

美国国家地理学会 编著　李恋晨 译

中国出版集团　现代出版社

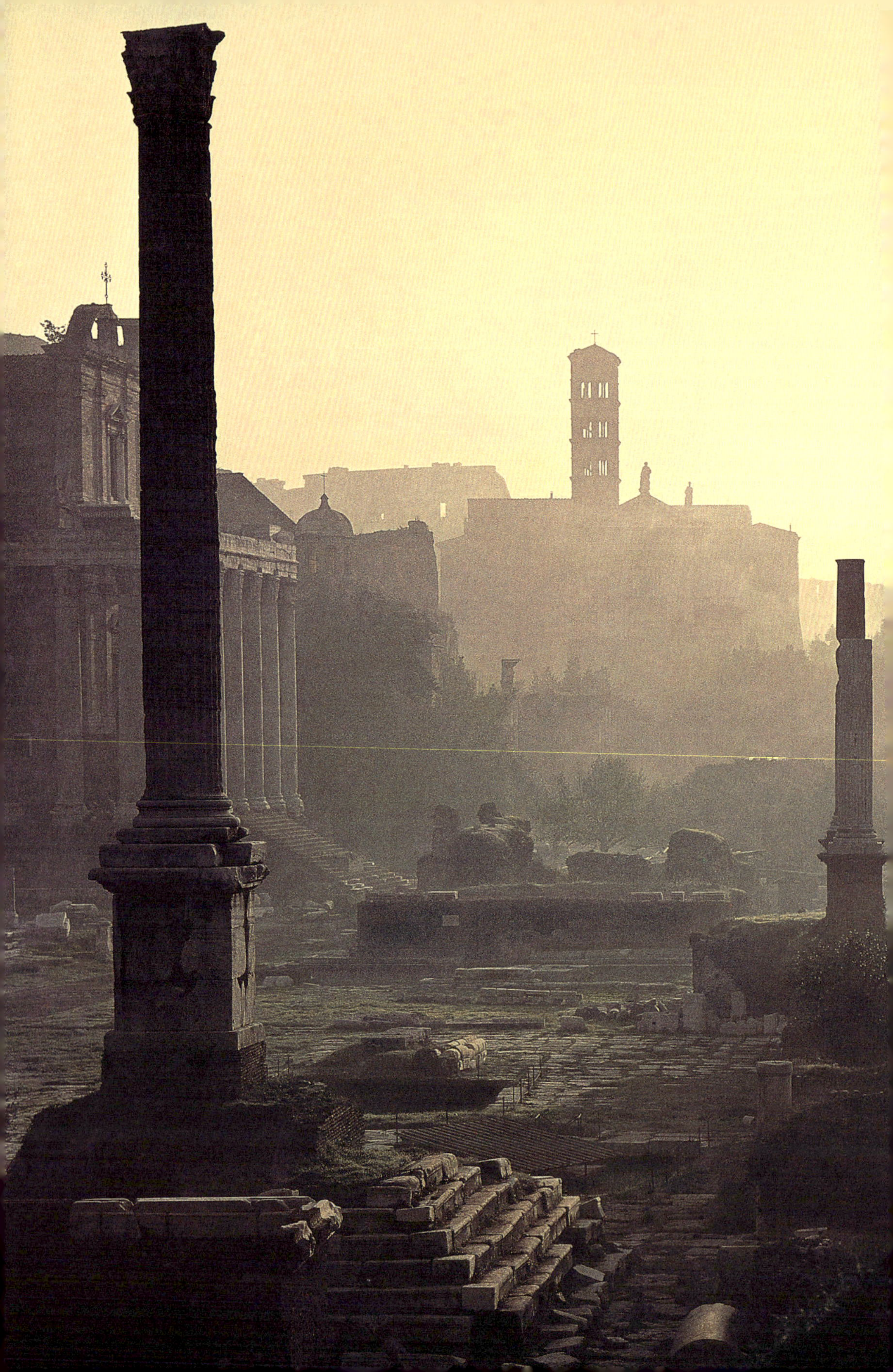

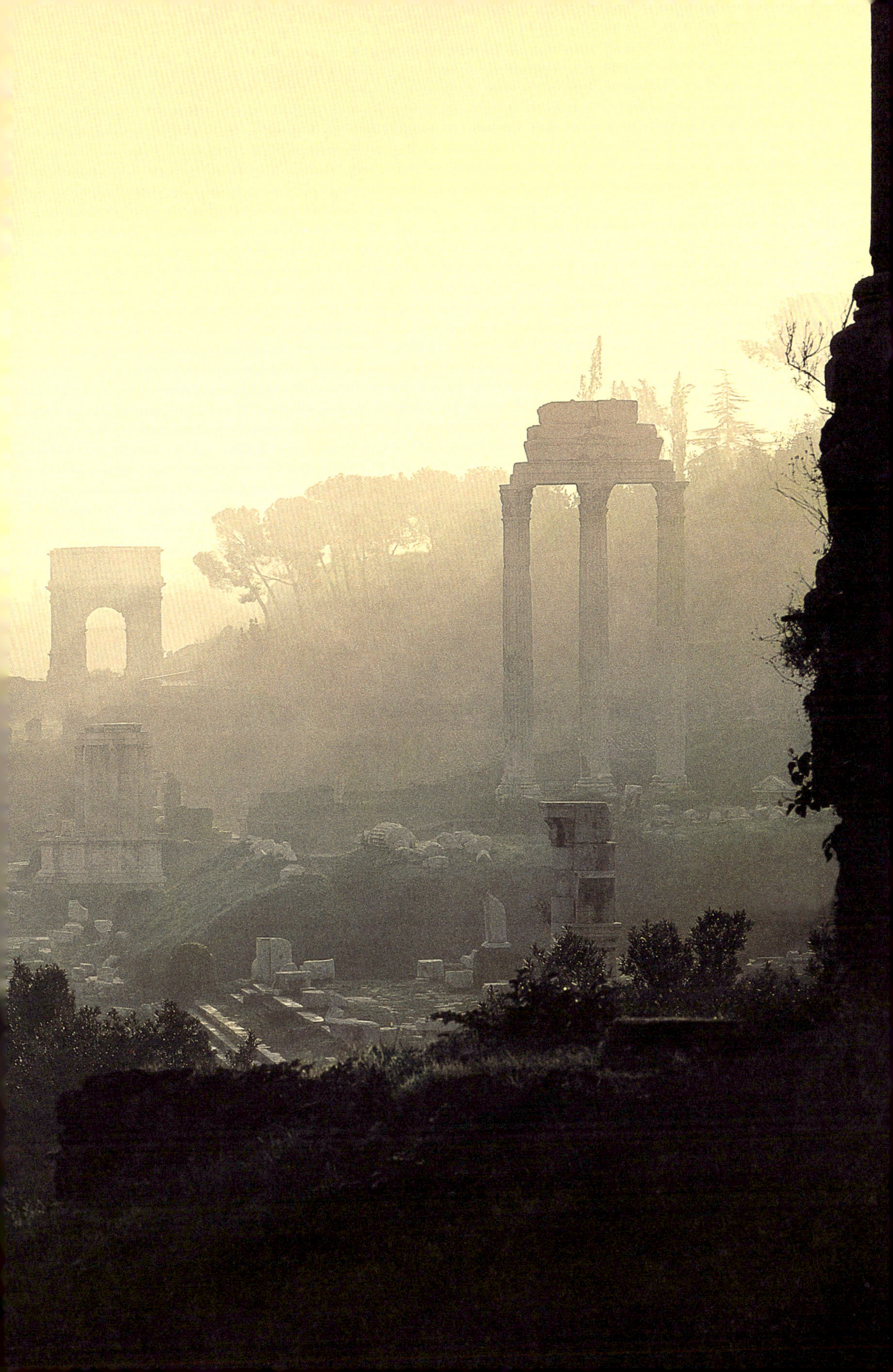

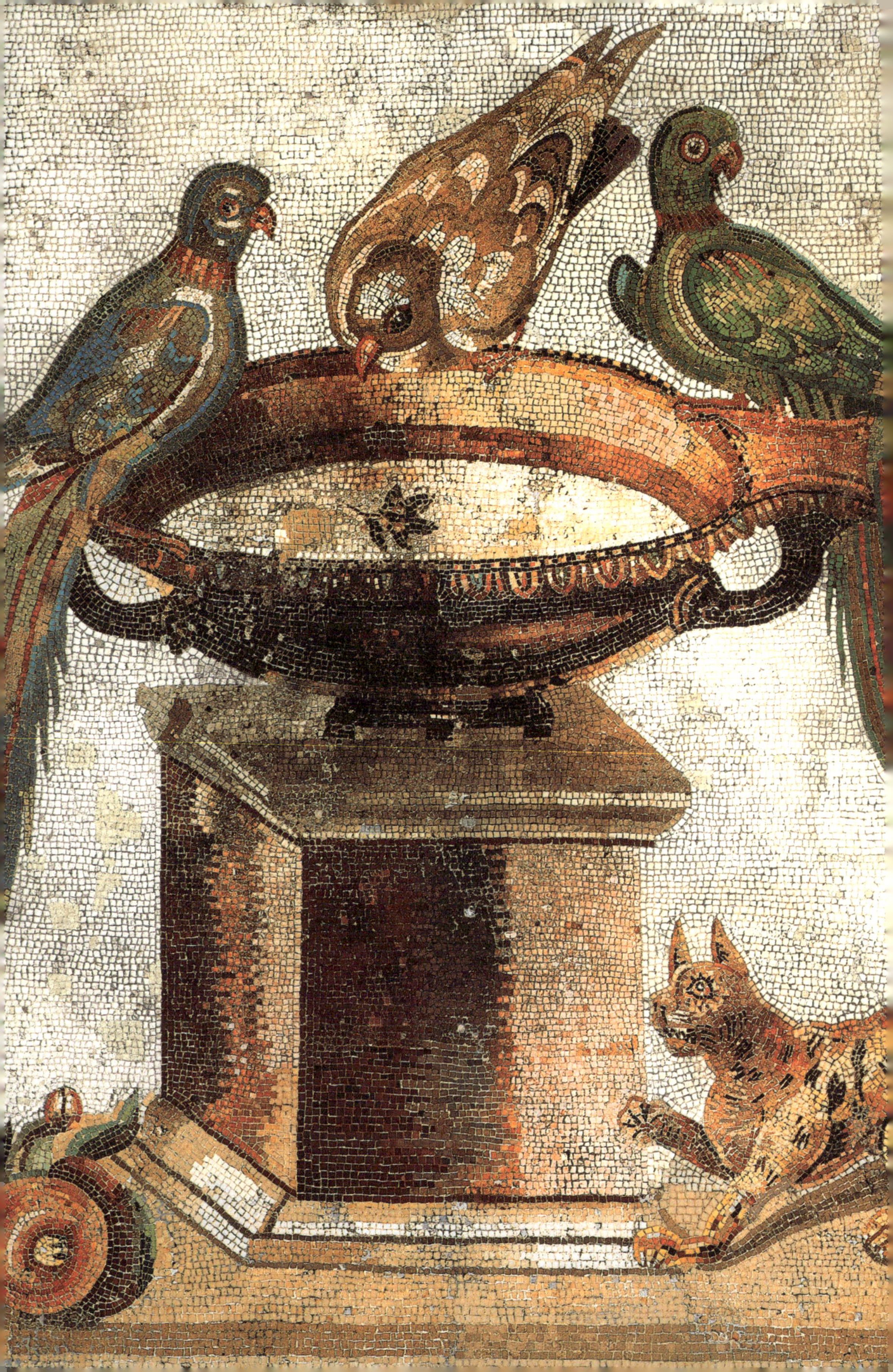

目　录

概述 11

罗马共和国的危机 13
　　档案：元老院，罗马政体的轴心 46

贵人派与平民派 53

内战 93
　　档案：罗马的公共建筑 130

三头同盟 141

尤利乌斯·恺撒 179
　　档案：令人畏惧的高卢人 219

附录 229
　　公元前 2 世纪至公元前 1 世纪的罗马共和国 230
　　对照年表：罗马、中亚及近东、远东及美洲 232
　　执政官年表 234

插图（第2页）　奥古斯都时期的苏拉[卢基乌斯·科尔内利乌斯·苏拉（Lucius Cornelius Sulla）]半身像（现藏慕尼黑巴伐利亚州立古典珍品陈列馆）。

插图（第4—5页）　古罗马广场（Forum）全景。

插图（左侧）　历史可追溯到公元前1世纪末的圣马里亚卡普阿韦泰雷的罗马镶嵌画（现藏那不勒斯国家考古博物馆）。

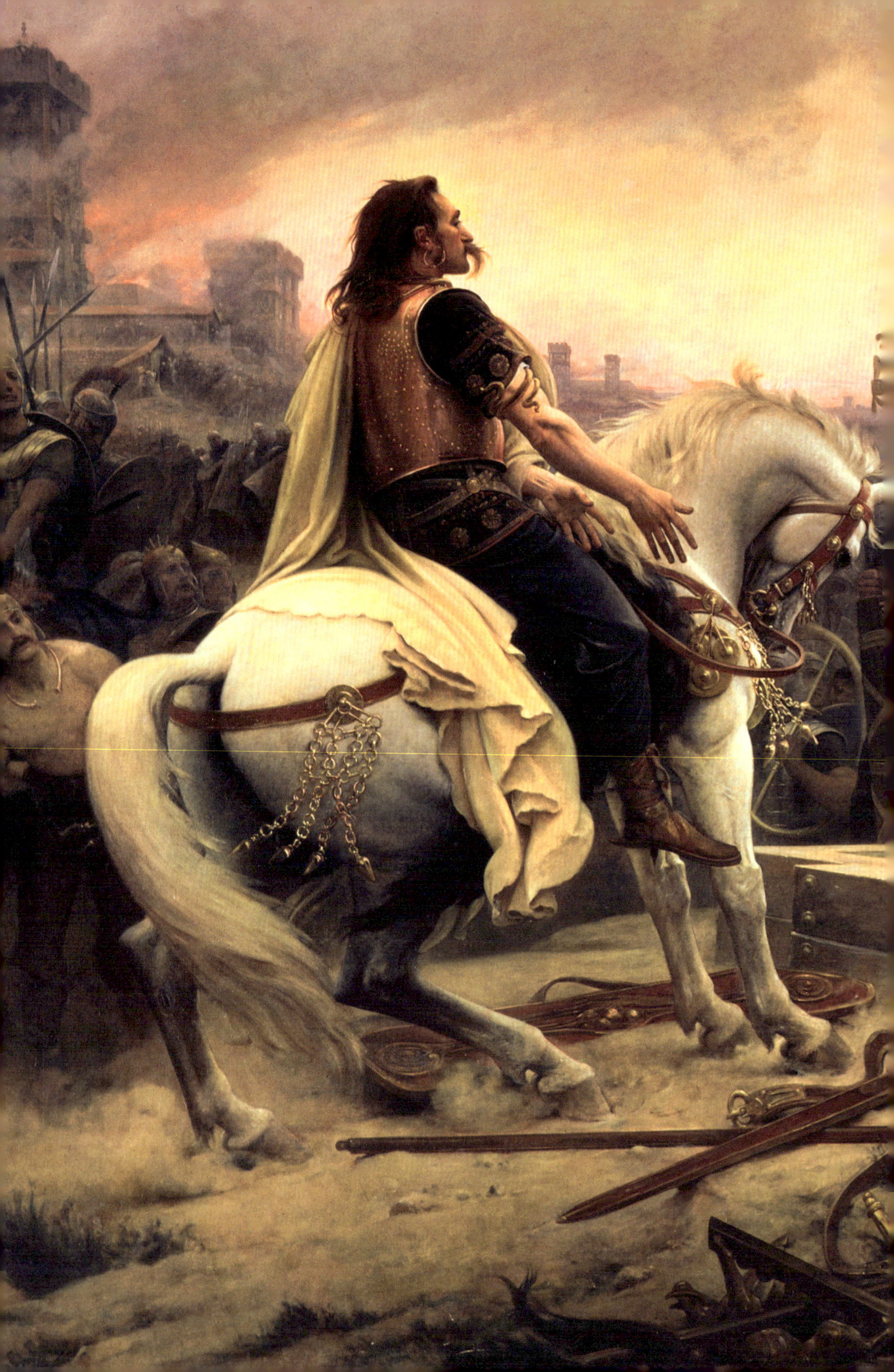

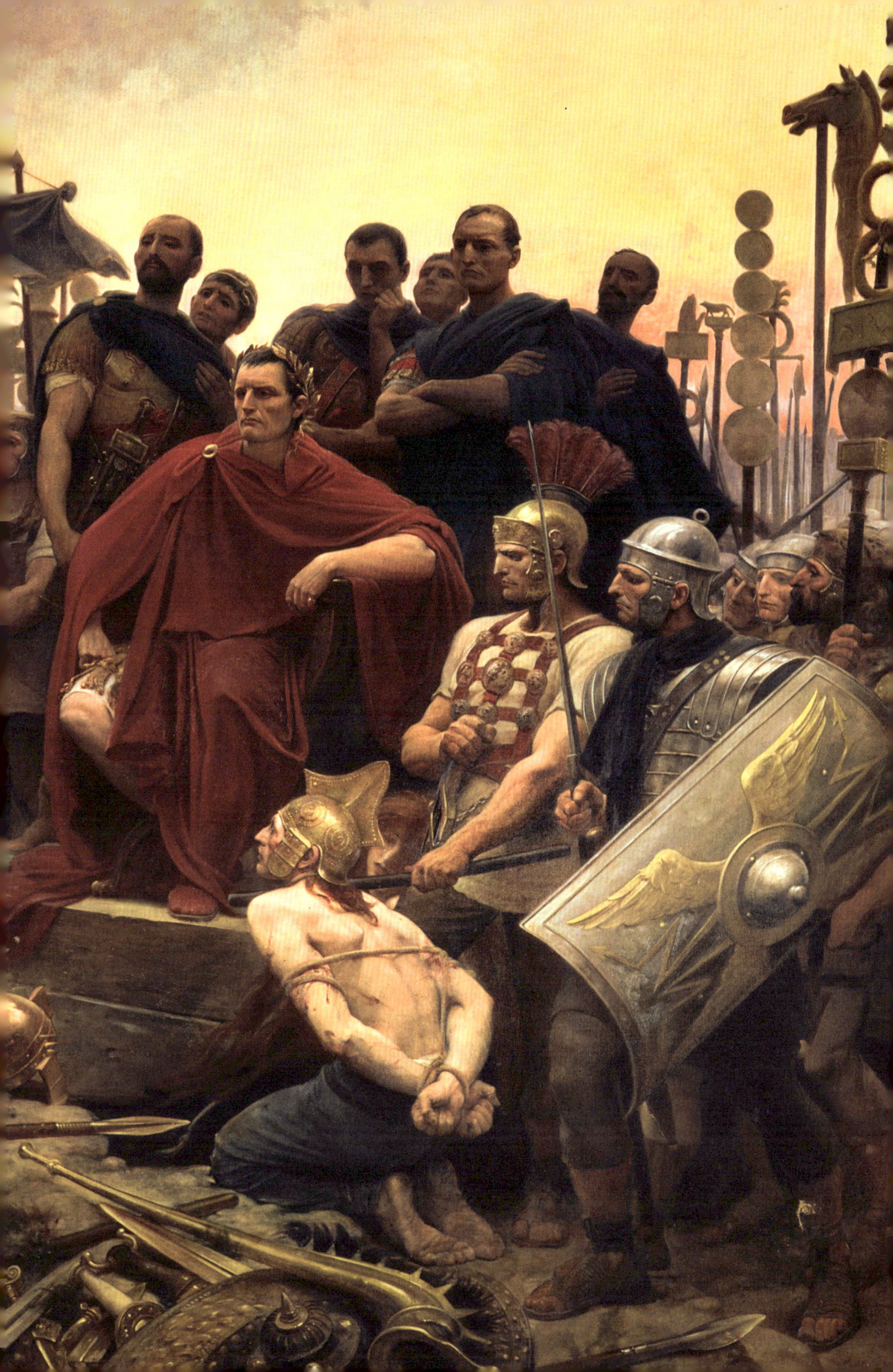

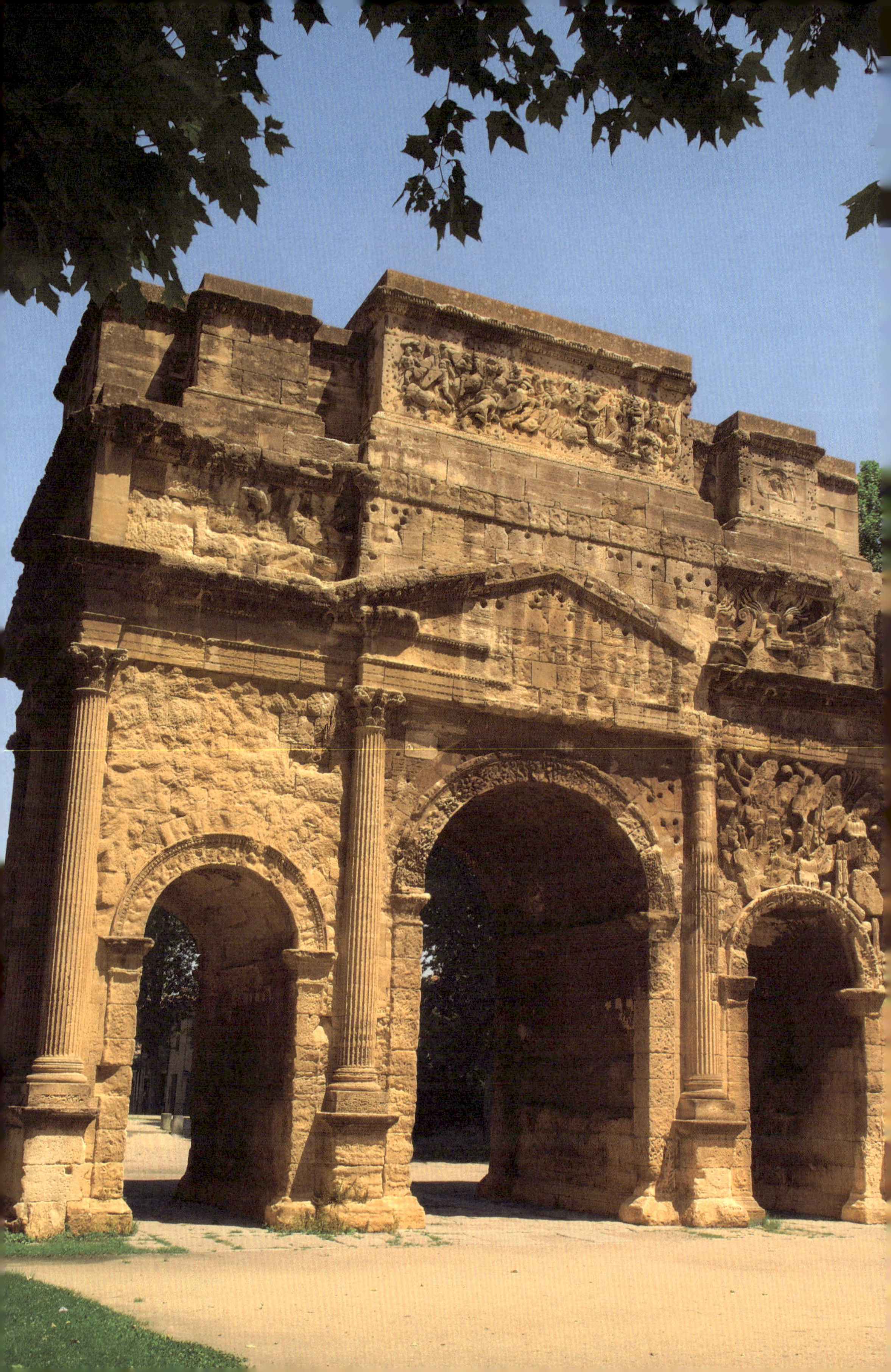

概　述

罗马共和国末期那精彩绝伦的故事体现了在面对棘手的帝国管理任务时，罗马很难重新定义自己。作为一个城邦[1]，罗马的宪法无法用于管理大量通过征服手段从原所有者手中得到的土地。领土扩张带来的令人难以置信的收益本可以造福所有人，但实际上只是对罗马社会结构的改变略有影响，罗马社会仍是乡村型社会结构。在这种结构中，亲缘关系和财产所有权调解着私人或社会关系。贵族与平民间日益扩大的裂痕只会使不平等的现象越来越严重——罗马政治体系所依凭的基础性集体意识形态受到了威胁，同时这种不平等现象也在长时间内形成了一种让人难以忍受的局面。这种局面终将撼动共和政体的根基，罗马要么重新定义自己，要么只能就此消失。

共和国分崩离析期间，一系列令人难以忘怀的人物或生或死、来来去去。尽管原因各不相同，但在救国热忱的驱动下，格拉古（Gracchus）兄弟、苏拉（Sulla）和恺撒（César）大帝等人成为一系列急转直下、令人目不暇接的且常伴暴力以及富有张力的事件中的关键性历史人物。地中海的其他地区也谨慎地观察着罗马内部的权力斗争，它们除了加入战斗以反抗罗马军团的霸权压迫，再无其他选择。因此，一些精明的敌人通过加剧罗马的内部冲突，或是放大罗马政局中的细微问题来加剧已经重创了罗马的危机。罗马发动了新的战争来对抗那些无情而又传奇的对手：朱古达（Jugurtha）、米特拉达悌（Mithridate）、维钦托利（Vercingétorix）……他们是罗马巩固荣耀过程中的重要配角。这些激烈的外部斗争和共和国内部不稳固的局势，让一些罗马军人很容易地加入了英雄的行列：他们要么提升自己的政治地位，要么领导可以利用的军队压制自己的政治对手。因此只有用兵刃开路，才能最终在尸山血海中建立帝国政体。

---

[1] 此处城邦指城市范围同国家范围几乎完全相同的一种国家形态，并非"希腊城邦"（Polis）。——译者注

插图（第8—9页）　莱昂内尔·诺埃尔·罗耶尔（Lionel-Noël Royer，1852—1926）的这幅作品描绘了米特拉达悌屈服于恺撒的景象（现藏法国勒皮克罗扎捷博物馆）。

插图（左侧）　奥朗日凯旋门。

奥斯提亚拉·加仑尼亚（Ostiala Gallenia）的墓碑

这块墓碑的历史可追溯到公元前 2 世纪。该文物的装饰风格兼具不同地区的特色，例如死者身着威尼斯传统的服饰，但点缀其上的花纹则是罗马风格——这体现了该地逐渐罗马化（现藏帕多瓦考古博物馆）。

下一页 一枚古罗马银币上的寓言人物。该文物的历史可追溯到公元前 129 年。

罗马共和国的危机

公元前 133 年至公元前 31 年是罗马共和国的最后一个百年，一场深刻的政治和社会危机重创了罗马，而罗马在地中海的话语权也几近葬送。征服行为和吞并土地引发了不断的内战并扰乱了公共秩序，而诸如提比略·格拉古（Tiberius Gracchus）和盖乌斯·格拉古（Caius Gracchus）两兄弟一样的行政官所做出的改革尝试更是加剧了上述问题。

罗马人统治了整个地中海盆地——这为罗马城累积了巨大的财富，也让罗马逐步成为古代世界的中心之一。不过，显而易见的是，不断增长的财富并没有平均地惠及每一个罗马人。

罗马在意大利半岛进行征服扩张，并于公元前 201 年击败了迦太基将领汉尼拔（Hannibal），此后罗马攫取了被征服的城市及与他们敌对的迦太基支持者的土地。最初，罗马的意大利人（Italiques）[2] 邻居交予他们的大量土地都成为罗马的"公共

---

[2] 此处的意大利人特指公元前 2000 年前后出现在意大利半岛上的印欧族群。——译者注

财产"[公有土地（Ager Publicus）]，因此这些土地可以被租赁或者被转卖。然而罗马政府将大量的土地免费地分配出去，比如用作建立新的殖民地或用作个人奖励以换取等值的服务。

无论如何，罗马版图中的大量领土并没有得到有组织的分配，因此罗马必须承认那些在公有土地上耕作的人拥有所谓的"占有[3]权"（拉丁文：Occupatio）以收取少量的税款。全新的分配机制一经实施，大量土地原来的所有者趁机迅速收回了他们的土地。与此同时，剩余的土地则被大土地所有者收入囊中，这些大土地所有者也是罗马征服行为或是罗马吞并被打败敌人的土地这一行为的直接受益人。罗马最富裕的一些家族同样也从这项政策中获益，并创设了大农场（Latifundia）。

罗马的征服和扩张给意大利农民以及小土地所有者带来了灾难。首先，他们中的许多人都饱受战火的折磨——战争将他们剥削得体无完肤：他们的农场和农舍被破坏，农田被烧毁，或被征用以补给路过的军队。罗马为了维护自身在地中海的霸权，经常性地募兵，大量农民的到来壮大了罗马的军队，但连年的战争渐渐让这些农民远离了土地以及农耕生活。进行农业劳动所必要的人手不足问题因为农民的减少而越发严重，同时入伍的农民常常发现自己的土地被大土地所有者征收。有时候农民离开自己土地的时间可能长达数十年，返乡后，他们中的一些人会极力争取自己的土地所有权。即使在最好的情况下，他们也只能通过诉讼程序来起诉那些掌控着司法机器的有权有势的人。

除却不断地募兵以及旷日持久的战争引发的饥荒，留守农田从事农业劳动的少量团体需要面对的则是廉价农作物的涌入——这些农作物来自罗马新近征服的土地，往往这些土地是肥沃的、高产的，尤其是意大利北部的波河河谷地区和西班牙行省（Hispanie）南部的贝提卡（Bétique）地区，这些地方成了希望寻求新机遇的意大利农民的移民目的地。

罗马在与地中海人民的不断战争中俘获了大量的奴隶，这对罗马小农和农村短工来说，奴隶数量的增加更是极大地恶化了本就十分棘手的生存状况。在失去了自己的土地之后，那些农村短工除了在大土地所有者的大农场中谋求生计，别无他法。

---

[3] 占有（或先占），是罗马法中一种原始的获得所有权的方式。——译者注

雇佣自由劳工必须支付薪水，而养活一个奴隶的成本则相对低廉——这种差距在本质上无法刺激人们去雇佣劳动力。

最终，意大利的农业朝着以大农场为基础的模式发展。这样一来能促进农业生产的专业化，进而生产的效率和农产品的竞争力也得到了保障。奴隶成为生产活动的基础，专业工人和真正农学家的出现，以及最重要的是罗马军队在遥远土地上的征讨，促进了大规模的商业关系的发展——这些都为罗马人开拓了经济关系的新视野。从那时起，这些经济关系大都依赖集约式生产和大量投资。实际上，这些根本性的改变却将小农团体排除在外，后者也会不可避免地逐渐消失。

少量的公民掌握着大量的土地，战利品的分配也极其不均衡（从中获益的主要人群是罗马社会中的特权阶层），手工业者无法和那些雇佣奴隶作为劳动力以降低生产成本的作坊竞争——所有的这些不平等现象像慢性毒药一般，中产阶级不可避免地越发贫困，大量极度贫困的人口也随之出现。既没有土地也没有工作的人越来越多，迫害他们的元凶就是撼动了罗马世界的剧变——地方经济朝着帝国经济过渡所产生的后果化成鞭子，狠狠地抽打在这些人的身上，很快地，他们又将成为饥荒的受害者。显而易见地，人民群众对这些灾难性事件的抱怨之声会在整个罗马城中回响。

寡头共和国

罗马成为居住在周边地区的农村人口的迁移目的地，因此城郊人口呈指数增长。对这些新居民来说，罗马贵族家庭意味着一条重要的生路：他们守候在贵族人家的门前，唯一的目的就是表明自己的忠诚并以此换取微薄的施舍。这样一来，贵族家庭中传统的被保护人数量也会极大地增加。之后这些被保护人群体将在贵族夺取共和国控制权的战斗中扮演重要的角色——不可避免地，被保护人将参与一系列会破坏罗马街道的对抗、骚乱与激战。

农村人口的日益贫困对募兵产生了严重的影响，并且情况变得越发难以掌控。公元前2世纪，有产者（Assidui，即拥有足够资产进入罗马军团服役的公民）的数量更是急剧下滑。另外，对很多家庭而言服兵役成了真正的噩梦，他们早已被先

■ 罗马共和国的危机

共和时代的罗马：完完全全的农业社会

尽管历史强调的总是宫殿之中、城市之内的事件，但实际上，古代世界和历史中描述的有所不同：从根本上讲，大多数的人口还是生活在农村的环境中。共和国的社会尽管支配了地中海，也是声名远播的世界的中心之一，但终究还是与土地紧密相连。

从王政时代起，农业活动便是罗马社会主要的经济活动。农业是一项足以让贵族奉献一生的事业。这些大土地所有者出于商业目的在自己的土地上进行农业活动，并且每天都会将他们的一部分收成出售。除了这些精英阶层，小土地所有者也同样在他们的土地上劳作，不过，他们这么做的目的是维持生计，有时候他们也能在当地交换一点简单的小商品。不过，维持共和国凝聚力的社会平衡面临着威胁：公元前2世纪，罗马的一系列征服扩张导致了土地和奴隶的增加，这不仅威胁到了那些自由农民的生计，也威胁到了整个共和国的社会结构。

插图 右图，浮雕中农民正用牛车运送一羊皮袋的酒（现藏罗马文明博物馆）。

左图，马赛克镶嵌画中的女神色列斯（Cérès），该神祇曾教授人们耕种（现藏突尼斯国家迦太基博物馆）。

前可怕的战争经历折磨得痛苦不已。因此战争的重压在罗马引起了普遍的不满，内部局势更是紧张不已，显然最贫困人口的问题已经严重威胁到了最富有人群的利益。

与迦太基的一系列战争带来了很多难题，作为对特殊状况的回应，罗马政府不得不暂时停用一些传统法律。因此，很多职位的任期比习惯性任期要长，同时连任的次数也远超宪法所规定的范围。然而，这些不合规的政治行为并没有随着战争的

结束而消失。少数贵族家庭积累了较长的任职年限，也积攒了不少权力——一个由上层贵族垄断权力的寡头共和国诞生了。在这种大背景下，统治阶级失去了威信，罗马政界更是招致普遍不满。

共和国末期，一系列的征服战争提升了罗马骑兵队的地位。罗马骑兵（Equites Romani）很大程度上能够代表罗马军队，这一群体聚集了那些没有加入罗马元老院的富裕公民。他们中的一些人集结成"包税者（Publicains）群体"组织商业活动，因此他们可以进行风险投资。尽管他们在军队内部扎根并且也有较高的经济地位，但骑兵仍旧只有次要的政治地位。长期以来，罗马的政治生活一直被元老院的家庭垄断。

面对危及集体利益的状况，骑兵团体中一些人的抱怨声音越来越大。作为一个拥有强大经济势力的新晋"院外集团"，罗马骑兵希望在共和国的上层建筑中获得职位、权力和权威。他们为分享元老院的权力而公开与其展开的斗争，将会损害罗马共和国的利益并威胁到共和国的安全。

面对一系列影响到社会又影响到罗马政体的迫在眉睫的问题，有些人提出了解决方案。一些人赞成施行几项可行的方案，为小手工业者、商人和农民重塑良好的生存环境，并更加合理地分配从那些罗马军团征服的土地中获取的巨大经济收益——这些人被称作平民派（Populares），这一称呼很有可能来自他们捍卫平民（Populus）利益的特质。不过，该称呼同样可以指更倾向于利用自己在公民大会（Assemblées Populaires）中的优势的领导人：通过投票，这些领导人能获得必要的政治支持以便进行共和国改革。

首先应该明确指出的是，罗马共和国的政治党派和我们现在所熟知的任何政党结构都不能一概而论——所谓的隶属关系或是政治纲领间的联系完全不存在，更别说完全现代化的党派概念了。然而，这些党派就结构层面而言，都由各自的领导人——大体上来说就是罗马的上层贵族——掌控。这些上层贵族从各自的被保护人那里获得了经久不衰的支持。凭借着"忠诚"和"依赖"的关系，这些平民（被保护人）得以聚集在保护主的身边，根据传统，他们会向保护主提供服务，也会把自己的选票交由保护主处置。

提比略·格拉古与土地法

提比略·塞姆普罗尼乌斯·格拉古（Tiberius Sempronius Gracchus）无疑是最早的平民派政治家之一，或者说他是共和国第一阶段危机中最有代表性的平民派政治家。与其同名的父亲曾两度出任执政官，是第一次凯尔特伊比利亚人

（Celtibère）（来自西班牙行省）战争中的英雄，同时也是一位出色的外交官。其母科涅莉亚（Cornélie）的父亲便是在公元前202年大败迦太基将领汉尼拔的非洲征服者西庇阿（Scipion l'Africain）[4]。

凭借家族的政治权威和财富，提比略·格拉古成为罗马新贵（Nobilitas）的一员。他接受了那个时代所能提供的最好的教育。这位政治人物与罗马共和国政治危机的爆发密切相关。实际上，提比略凭借着自身的权威所做出的一系列创新，不仅标志着对传统的挑战，也开启了一个将延续数十年的暴力时代。

公元前134年末，提比略·格拉古参选平民保民官，在公民大会的一致投票中成功当选。几天之后，他提出了几项旨在改善意大利农民艰苦生存状况的提案。他意识到导致农业问题的原因是少量大土地所有者手上累积了大量的公有土地。

提比略提出了一项法案，该法案旨在限制每位公民能够占有的公有土地面积。每位罗马公民不得拥有超过500犹格拉姆（Jugère）（约125公顷）的土地。为了推行这项政策，这位保民官还重拾公元前367年颁布的旧法《李西尼乌斯—塞克斯提乌斯法》（*loi licinio-sextienne*），该法以某种方式预见了一些个人

[4] 即大西庇阿。——译者注

提比略·格拉古与盖乌斯·格拉古的政治生涯

公元前134年
提比略·格拉古参选公元前133年平民保民官，获得为数众多的平民的支持。

公元前133年
提比略的诸多改革（尤其是土地法）引发激烈骚乱。提比略被其诋毁者杀害。

公元前131年
提比略的忠实拥护者、保民官盖乌斯·巴比留·卡尔波（Caius Papirius Carbo）尝试重启前者的土地改革，但遭到了元老院的强烈反对。

公元前123年
尽管遭到起诉，但盖乌斯·格拉古还是洗脱了罪名并当选平民保民官。他立即毫不掩饰地展现了自己的进步主义精神。

公元前122年
盖乌斯再度当选平民保民官。盖乌斯与提比略站在同一阵线上，通过实施诸如土地改革一类的举措来强化自己的政策。

公元前121年
元老院将盖乌斯树为共和国的公敌。为了不落入反对者的手中，盖乌斯命令自己的奴隶将他杀死。

科涅莉亚，格拉古兄弟的母亲

科涅莉亚不仅是罗马女性中的象征性人物，也是所有罗马母亲的楷模。因为她接受了极好的教育，其人学识渊博。她的悲惨命运和鲜明的个性为她赢得了广泛关注，有些崇拜她的年轻罗马女孩儿甚至登门拜访，向她寻求建议。

科涅莉亚是大西庇阿的小女儿。大名鼎鼎的大西庇阿曾在公元前202年于扎马大败汉尼拔。品德高尚的科涅莉亚有着深厚的文化底蕴，她在罗马的贵族圈子中享有很高的声誉。后来她嫁给了年长她20岁的提比略·塞姆普罗尼乌斯·格拉古，这段婚姻幸福美满。公元前150年，科涅莉亚的丈夫过世了，她全身心地投入两个儿子的教育中，还拒绝了众多追求者的求婚，这些求婚者中甚至有诸如埃及国王托勒密八世（Ptolémée Ⅷ）这样的人物。提比略和盖乌斯之间紧密的联系，也能体现在他们对自己母亲以及其政治观点的尊重上。格拉古兄弟惨死之后，人们为了纪念科涅莉亚，在罗马城中为她竖起了塑像——她成为第一批以塑像的形式被公开纪念的罗马女性之一。

插图 约瑟夫·贝诺瓦·苏维（Joseph-Benoît Suvée，1743—1807）创作的油画《科涅莉亚，格拉古兄弟的母亲》(Cornélie, mère des Gracques)（现藏巴黎罗浮宫）。

会控制公共土地进行农业活动。不过考虑到当时公有土地的覆盖范围，提比略·格拉古法案在实际实施的时候很可能受到了极大的限制。

此外，提比略还针对家里有孩子的土地所有者提出一项政策：一旦家中有一位儿子成年，该家庭就会享受250犹格拉姆的额外公有土地的占有量，但仅限于两个儿子。一些历史学家认为，一个家庭的公有土地的总占有量最多不超过1000犹格拉姆，但至今没有确凿的证据支持这一论点。

为了实施提比略·格拉古的法案，一个由三名成员组成的委员会被授予司法权。他们负责计算每个家庭所拥有的土地面积，确定需要重新分配的土地，同时在那些因强占、

破坏、遗弃或一系列危机而失去自己土地的农民间实现土地的再分配。每位农民能分到面积为 30 犹格拉姆的不可被剥夺的土地。尽管从理论上讲，他们有义务向罗马政府支付税金以换取作为公共财产的耕地，但土地的再分配也极大地改善了务农人员艰苦的生存条件。

显而易见的是，似乎该土地改革法成了一种损害贵族利益的合法手段，后者早已囤积了大量公有土地以扩充他们的大农场。提比略的创举招来了极大的敌意。很快地，被土地改革政策专门针对的极端愤怒的大土地所有者，在同为公元前 133 年平民保民官马尔库斯·屋大维（Marcus Octavius）的支持下，强烈反对格拉古的法案并企图阻止

共和国庙宇的希腊风格

自从公元前2世纪,古希腊文明被贵族发现以来,便极大地影响了罗马的文化。尤其是在建筑领域,罗马人迅速地吸收了希腊的建筑结构(例如圆形庙宇)。不过罗马人也在希腊风格的基础上进行了一些修改——位于蒂沃利的宏伟的灶神庙遗迹就是一个很好的证明。

插图 罗马的胜利者赫拉克勒斯神庙。

蒂沃利的灶神庙

该建筑的建造时期是公元前1世纪(极有可能是苏拉独裁统治时期,或者是其统治结束后不久)。这座专门供奉女神维斯塔(Vesta)的神庙汇集了所有的圆形庙宇的基础元素。我们可以从上面这幅19世纪的版画中看出,该建筑只有一扇门,而建筑的外围环绕着科林斯柱式(Ordre corinthien)的圆柱,柱头点缀着精美的饰物。建筑的拱顶上设有开口,这样一来,空气便得以流通,圣火就可以永不熄灭。神庙同样还有精美的石质装饰品,檐壁上装饰着的浮雕上雕刻的是诸如鲜花或动物一类的祭品。

希腊的圆形建筑

古人认为圆形是永恒的象征，代表着完美并具有神性，站在建筑学原理的角度来看，是古人的理论催生了希腊圆形庙宇，即一种有神圣色彩的圆形建筑。这种希腊风格圆形建筑结构也影响了罗马，比如罗马的赫拉克勒斯神庙，就和位于德尔斐（Delphes）的希腊式雅典娜神庙十分相似。下图为两座神庙的平面图。尽管两座神庙的建筑时间不同，但它们还是有诸多相似之处，尤其是两者都拥有 20 根廊柱。罗马人对建筑结构进行了微调，如减小外部楼梯的尺寸或去掉内部的圆柱。

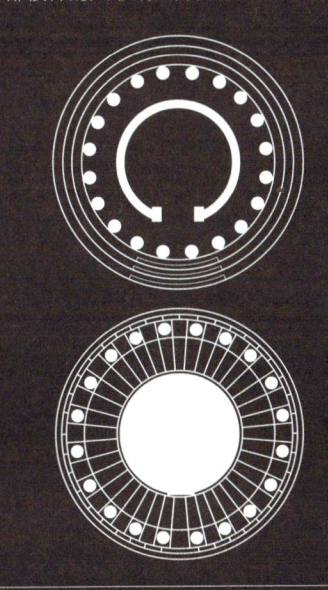

1 **围柱式结构** 由诸多圆柱围成的围柱式结构环绕在庙宇外围，形成了一条走廊。该结构的功能是区隔非宗教空间和宗教空间。

2 **科林斯风格** 精致的科林斯柱式的特色，便是柱头的装饰物是莨苕叶形状的——这具有非常鲜明的宗教象征意义。

3 **大理石** 大理石作为一种昂贵且极为庄严的材料，最初被希腊人发现的时候便被用于修建宗教建筑，后罗马人也如法炮制。

4 **窗户** 神庙内殿（Cella，罗马庙宇内部的小室）的墙壁上留有三处门窗洞：一处是高大的门，另两处用来安装窗户。

濒临消失的小农群体

罗马在意大利扩张的过程中获得了大量耕地，但就地块管理层面而言，地块的分配是不均匀的——这从根本上影响了社会的平衡，由此引发了共和国的初步危机。

小农群体被税务和募兵的重压攫住了咽喉，同样，来自大型生产者[田庄（villa rustica）]的竞争也让他们不得喘息——为了满足集约化农业生产和贸易出口，田庄应运而生，并成为占据主导地位的农业活动场所。为了解决小农面临的问题，提比略·格拉古提议在小农群体中重新分配份额相当的公共土地，但不幸的是，这项改革从未成功。

插图 右侧的镶嵌画发现于里昂附近的圣罗曼恩加尔（Saint-Romain-en-Gal），该镶嵌画中出现了两处人们在田庄中劳作的场景（现藏圣日耳曼昂莱国家考古博物馆）。下图为刻有铭文的界碑。该文物的历史可追溯到公元前2世纪。这块界碑曾被格拉古兄弟的委员会用来分配土地（现藏罗马文明博物馆）。

该法的通过。

马尔库斯·屋大维针对提比略提出的法案行使否决权（veto）[5]，这样一来，该法案便无法被提交到公民大会进行投票表决。这一政治策略重挫了改革。两位保民官至少在两次公民大会期间直接针锋相对：一个试图提出他的法案，另一个则用自己手上的否决权阻止投票表决。

---

[5] 特指罗马保民官的否决权。——译者注

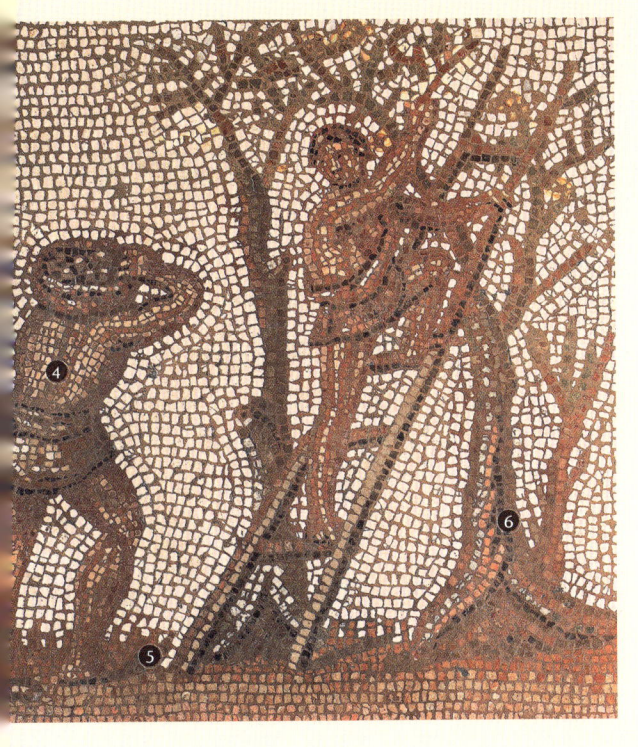

① **犁** 罗马犁的设计初衷是便于由动物牵引，这样便可以进行深耕。这一农具创新极大地提高了农业生产力，一直被沿用到19世纪。

② **动物** 传统上，罗马人会使用牛在土地上进行耕种。这些牲口的作用不仅仅是提供畜力，它们还可以生产用于贸易的副产品或食品。

③ **监工** 监工的希腊语为"Vilicus"，通常是一位被农场主信任的奴隶。他负责农业劳动中方方面面的工作，包括购买新奴隶和记账。

④ **劳工** 大部分的劳工都是奴隶，奴隶的前身通常是战俘。不过，在收获季，人们也会雇佣自由的农村短工以应对骤增的工作量。

⑤ **谷物** 谷物是人们的主食来源并被广泛地种植。罗马较低的谷物产量不足以养活所有人，因此必须从其他国家进口。

⑥ **其他作物** 除了谷物，罗马人同样会种植葡萄树和橄榄树，以及一些豆科植物和其他果树。一部分收获物（或采集物）会用作田庄内部给养，另一部分则会作为商品出售。

元老院的反应

马尔库斯·屋大维的背后显然有那些反对提案的元老支持，罗马陷入了政治僵局，并且也是第一次单纯地使用武力也无法再化解矛盾。最终，在马尔库斯·屋大维的不断反对下，提比略·格拉古意识到，他也可以不断否决所有反对土地改革法提案的行政官的提议，直到他自己的提案能被公投表决。提比略还派守卫把守共和国国库农神庙，目的是从根源上阻断罗马政府的金融活动，同时使罗马共和国的

■ 罗马共和国的危机

元老院的权力

这枚古罗马银币的背面刻着一位罗马寓言中的人物，并刻有字母"SC"，其含义便是"元老院议决"（Senatus Consultum），也就是"根据元老院的意志"。罗马硬币上常出现的这一细节很好地强调了元老院在罗马共和政体中所掌握的权力。作为掌握着生死立废大权的权力机关的元老院，维护的是大土地所有者的利益，而格拉古兄弟及其支持者与前者展开的斗争，终会将共和国送上末路。

农神庙：罗马国库的所在地

农神庙坐落于卡比托利欧山，是共和国国库的所在地。罗马在意大利半岛上通过征服或是统治累积的大量财富都被存放在农神庙的内殿中。

农神庙于公元前 501 年至公元前 498 年（共和国的头几年）修建，最初的用途是储存以税款名义被征收的谷物。随着时间的推移，国库 [又被称作萨特尼金库（Aerarium Saturni）] 渐渐地被钱币和贵重的金属填满。人们还会在里面存放具有重要经济意义的文件，例如合同、商业条约或别国国王的遗嘱。通过征服或兼并获得的外部领土，或是从罗马治下的人民手中获得的贡品，也被视作公共财产。尽管元老院会对这些贡品进行最终的管控，但一开始，这些外部贡品会直接由罗马城市副执政（préteurs urbains）负责。

插图 古罗马广场上的农神庙遗迹。古罗马广场是罗马市民聚集起来进行各种活动的公共场所。

国家机器瘫痪。

罗马公共氛围中的局势日益紧张，已经到了失控的临界点。无论提比略采用多么极端的应对措施，马尔库斯·屋大维都坚持否决提比略的提案——毕竟他背后有最大的贵族家族以及元老院绝大多数成员在撑腰。不过，马尔库斯·屋大维的立场早就和他担任的职务的本质背道而驰了，一位保民官的职责应是捍卫人民——而不是贵族，更不是元老——的合法利益。提比略在其向人民的演讲中提议将马尔库斯罢免。

翌日，提比略针对马尔库斯·屋大维提出了一项动议。在投票期间，大会一致认定，没有一位保民

官可以采取反对人民的行动，马尔库斯·屋大维由此被罢免。此次公民大会通过的土地改革法案，现被称作"塞姆普罗尼乌斯法"（lex Semp-ronia）。随着法案的推行，一个由三位成员组成的委员会也得以成形，该三人委员会的职能在于量化、回收和再分配土地。委员会的三位成员为提比略本人、其岳父阿庇乌斯·克劳狄乌斯（Appius Claudius）及其弟盖乌斯·格拉古。这一法案引发了争议，但很显然，一些信任提比略的平民支持者会保障委员会的安全：一来可以保证法案的成功实施，二来这些人也不想看到来之不易的劳动成果付诸东流。

摆在眼前的问题解决了，但依旧有一系列的难题阻挠法案的实施。一些之前占用公有土地的人用墙将这些地围住，并早已在其中搭建了用于从事农业活动的建筑，因此，想区分个人用地和被非法占有的公有土地变得极其困难。一些大农场被用作大型投资，或是作为遗产被分割、作为嫁妆被转赠……每个人都试图证明自己土地的合法性，这同样也大大增加了法案实施的难度。

曾在提比略前让步的元老院，决心通过拒绝向其提供资金支持的方式来阻碍其计划的实施——显而易见，提比略需要大量资金来推动改革。实际上，尽管提比略的土地法实现了土地在穷人间的再分配，但该法没有预见到新迁入人口的需求，他们最需要的是购买进行农耕生产不可或缺的种子和工具。

正当提比略最需要经济支持的时候，帕加马（Pergame）国王阿塔罗斯三世（Attale Ⅲ）去世的消息传到了罗马，这位国王将他的王国遗赠给了共和国。提比略试图利用这份意外的收获来挽救自己的政治计划。他立即向公民大会提出将阿塔罗斯三世遗赠给罗马的"财富"用作"政府补助"或"经济援助"，并将它们分配出去。提比略的提案再次获得好评，并得到了公民大会的一致投票赞成。

提比略在任期结束前不久准备自荐连任。毫无疑问，他担心一旦没有保民官这一职位带给他的保护，大量的敌人会迫不及待地通过起诉来找他报仇。这些敌人也可能会试图刺杀他。和往年一样，选举将在收获季举行。对提比略而言，这是个极其不利的开端，因为他的很多支持者是已经从土地再分配中获益的乡下人，他们无法赶到城市再次为提比略投票。另外，通过再度当选来延长任期的行为尽管没有被明令禁止，但这种情况只有在例外的情形下才会出现。因此，提比略的出格行为激起了一些人对政治的担忧：他们明确表示不信任提比略。提比略的对手会毫不意外地对这种情况加以利用。

提比略遇害

当公民大会正试图从合宪性的角度来解决再次参选问题时，提比略的敌人在执政官科尔内利乌斯·西庇阿·纳西卡·塞拉皮奥（Cornelius Scipio Nasica

Serapio）的带领下，在卡比托利欧山聚集。他们要求执政官姆基乌斯·斯凯沃拉（Mucius Scaevola）出手干预以阻挠提比略·格拉古的新企图：此人想强行扭转政治局势并且意图违反罗马共和国宪法中的传统。斯凯沃拉拒绝了他们的要求，西庇阿·纳西卡·塞拉皮奥决定单独行动。他召集了一些打算跟随他的元老以及这些元老的被保护人。一行人浩浩荡荡地出现在公民大会中，他们中的一些人手持权杖，另一些人则拿着木制武器，平民发现在面对他们时毫无还手之力，只好在提比略的身前让出了一条道路。骚动随即爆发，为了逃离西庇阿·纳西卡·塞拉皮奥带领的这群蒙面人，人们纷纷作鸟兽散。而当这些蒙面人开始殴打提比略·格拉古的支持者时，场面彻底失控。大约有 300 个人死在棍棒之下。提比略试图逃走，但被捉住并被乱棍打死。提比略和其支持者的尸体被扔进了滚滚的台伯河中。

西庇阿·纳西卡·塞拉皮奥为这场屠杀如是辩护：这样做只是为了保护共和国，并且阻止提比略成为新的国王——自从罗马的最后一位君主傲慢塔尔奎尼（Tarquin le Superbe）被驱逐，"国王"对所有罗马人来说，都是避之不及的词语。

提比略的惨死标志着一个时代的开启——这个充斥着暴行和冲突的时代将持续一个世纪。此外，仅通过我们所掌握的资料来解读提比略·格拉古的言行举止，是十分困难的。提比略·格拉古的家族和政治关系表明，他的政治主张似乎针对的只是西庇阿圈子中的强大贵族集团。这一点似乎能从西庇阿家族的亲戚参与审判了被起诉的提比略的支持者中得到印证——例如公元前 132 年的执政官普布利乌斯·波皮利乌斯·莱纳斯（Publius Popillius Laenas）和普布利乌斯·卢比乌斯（Publius Rupilius）。盖乌斯·莱伊利乌斯·萨皮恩斯（Caius Laelius Sapiens）以及提比略姐夫的亲戚西庇阿·艾米利安（Scipion Émilien）[6]无疑是反对土地改革斗争中的中流砥柱。当小西庇阿得知提比略已死的消息时，他引用了荷马诗句来表达自己的心满意足："只要做了和他一样的事，就该像他那样死（Qu'il meure ainsi celui qui agira de même）。"

---

[6] 即小西庇阿。——译者注

尽管提比略已经悲剧谢幕，但负责落实土地改革的三人委员会仍旧忠诚地在继续着他们复杂的工作。盖乌斯·格拉古的岳父普布利乌斯·李西尼乌斯·克拉苏·穆西阿努斯（Publius Licinius Crassus Mucianus）接替了提比略在三人委员会中的位置。然而，罗马的政治全局被越发令人不安的阴霾笼罩了。

盖乌斯·巴比留·卡尔波是格拉古兄弟的支持者，也是他们的亲戚，他是公元前131年的保民官。在此期间，盖乌斯·巴比留·卡尔波拟订了一项法案，旨在授予平民保民官二次选举的权利，以避免造成提比略惨死的情况再度出现。但此举只能让人们想起平民派的支持者和中伤者之间的冲突。在盖乌斯·巴比留·卡尔波的催促下，小西庇阿公开发表其对提比略之死的看法——他认为刺杀那位保民官是合理的。提比略的罪行是企图颠覆共和国的法律，并攫取权力——小西庇阿如是说。

盖乌斯·巴比留·卡尔波的提案最终被驳回，这证明了格拉古土地改革反对者们的权力。一些当地的意大利贵族团体在次年（公元前130年）要求小西庇阿捍卫他们的利益，并反对改革的推进（三人委员会将对这些人手上的大农场进行再分配）。元老院和小西庇阿答应了这些人的要求，并以三人委员会的存在威胁到罗马和意大利盟友的外交关系为由，收回了该委员会的司法权力。三人委员会的权力落到了在任执政官盖乌斯·塞姆普罗尼乌斯·杜迪塔努斯（Caius Sempronius Tuditanus）的手中，后者在不久之后因为要领导一场军事行动而不得不离开意大利。随着三人委员会的瓦解，提比略早先承诺的土地改革也不可能实现了。但在公元前129年的某一天，人们发现了小西庇阿的尸体。尽管小西庇阿似乎是自然死亡，但流言还是传开了：人们悄悄地说，要么是小西庇阿的妻子、提比略的姐姐塞姆普罗尼娅（Sempronie），要么是他的姑姑、提比略的母亲科涅莉亚，她们中的一个为了替提比略报仇而杀掉了小西庇阿。

土地改革曾试图解决的问题很快再度浮现。奴隶、农民和被剥削的人发动了一系列起义——采取措施来缓和局势已是刻不容缓，那已经威胁到了意大利—罗马整个社会稳定的危险的贫富鸿沟，也亟待填平。

第一次罗马奴隶起义

公元前 135 年至公元前 132 年，提比略·格拉古还不是保民官，也没有拥有这个职位带给他的诸多权力，而在格拉古土地改革的动荡不安的政治背景下，第一次罗马奴隶起义在西西里爆发了，旨在反抗奴隶主对奴隶的残忍压迫和剥削。

为了满足农业活动的需求，西西里的奴隶主雇佣了大量的奴隶。奴隶和自由人的比例大约为 10∶1。奴隶攸努斯（Eunous）的身份成谜，据说此人拥有预测未来的能力。在攸努斯和同为奴隶的克里昂（Cléon）的带领下，反叛军开始在西西里岛上大肆破坏并侵吞沿途发现的财富。据说有大量的农村短工和贫穷的农民都加入了这支奴隶大军。后来这支叛军的人数达到了约 7 万人。在 4 年的时间里，叛军队伍让身经百战的西西里罗马精兵付出了惨重的代价。攸努斯自立为王并自称安条克（Antiochos），他甚至开始铸造货币。

公元前 132 年，西西里岛上的奴隶意欲进犯意大利半岛。在意大利，关于叛军得胜的消息已经铺天盖地。当时普布利乌斯·波皮利乌斯动身前往西西里，并迫使叛军放弃围攻梅萨纳（今墨西拿）的计划。波皮利乌斯迅速从奴隶手中夺回了陶洛尼米乌姆（今陶尔米纳），并俘获了大量俘虏。最终，在城市亨纳（今恩

三次奴隶起义的始末

公元前135年

第一次奴隶起义爆发

西西里爆发了第一次奴隶起义，起义军成功击溃了前来镇压的部队，并踏平了整座岛屿。

公元前132年

第一次奴隶起义结束

在取得了几场胜利之后，执政官普布利乌斯·卢比乌斯成功击败了奴隶反叛军。

公元前104年

第二次奴隶起义爆发

罗马盟友中所有被人格减等为奴隶的人将被释放——但这一措施却被中断，一群奴隶大肆在西西里岛散播恐惧。

公元前100年

第二次奴隶起义结束

执政官马尼乌斯·阿基利乌斯成功平息了所有叛乱，但他也折损了众多将士。

公元前73年

第三次奴隶起义爆发

由斯巴达克斯（Spartacus）带领的一群角斗士（Gladiateurs）在卡普阿组织了一场大型的奴隶起义。

公元前71年

第三次奴隶起义结束

斯巴达克斯几次成功的战斗吸引了大量的反叛者。但最终起义被马尔库斯·李西尼乌斯·克拉苏（Marcus Licinius Crassus）镇压。

罗马共和国的危机

纳）附近的一次交火中，攸努斯被擒获并被处决。

这一系列事件意味着起义已落下帷幕，但罗马的问题却远没有得到解决。与此同时，一场爆发在东方的、反响强烈的起义将从根本上撼动罗马在地中海的权威。

新的不稳定因素

公元前 133 年，西西里岛的奴隶起义告捷，小西庇阿的军团围攻了西班牙行省的努曼西亚。小亚细亚帕加马王朝的国王阿塔罗斯三世却在 37 岁时英年早逝，没有留下继承人。阿塔罗斯三世在去世前不久，为了震慑敌人也为了寻求某种意义上的保护，将自己的王国遗赠给了罗马共和国——这一习俗会变得越来越常见。然而，上任国王欧迈尼斯二世（Eumène II）的私生子阿里斯东尼克（Aristonikos）决定夺取王位。阿里斯东尼克自称欧迈尼斯三世（Eumène III），他寻求贫农、小土地所有者和奴隶的支持以对抗罗马。这番冒险行径确实在短期内取得了成功——实际上彼时的罗马忙于处理内部和外部的各种冲突，故而放任了阿里斯东尼克一段时间。

面对这样的情形，在提比略遇刺之后，元老院决定派遣西庇阿·纳西卡·塞拉皮奥前去和阿里斯东尼克带领的反叛军谈判，但谈判破裂了。与此同时，阿里斯东尼克还用他的舰队在爱琴海（mer Égée）进行海盗活动，此举极大地损害了罗马在该地区的商业利益。公元前 131 年，罗马军队在执政官普布利乌斯·李西尼乌斯·克拉苏的率领下讨伐阿里斯东尼克，但最终铩羽而归：罗马军队被击溃，执政官也在战斗中丧生。最终在公元前 130 年，执政官马尔库斯·佩尔佩尔纳（Marcus Perperna）成功地生擒了阿里斯东尼克，并在征讨亚洲期间平息了叛乱。罗马共和国兼并了帕加马王国的领土。阿里斯东尼克被押送至罗马，并在胜利庆典举行期间作为囚犯游街示众，最后被处死。

第一次奴隶暴动引起的轩然大波被平息了，但意

工作中的奴隶（第 33 页）

奴隶是战争中的主要战利品，同样他们也是罗马社会结构和经济活动的基础。他们中的大部分都在矿山中工作，或是在大农场和公共工程中劳动。该浮雕的历史可追溯到 1 世纪（现藏罗马文明博物馆）。

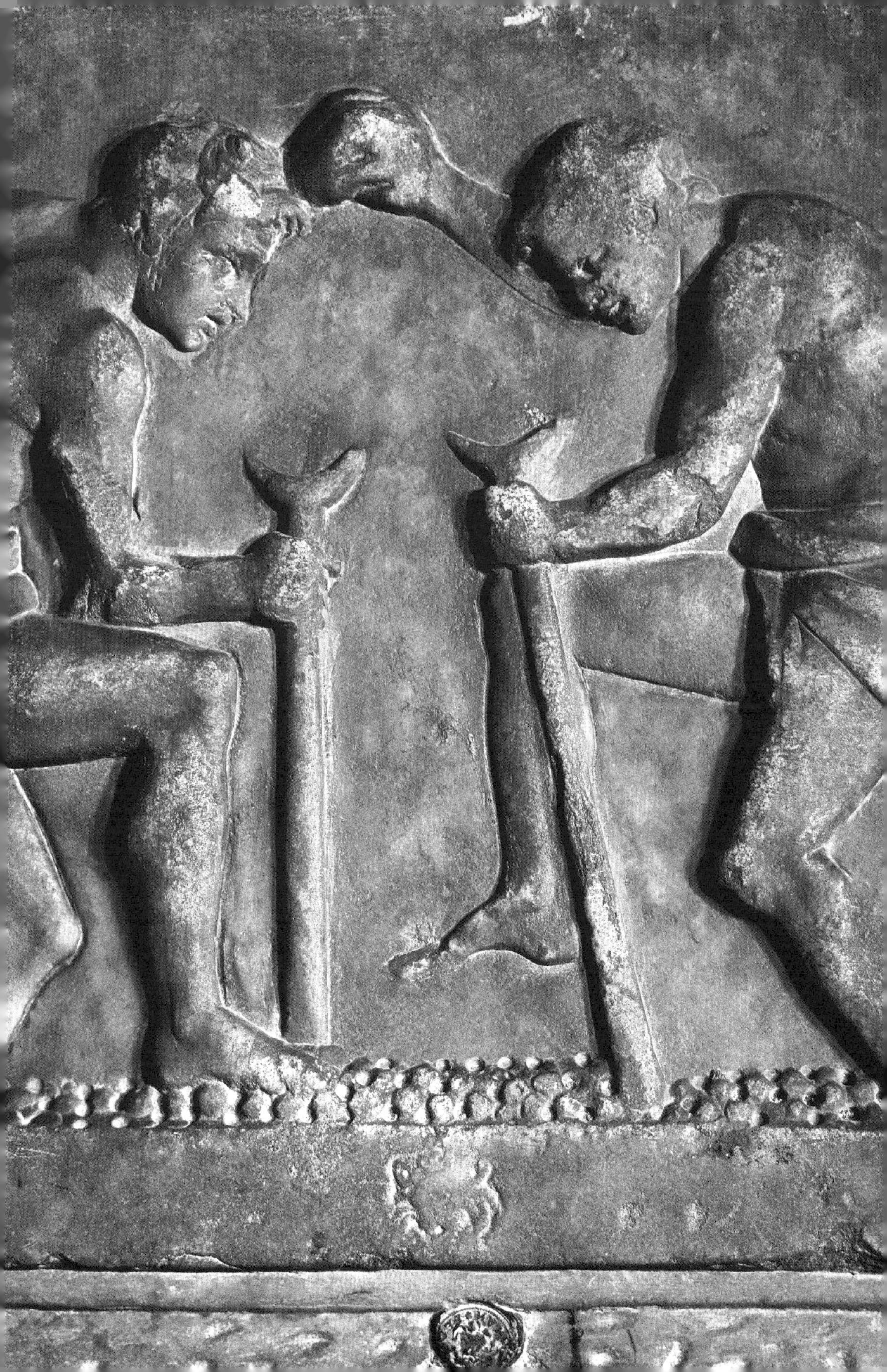

常常生活在水深火热中的罗马奴隶

如果没有一个以奴隶制度为基础的社会，那么就不会出现恢宏壮阔的罗马文化。宏伟的罗马世界构筑在奴隶的血肉之上——奴隶不仅被强迫劳动，还常常遭到剥削，人们对待奴隶的方式也极端残酷。

那些被罗马征服的土地为整个地中海的奴隶市场提供了"商品"，被俘虏的男男女女将被出售，以抵销高额的战争支出。在古代世界，奴隶是普遍存在的，并且通常富有的人都有能力拥有奴隶。然而罗马的扩张导致了奴隶供应量的骤增，因此奴隶的价格大大降低了。于是这些奴隶无论男女，对罗马社会而言都变成了"日常消费品"。例如在提洛港，每天都有成千上万的奴隶被出售。总的来说，奴隶的处境非常不容乐观：他们在起义中或是在对抗罗马的战争中被俘获，并被认定是共和国的敌人，因此如果他们遭受虐待，那么便是罪有应得。他们没有法律地位，也没有组建家庭的权利，奴隶的孩子属于其主人，主人可以随心所欲地出售或驱使这些孩子。有时候，人们还会强迫奴隶做有辱人格的事情，例如卖淫，或强迫他们从事危险的工作，比方说在矿山中开采——矿山是所有人最害怕的地方。

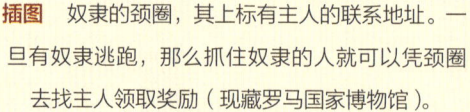

插图 奴隶的颈圈，其上标有主人的联系地址。一旦有奴隶逃跑，那么抓住奴隶的人就可以凭颈圈去找主人领取奖励（现藏罗马国家博物馆）。

大利的局势仍旧紧张，并且也没有足够的时间供意大利恢复其政治常态。自从《塞姆普罗尼乌斯法》实施以来，土地改革所实现的土地再分配引起了意大利盟友的极大敌意，罗马没有任何理由来维持这种会引起共和国分歧的法规。公元前125年的执政官马尔库斯·费尔维乌斯·费拉库斯（Marcus Fulvius Flaccus）曾是土地改革三人委员会的成员之一，因此他是提比略的忠实支持者，同时他也是

盖乌斯·格拉古密友。依照土地法，意大利人的一部分土地被没收了，马尔库斯·费尔维乌斯·费拉库斯决定向这些人提供补偿——他随后便极力让意大利半岛上所有拥有罗马公民权的人明白，面对倒行逆施的罗马行政官时，他们可以组织人民会议以保证自己免受其害，可以享受和罗马公民同等权利的想法引诱着这些意大利盟友。然而，在元老院的反对下，马尔库斯·费尔维乌斯·费

起义的后勤学

　　西西里岛位于意大利半岛的西南方向，三场奴隶起义中的两场都在这里爆发——每一场起义都深深地撼动了共和国。这些起义意想不到的成功很大程度上都归功于反叛军不容置疑的后勤能力。他们知道利用质量绝佳的罗马道路——有了这些道路，反叛军的部队可以快速地行军并迅速控制整座岛屿。上图为西西里南部的塞利农特（Sélinonte）考古遗迹一景。

35

■ 罗马共和国的危机

格拉古兄弟的支持者和共鸣者

面对着大土地所有者的政治权威和贵族阶级的威压，格拉古兄弟希望寻求多方支持。尽管支持他们的人很多，但这些支持者实际良莠不齐，因此也只能帮助格拉古兄弟抵消一部分贵族的被保护人的力量。

土地分配、土地改革以及赋予新的权利成为格拉古兄弟对抗罗马社会不平等的绝佳口号，越来越多的共鸣者加入了他们的战斗。平民、城市中的无产者以及贫穷的公民成了格拉古兄弟最忠实的支持者。他们扮演了尤为重要的角色，因为他们在城市中就能进行反抗，也能在公民大会期间投票。格拉古兄弟同样赢得了城市周边小农群体的支持，后者在城市周边的公有土地中从事农业活动，但他们的生活受到了农耕节奏的限制，因此他们无法直接赶到罗马投票。在远离罗马的地方，同样有意大利支持者在不断抗争——他们支持格拉古兄弟提出的授予公民权的法案，但他们没有罗马公民身份，也不能投票。

拉库斯的计划被迫中止，似乎人民会议也对他的计划表示反对。一些意大利人将这种拒绝行为解读成明显的蔑视——这只会加剧罗马与其盟友间的冲突。尽管如此，我们所知道的也仅有一座城市针对罗马的拒绝行为愤然反抗，这座城市叫作弗雷格尔（Fregellae）。罗马迅速做出回应，并派遣裁判官（préteur）卢基乌斯·欧皮米乌斯（Lucius Opimius）迅速前往该地以平息叛乱。弗雷格尔的覆灭也是罗马向所有意欲背叛它的人发出的一条清晰而明确的警告。

盖乌斯·格拉古的改革

提比略遇刺10年之后的公元前123年，其弟盖乌斯·塞姆普罗尼乌斯·格拉古（Caius Sempronius Gracchus）当选保民官。尽管这是盖乌斯第一次从政，但他早已做了充分的准备。他参与过努曼西亚围城，之后于公元前126年，他在撒丁岛担任财务官（questeur）[7]的职务，并在公元前125年至公元前124年担任财务官副手（proquesteur）。元老院非常不愿盖乌斯返回罗马，因为担心他会步其兄的后尘。对元老院来说，盖乌斯是个永恒的威胁，后者也一直因为引发政治动荡、煽动意大利盟友起义等原因被不断起诉。然而他设法撇清了所有针对他的指控，因此他一直是清白的——这样一来，他才能参与保民官的竞选。

学识渊博的盖乌斯是一位出色的演说家，同时有着钢铁般的意志。这些品质让他能够将属于那个时代的重大问题——铺陈在政治舞台的前列。然而，我们所掌握的有限信息无法还原他政治计划的全貌。在他所有的改革中，最值得一提的是：倘若一位行政官处死或流放一位罗马公民，那么这位行政官将被起诉——此举不仅能提高人民会议的威信，也能够提高个体在面对政治威压时的承受力。他还禁止了所有在元老院授意下的政治行动，此前正是元老院同意起诉提比略的支持者，同时盖乌斯也在着手推动保民官的再次参选事宜。

盖乌斯最热衷的话题显然是，如何重燃人们心中的改良主义精神，以及如何达成公元前133年土地法的目标。非常有可能的是，他还希望恢复三人委员会的司法自主权，不过我们手中所掌握的资料还不足以论证这一观点。

---

[7] 财务官在军中还可作为执政官或其他军事领袖的副手，如下文出现的苏拉。——译者注

罗马共和国的危机

在盖乌斯·格拉古的所有伟大承诺中，我们还能注意到一则《粮食法》(*loi frumentaire*)的颁布，该法旨在为罗马城中的平民确定小麦的价格，这样一来，最贫困的人也能买到这种生活必需品。这项法案旨在解决罗马贫困移民的生活问题，后者已然形成了一个庞大的资源匮乏的城市群体。显而易见的是，这一法案为盖乌斯在城市平民中赢得了极高的声誉，而此前这些人可能并不是那么追捧提比略。

盖乌斯·格拉古的反对者认为这项举措对罗马财政的影响是毁灭性的。他们坚称此举终会掏空罗马的国库。很多人添油加醋，说颁布所谓的《塞姆普罗尼乌斯粮食法》(*lex Sempronia frumentaria*)只是为了赢得下层阶级的好感。尽管批评的声音从未停止，但这项法案在盖乌斯消失之后沿用了很长时间——它经常被后续的来自不同阵营的领导人反复采用。

盖乌斯·格拉古怀揣着改善最卑微阶层人民生活状况的永恒目标，同样提议由国家出资购买士兵的制服以及一些基本装备。这一创举的目的在于为平民家庭节约大量的开支。

他还密切地关注一系列与《粮食法》相关的公共工程的建设。为了更好地监管小麦，并将其价格稳定在格拉古法案所规定的范围内，确实有必要改善道路等交通基础设施，以便更便捷地将谷物运送到罗马，同时也必须建设仓储设施。

很可能，这些有损元老院以及罗马大型贵族家庭利益的政策，保证了盖乌斯·格拉古能获得来自包税者集团的大量支持。我们可以将这位平民保民官的政治活动看作是一种激励，它让怀着坚定意志的人们寻求团结并达成共识，也在征求了大多数人的同意之后实现了土地的再分配，最重要的是，它推动着人们寻求支持以对抗元老院的绝对权威。实际上，在阿里斯东尼克的叛军被肃清之后，阿塔罗斯三世之前遗赠给罗马的土地便顺理成章地被罗马吸收，而盖乌斯提出的关于这片土地的税收监管的提议，同样让包税者群体十分感兴趣。该提议提出，在行政官的监管下启用"收税竞标"，该地区的收税活动将不再由任何共和国的管理机构进行。这一举措的最大受益群体是罗马的骑兵团体以及包税者团体，同样该举措也能够规避罗马政治中经常出现的局部性腐败以及其他滥权行为。

盖乌斯·格拉古二度出任保民官

公元前 122 年，盖乌斯·格拉古再次当选保民官，这显然违反了法律，但民心所向，一些中伤者也不敢公然反对。费尔维乌斯·费拉库斯同样参加了保民官的竞选，此人曾是提比略的土地改革三人委员会的成员之一，也是盖乌斯的忠实追随者。费尔维乌斯·费拉库斯当选平民保民官，不过他曾在公元前 125 年出任执政官——这也是史无前例的。

在第二次平民保民官的任期内，盖乌斯·格拉古重启了费尔维乌斯·费拉库斯之前关于授予意大利人罗马公民权的提案。这一提案遭到了在任执政官盖

提比略·格拉古和盖乌斯·格拉古

格拉古兄弟的政治活动旨在捍卫最弱势群体的利益，这便招致了贵族精英阶层以及贵人派的敌意——这些人在元老院中占主导地位。贵人派对改革方案的反对引发了暴动和屠杀，最终导致格拉古兄弟殒命。

上图为法国雕塑家欧仁·纪尧姆（Eugène Guillaume）于 1853 年创作的双人青铜雕塑《格拉古兄弟》（Les Gracques）（现藏巴黎奥赛博物馆）。

罗马共和国的危机

罗马公民身份与拉丁公民身份

赋予意大利人（罗马意大利同盟城市的居民）罗马公民权的提案引发了一场激烈的冲突。但所谓冲突的根本原因在于，元老院一直希望打压这些平民派行政官（尤其是格拉古兄弟）的改良主义势头。

随着罗马在意大利半岛上的势力的逐步扩大，那些罗马治下地区的人民一直只是"外邦人"（Peregrini），无法被纳入罗马公民主体。共和国成立之初，罗马与邻国数次交战，在此过程中，罗马创设了一个"中间身份"，即拉丁身份。拥有拉丁身份的人不是真正的罗马公民，他们享有十分有限的罗马公民权利。譬如他们的权利不包括参政，他们也无权担任公职。然而，直到公元前2世纪末，在罗马的意大利同盟者地区中，仍旧存在极少数的"拉丁公民"。但从这个时期起，因为同盟者在罗马的胜利中贡献良多，人们开始围绕着"罗马公民身份"进行讨论。讨论的过程是激烈的。元老院、罗马贵族阶级甚至罗马平民阶级都开始担心自己的优越性会受到威胁，因此开始反对授予这些盟友罗马公民的权利。最终，公元前90年，在同盟者战争的催化下，罗马公民身份的覆盖范围扩大至整个意大利全境（但不包括山南高卢）。

插图 一尊身着托加长袍（Toge）的青年男子雕塑。托加是罗马公民身份的象征，外国人和非罗马公民严禁穿着（现藏罗马文明博物馆）。

乌斯·法尼乌斯（Caius Fannius）的反对，另一位在任的平民保民官马尔库斯·李维乌斯·德鲁苏斯（Marcus Livius Drusus）是盖乌斯·法尼乌斯的支持者。

　　作为一位富有的公民，德鲁苏斯有着高超的演说技巧，他极力维护盖乌斯·格拉古的对手的利益。他在人民会议中提出，必须建立12个殖民地并重新分配土地。他的提议获得了广泛的支持。他还懂得利用手中的否决权来驳回盖乌斯·格拉古的提案。显然德鲁苏斯的提议很难付诸实践，但人们更在乎是否拥有能够成为土地所有者的可能性。德鲁苏斯和这些反对盖乌斯·格拉古的人实际上只是以一种更为激进的方式回应了格拉古提案：他们驳回了盖乌斯·格拉古的诸多提案，以弱化他

迦太基，罗马的殖民方案

　　因为意大利没有足够的土地，在迦太基古城旧址之上建立罗马殖民地，似乎是个不错的解决方案。这一不同寻常的方案由盖乌斯·鲁布利乌斯（Caius Rubrius）提出，他是盖乌斯·格拉古的支持者。然而，该方案从未实现。必须要等到公元前29年奥古斯都（Auguste，罗马第一位皇帝）的介入，迦太基才能逐步走上罗马化的道路。

　　上图为位于毕尔萨山（Byrsa）的迦太基布匿人社区遗址。

罗马共和国的税收制度

被征服的土地向罗马纳税，罗马的力量随之强化。尽管罗马治下有大量的纳税群体，但连年的战争以及奢华的公共工程，都迫使罗马一直实施极端严苛的税收政策。

税收的管控最初由监察官（censeurs）负责。随着被征服的土地越来越多，税收的工作也逐渐由包税人负责。包税者群体中的成员通常来自骑士阶层，他们会使用残忍的手段开展税收工作。他们养成了剥削各行省纳税人的坏习惯。包税人会预先向罗马政府支付全部的税款，随后他们便会从人民手中把钱收回来。而人民，常常被税务压迫得难以喘息，也时常遭到包税人的剥削和虐待。

上图为浮雕中的正在工作的包税人（现藏桑特考古博物馆）。

从平民阶层那里获取的支持。

考虑到这一点，德鲁苏斯开始推动另一项举措：禁止罗马军官体罚拉丁人（包括服兵役期间）。这项举措一经公开就大获好评，并获得了公民大会的投票支持。又一次的成功让德鲁苏斯明白，他的提案和盖乌斯·格拉古的一样可以造福人民，因此他也怀着一丝拉拢格拉古忠实追随者的希望。然而，从政治的角度来看，这种行为无疑会带来巨大的风险，共和政体内部局势将因此变得更加紧张。更危险的是，这似乎传递出一种信息，即财富和权力将会在整个罗马社群中重新分配。

尽管德鲁苏斯声名鹊起，但盖乌斯仍在这种局势下提出建立新的殖民地，同时也为未来的移民重新分配了土地。在意大利，由于可用的领土极为有限，所以想要建立新的殖民地十分困难。根据资料记载，曾经存在过的殖民地只有位于布鲁提乌姆的弥涅尔维亚、位于塔兰托的尼普图尼亚，以及一个位于卡普阿的殖民地。面对着这种令人担忧的形势，盖乌斯·格拉古的支持者盖乌斯·鲁布利乌斯提议在之前被迦太基人占领但现在已经被摧毁的土地上建立一个殖民地。这可是一个史无前例的提议，因为它能够让一些罗马人在意大利半岛外部安家。盖乌斯·格拉古希望亲自前往北非为这座名叫朱诺尼亚（Junonia）的新城规划区块。

于是盖乌斯·格拉古与其好友费尔维乌斯·费拉库斯离开了罗马。百密一疏，这一重大的决策失误反给他的敌人创造了机会，后者决心不惜一切代价摧毁人民对盖乌斯的信任，而格拉古的力量恰恰来自群众的信任。盖乌斯的好运很快就要走到头了。从非洲返回罗马之后，人们告诉他，一群狼毁掉了朱诺尼亚的土地分区地标，而此前这些地标都由盖乌斯亲自负责。在那个时代，狼群的入侵被认为是一种凶兆，喻示着灾祸会接连不断。这段插曲不可避免地毁坏了新殖民地的名声。

政治暴力

盖乌斯·格拉古的任期结束于公元前 121 年，这个时候，他的很多动作都受到了公开的质疑。平息了弗雷格尔叛乱的执政官卢基乌斯·欧皮米乌斯是格拉古兄弟的死敌，也是他们政策的反对者，曾公开反对建立朱诺尼亚。作为回应，盖乌斯决定集结起那些曾经参与过新殖民地土地划分的移民，这样他们就能集体性地示威以表达自己的不满，并向欧皮米乌斯施加压力，达到迫使他收回其决定的效果。再一次，罗马的街头爆发了血腥的暴动。

这一系列的事件导致了暴力的升级，恶性事件在整个罗马城蔓延。两个阵营的全体成员和支持者已是枕戈待旦，冲突一触即发。欧皮米乌斯感到自己的权力受到了威胁，于是毫不犹豫地越权行事：他宣布共和国进入极端危险的紧急状态。他声称出于国家安全考虑，唆使元老院依照"元老院终极议决"（Senatus Consultum ultimum）授予他至高无上的权力。盖乌斯和费尔维乌斯立即被列为共和国的公敌，并被通缉：取他们项上人头者，会得到和他们人头重量相当的黄金。

第二天破晓，盖乌斯和费尔维乌斯被传召，他们被要求在元老院为自己辩护。

但他们两人都决定不出席,而他们的忠实追随者已经夺取了阿文提诺山(l'Aventin),这是一座典型的"平民山丘"[8]。费尔维乌斯的儿子前往元老院进行谈判,但欧皮米乌斯在逮捕了这位特使后,直接下令包围敌人。元老院支持者的攻势十分猛烈。费尔维乌斯试图藏起来,但很快被追踪他的人找到了,他与他的儿子都被处决。至于盖乌斯倒是成功地逃跑了,随行的只有一位名叫斐里欧克拉特(Philocrate)的忠心耿耿的奴隶。他们渡过了台伯河,抵达了贾尼科洛山(Janicule),寄希望于在女神弗里娜(Nymphe Furrina)(这是一位神秘而古怪的女神,司复仇)的神圣森林中寻求到一处庇护之所。该森林是传说中的邪恶之地,神话中的生灵的居所。大势已去的盖乌斯命令斐里欧克拉特杀了他。这位奴隶在伤心地执行了主人的命令后也自杀了。盖乌斯的众多支持者都被杀害,3000多具尸体都被丢进了台伯河。

格拉古兄弟的殉道标志着罗马新时代的开启,也标志着罗马共和国开始走向灭亡。格拉古兄弟的反对者和敌人这些板上钉钉的暴行,以及这些人在解决人口中的大多数带来的问题时采取的会引发极端恐慌的手段,都将罗马的未来拱手让给了后继者。

正如马尔库斯·图利乌斯·西塞罗(Marcus Tullius Cicero)在其著作《论共和国》(De la République)中所表明的,格拉古兄弟激化了罗马公民和政权间存在已久的矛盾。具体说来,权力的相互倾轧催生了两个对立的政治团体:一方面是代表着元老院利益的精英贵族团体,另一方面是捍卫平民利益的团体。对立的两方本可以尝试从政治的角度解决他们的分歧,但他们似乎却更愿意让骚乱和暴力大行其道。暴力的齿轮开始转动,运行了一个世纪才肯停息。

格拉古兄弟的离去也意味着,他们最为复杂也最具野心的土地改革计划将彻底崩盘。这些具有改革主义精神的保民官在历史上留下了深刻的烙印。尽管元老院及其支持者在格拉古兄弟遇害之后仍旧手握大权,但还要经过很多年,两兄弟的这些敌人才能彻底摆脱掉他们采取的各种举措所带来的影响。这一漫长的过程可分为三个阶段。第一个阶段,公元前121年至公元前119年,《塞姆普罗尼乌斯法》被废止,大土地所有者慢慢地重新夺回土地。第二个阶段,公元前119年至公元前118

---

[8] 罗马共和国分离运动期间,平民都曾退守阿文提诺山。——译者注

年，《托利亚法》（lex Thoria）颁布，该法承认当下的土地开发者拥有公有土地的所有权。这条法律仍旧对大土地所有者有利，后者迫不及待地瓜分了公有土地，作为交换，这些大土地所有者需要交税。因此《托利亚法》完全将贫农排除在外，因为后者根本无法支付土地的税金。《托利亚法》同时也撤销了三人委员会的司法权，该委员会负责格拉古土地改革管理的相关事宜。第三个阶段则是公元前111年，所有官方最新承认的公有土地的所有者，都可以免于支付税金——这无疑是对提比略和盖乌斯尝试进行土地改革的致命一击。然而，尽管格拉古兄弟的政治计划全都以悲剧收场，但他们不朽的遗志激励着一系列改革主义后继者去完成他们未竟的事业。

盖乌斯·格拉古之死

被追捕者围住的盖乌斯走投无路，只能要求他的奴隶斐里欧克拉特将他杀死。后者在执行完主人的命令之后就自杀了。盖乌斯的3000余名支持者都被处决了，而所有曾生效的法案全都被元老院颁布的新法废止了。

上图为法国画家弗朗索瓦·让-巴蒂斯特·托皮诺-勒布伦（François Jean-Baptiste Topino-Lebrun，1764—1801）永恒定格了盖乌斯·格拉古死亡的瞬间（现藏马赛美术博物馆）。

■ 档案：元老院，罗马政体的轴心

档案：元老院，罗马政体的轴心

共和国时期，元老院是罗马的主要政治管理机构。众所周知，元老院代表了贵族精英阶层的利益，因此经常与平民阶层产生冲突。

拉丁文中的"Senatus"（元老院）一词派生自"senex"（年长的）。极有可能的是，罗马最初的元老院是由年长者组成的委员会。如果传说所言非虚，那么便是罗慕路斯（Romulus）选拔了一批最为杰出的家族的族长（patres，又称家族之父）以组建最初的罗马元老院。罗马元老院的建立顺理成章地催生了精英阶层，即罗马贵族（patriciens）。罗马贵族都是这些族长的后代。

元老院的服饰

古罗马元老院议员穿的长袍（Laticlave）是元老身份的象征，是一种装饰有紫红色饰带的长袍。而年长的高阶元老则会在会议期间和公开场合穿着镶边托加（Toga Praetexta）。上图为切萨雷·马卡尼（Cesare Maccari，1840—1919）创作的壁画。壁画中的可敬的阿庇乌斯·克劳狄乌斯正在入场，该人的绰号是"监察官"，我们认为他是历史上第一位进步主义元老院议员（现藏罗马夫人宫）。左图为一列祭司和元老院议员正在夹道欢迎从西班牙行省和高卢战场归来的奥古斯都（现藏罗马和平祭坛博物馆）。

随后，贵族和平民围绕着后者的参政问题展开了一系列的斗争，最终平民中的一些精英成员得以进入元老院，由此诞生了贵族和平民的中间阶层——新贵（Nobilitas）。直到公元前2世纪，新贵都毫无争议地主导了罗马的政治生活。然而，在元老院中占主导的贵族并不总是欢迎这些新贵，长期以来，他们仍然边缘化这些新贵成员。

元老院的力量

必须要强调的是，根据罗马的宪法，元老院在理论上没有特定的权力。首先，如果没有一位拥有授权的行政官进行召集，那么元老院便不能组织集会，进而元老院也无权通过法律或是采取行动。其次，元老院在共和国的政治管理中占据首要地位，法律承认元老院具有咨询的效能，但最初的元老院之于国家就如同一位族长之于其家族，因此具备某种权威，这种"权威"（拉丁文：Auctoritas）总的来说就是一种提出建议的能力，而这些建议常常在一些历史性事件的发展过程中，具有道德约束和政治决定性的力量。

针对召集元老院会议的行政官所提出的问题，元老院会以一个不寻常的方式表达其观点：投票会在黄昏前举行，但投票的方式既不是举手表决，也不是投放纸质票表决。支持者和反对者会分别聚在大厅的两侧，表达他们的投票意向，这样的话，人们一眼就能看出是谁支持又是谁反对当下的提案。这种表决程序和我们所熟知的政治辩论的客观而安静的投票形成了鲜明的对比。罗马元老院的会议过程肯定相当活跃。尤其是有些元老能够在没有人打断的情况下，滔滔不绝地讲上几个小时和主题毫不相关的话——这种行为常被用作政治武器，人们通过冗长的演讲来延长辩论时间，这样提案便会一直悬而未决。毫无疑问，这种行为解释了为什么参加元老院会议的人员总是会出现巨大的波动。实际上，不是每个人都可以参与到辩论中去的。

因此元老院的决定会以"元老院决议"的形式出现，即由元老院公开发表的"意见"。尽管该意见对行政官不具备约束力，也无法指挥国家机器，但它会作为一种道德准则，并在社会上被广泛地讨论。我们同样认为元老院还占据了一部分的公共支出。除了执政官在任期内有权管控罗马国库，一直是元老院负责罗马国库的相关事宜。元老院必须保证国库的安全，所以持有动用国库和禁用国库以及负责各项公共支出的权力。

元老院因此可以通过会议以及意见（元老院决议）批准一项新的法律措施。这样一来，元老院实际上是可以对罗马立法进行干预的，它也可以管控那些元老院的反对者和中伤者的行为。

奠基者的纹章

"S.P.Q.R."是"元老院与罗马人民"（Senatus Populusque Romanus）的缩写——它使人想起共和国是基于这两个主体所达成的共识而建立的。

插图 共和时代之后的帝国时代发行的硬币。

然而，平民保民官可以行使否决权来阻止一项提案的通过，同样也有一些行政官拥有类似的否决权。每一项被阻止的提案都会收录在一册名为"元老院意志"（*Senatus Auctoritas*）的年鉴中，以便统一保存。在极端危急的情况下，例如在格拉古兄弟的支持者和元老院贵族僵持不下的过程中，元老院可以发布"元老院终极议决"以声明国家进入紧急状态——这本来是应对威胁国家的、极端危险的情况而采取的特殊措施。在共和国险象环生的末期，这些不同寻常的危险情况会变得越来越常见。

当危机来临时，元老院还有权任命一位独裁官（Dictateur），即一位特殊时期的行政官，负责让共和国的秩序恢复常态。因此，共和国依赖一种政治组织间的平衡，换言之，共和国依赖元老院、公民大会和行政官三者间达成的共识，不过只有元老院才能真正统治国家，并根据自身的利益引领政治方向。

元老的头衔

根据传统，罗马建城之初，由罗慕路斯成立的第一任元老院约有 100 名成员。历史上，元老院的成员人数通常在 300 名左右，但随着苏拉和恺撒发动改革，这一数字也发生了变化。恺撒实际上改变了元老院的结构，元老院的人数先是变为 600 名随后又升至 900 名，而且毫不意外的是，在这些新晋元老中，大部分都是恺撒或苏拉的支持者。

直到公元前 3 世纪，在成为元老之前，必须先担任某些行政官［执政官、裁判官、市政官（édile）……］的职位作为锻炼。从公元前 2 世纪起，元老院同样也向平民市政官（édiles plébéiens）、四支第一罗马军团的军事保民官（tribuns militaires）和平民保民官开放，从苏拉的时代开始，之前的财务官也可以成为元老。

因此，元老的尊贵头衔不是世袭的。然而，元老的儿子显然更容易成为行政官。相反，尽管元老这一头衔原则上是终身的，但实际上，被监察官从元老名单上剔除的德不配位的人也不在少数。元老身着装饰有紫色饰带的长袍。理论上，倘若一位公民能先行在公职岗位上进行"试炼"，那么他就有资格进入元老院并参与决议。但是，元老这一头衔只能由监察官进行官方授予，监察官会根据一位

■ 档案：元老院，罗马政体的轴心

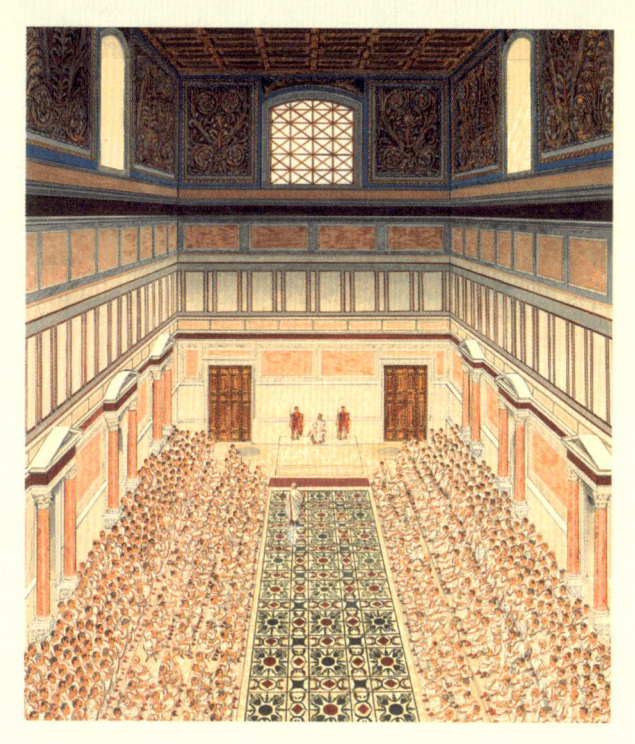

运作中的元老院

　　元老院举行集会的地方是元老院议事堂（La Curie），根据蒂托·李维（Tite-Live）的说法，该建筑最初位于凯利乌斯山。元老院所发表的建议被称为"元老院决议"，在共和国的公民群体中有极高的分量，并且执政官也会遵从元老院的建议。执政官会非常频繁地召集元老院会议。他会向元老院议员们征询建议，或是要求他们批准某项政治举措。会议会在一个长方形的大厅内召开，大厅的两侧放置有阶梯座位，供元老院议员就座。会议期间，每位议员可依次发表演说，因此每个人都可以就当前议题发表自己的意见。常见的议题有战争、对外政策、税收制度和公共财政，也会有和一些行政官相关的立法和法学的问题。元老院会议的终极目标，是负责向行政官提出建议，并对有争议的议题进行投票表决。理论上享有第一个发言特权的应是首席元老（princeps senatus），监察官在每五年一次的人口普查中，会将"首席元老"这个极具威望的头衔授予最为年长的前贵族监察官。然而在公元1世纪，会议主持可以在所有执政官中任意指定一个人，让该人第一个发言。上图为彼得·康诺利（Peter Connolly）重现的尤利亚元老院（Curie Julia）中的会议场景。在尤利乌斯·恺撒（Jules César）的授意下，人们在赫斯提亚元老院（Curie Hostilia）的废墟上开始兴建尤利亚元老院。但工程在公元前44年因恺撒的去世而中断了，后又于公元前29年在屋大维（Octavien）的主持下重新动工。

荣耀铭文　这块铭文表明，元老院于公元前2年授予卢基乌斯·恺撒（Lucius César）"青年领袖"（Princeps Iuventutis）的荣誉称号。被授予该称号的年轻人在未来似乎都会大有发展。

新晋元老在元老院的职能将其姓名登记在元老院名单中，至此这位公民才算成为终身元老。

由于义务和职责的不同，元老的生活也有所限制。例如，元老必须在罗马城中居住。商业活动的收入（与不动产相对）不可作为他们财产的主体，不过元老可以轻易地绕过这条限制，他们可以让自己的被解放的奴隶（Affranchis）成为交易的中间人。元老和大土地所有者间的联系紧密，因此元老院的思想也是守旧多于进步——那些为控制国家而爆发的冲突、那些政治活动以及那些共和国时期标杆性的流血事件，都能证明这一点。

共和体系的不断衰落也从本质上直接冲击了元老院。在罗马帝国时代，元老院的成员丧失了很大一部分的政治权力，却获得了诸如司法权一类的其他权力。他们还保留了最初的咨询功能：作为皇帝的幕僚，他们向皇帝进谏，也会向其传达强大的罗马贵族团体的愿望。

亚壁古道

　　这条古道连接了罗马和港口城市布林迪西，是古罗马最为重要的道路之一。

　　下一页　一顶公元 2 世纪的蒙泰福尔蒂诺（Montefortino）式的罗马青铜头盔（私人藏品）。

贵人派与平民派

公元前121年，盖乌斯·格拉古的悲剧谢幕，一方面证实了罗马政治由新贵掌控，另一方面，格拉古兄弟的群众基础也昭示了共和国内部存在着分歧。公元前2世纪末，保守主义的贵人派和改良主义的平民派间的冲突不断，两方群体都在捍卫各自与对方完全相反的政治观点。

自公元前121年平民保民官盖乌斯·格拉古遇害以来，元老院贵族的支持者控制了罗马政局长达10年。强大而富有的凯基利乌斯·梅泰利（Caecilii Metelli）家族在这一时期留下了深刻的烙印，家族中的成员垄断了大部分的共和国的公职。因此，罗马的新贵继续管理共和国，并在管理过程中优先考虑自己的利益。然而在公元前108年的选举过程中，发生了前所未有的事件："新人"（homo novus）[9]盖乌斯·马略（Caius Marius）成功当选执政官，此人并非来自任何大型贵族精英家族。

---

[9] 指家族中第一个进入元老院的人，或第一个成为执政官的人。——译者注

贵人派与平民派

努米底亚国王朱古达，一位冒失的煽动者

自罗马与迦太基的战争爆发以来，位于北非的努米底亚王朝一直是罗马的忠实盟友。国王米西普萨（Micipsa）于公元前118年去世，其子与其侄子朱古达便开始斗争。罗马迅速地选择了自己的阵营，由此引发的战争将锤炼出那个时代的两位罗马伟人：马略和苏拉。

朱古达是一个难以捉摸的人。他非常了解罗马人，因为他在青年时代曾是罗马人的盟友，在努曼西亚围城时曾和罗马人并肩作战。米西普萨去世之后，努米底亚便被他的两个儿子阿德尔巴尔（Adherbal）和希耶姆普萨尔（Hiempsal）以及他的侄子朱古达瓜分。在刺杀了阿德尔巴尔之后，朱古达便开始追杀希耶姆普萨尔，后者别无选择，只好逃往罗马并要求元老院介入。元老院要求朱古达和希耶姆普萨尔割据努米底亚。不过和平是短暂的，朱古达不断地入侵希耶姆普萨尔的领土，全然不顾元老院的反对。通过巧妙地笼络人心，朱古达让元老院的干预有所延迟，但终究无法避免战争的爆发。在数年的抵抗之后，朱古达遭到了以毛里塔尼亚国王博库斯一世（Bocchus Ier）为首的一众盟友的背叛。苏拉（时任马略财务官）在公元前105年彻底击溃了朱古达。在马略的凯旋庆典中，朱古达以一种非常耻辱的方式在罗马街头游街示众，之后他便被处死。

插图 印有朱古达头像的硬币。

盖乌斯·马略出身拉齐奥（Latium）阿尔皮诺（Arpinum）的一个骑士家族，凯基利乌斯·梅泰利家族几代人都是这个骑士家族的保护主。保护主通过占卜结果，做出了让盖乌斯·马略参政的决定。青年时期的盖乌斯·马略曾在小西庇阿的麾下服役，他参与了公元前134年至公元前133年的位于西班牙行省的努曼西亚围城。也是在此次战役中，盖乌斯·马略因其出色的军事能力崭露头角，小西庇阿敦促他去政坛中碰碰运气。尽管盖乌斯·马略坚忍不拔且勇略无双，但

他最初在政坛还是没有什么成就。终于在公元前119年，他成功当选平民保民官。盖乌斯·马略在上任之初，就颁布了一项针对选举流程的法令，该法削弱了一部分有权有势者的权力，使其不能在选举期间影响选民——此举解释了马略的政治倾向。实际上，尽管马略的政策相对柔和（盖乌斯·格拉古的悲惨遭遇对很多人来说仍是历历在目），但也明确地昭示了他希望与平民派为伍的意愿，也表明了他将从人民的利益出发，并忠于格拉古兄弟的政治活动所强调的民主主义精神。

一支罗马军团中的骑兵

马略军事改革的其中一个主要结果便是，一支稳定的军队得以建立。这支军队拥有训练有素的罗马军团以及常规部队（无论在战时还是在和平时期）。据波利比乌斯（Polybe）说，一支罗马军团中会有一个由300余名骑兵组成的骑兵队。非常有可能的是，正是有了马略的军事改革，那些无产者才得以进入骑兵队这种地位较高的战斗单元，而从前只有富有的年轻人才能成为骑兵。

插图 公元1世纪石碑中的一位第一日耳曼尼亚军团（Légion I Germanica）中的骑兵（现藏波恩莱茵国家博物馆）。

贵人派与平民派

在接下来的几年中，马略致力于让每个行政官的政治生涯摆脱所谓"晋升体系"（Cursus Honorum）[10]的束缚。但马略没有成功，因为他连续担任了不同的官职，因此没有办法给这一计划提供必要的支持。很有可能的是，由于他公开的改良主义政治倾向，罗马贵族并不看好马略的政治蓝图。此外，他的所有政治行为都以罗马平民的利益为出发点，这更是招致前保护主兼支持者梅泰利家族的反对。

公元前115年，马略成功当选裁判官，但被指控贿赂选民。在一番严格的诉讼流程之后，他终于被宣告无罪并且得以出任裁判官。在西班牙行省再度任职之后，马略返回罗马，并与来自贵族家族的尤利娅·恺撒里斯（Julia Caesaris）成婚，后者也是尤利乌斯·恺撒的姑母。在政治方面，马略的事业似乎停滞不前了。然而在公元前109年，幸运女神再度向他微笑：马略的前保护主昆图斯·凯基利乌斯·梅泰卢斯（Quintus Caecilius Metellus）[日后的努米地库斯（Numidicus）]，要求他担任自己的副手一职，以迎击进犯罗马的努米底亚（Numidie）国王朱古达。

罗马与朱古达的战争的结果对罗马共和国未来的政局具有决定性的意义。梅泰卢斯麾下的马略再一次脱颖而出，并抓住此次战争的良机展现了他的军事才能。尽管战争艰苦卓绝，但马略在面对重要的任务时从不退缩。马略在军中十分节制，他有着和士兵相媲美的耐力，他也懂得分担士兵的痛苦和艰辛，并和士兵并肩作战。他的这些品质和他楷模般的举止，为他在梅泰卢斯的部队中赢得了极好的口碑，人们口口相传，使马略也极受罗马人民的追捧。罗马很快便有了这样的声音：倘若马略不当选执政官，战争就不会结束。

这个时刻很快便到来了：马略向他的长官梅泰卢斯申请暂离军营，以便回罗马参加执政官的选举。梅泰卢斯批准了马略的申请，尽管他认为从马略的出身来看，他并不可能担任如此高的官职。马略在短短十三天的时间内就从尤提卡（Utique）赶回了罗马，创下了纪录。一路上的顺风航行和占卜的吉兆似乎都在支持马略——他按时参加了选举。马略的声名要比他本人先行一步：罗马人民已经在码头和街道上守候他，并为他加油打气。公元前107年，马略当选执政官，因此他将率军迎击

---

[10] 指政治人士就任政府职位的次序，且仅针对有元老身份的人。——译者注

朱古达。身份上的转变对老梅泰卢斯来说是一种可怕的侮辱：自己的前被保护人下令不准他参与此次战争。

马略的军事改革

在前往努米底亚作战之前，马略获得了增加后备部队兵力的授权。马略并不按罗马共和国的传统行事，他接受那些志愿参军的人，这些人还包括之前因为没有足够财产而不能参军的无产者[Proletarii，又称"算人头"（Capite Censi）]。马略还借机统一了军中的装备，这对提高军队的作战能力和作战技巧有极大的帮助。

之前，罗马经常性地在极端紧急的情况下招募志愿者。马略受平民派的改进主义精神的启发所提倡的全新的政策，却是对元老院贵族传统的挑战。但是，元老院这次没有反对。

马略的意图无疑与格拉古兄弟的想法没有特别大的不同。实际上，农业形势的变化和不断增长的军事需求，都和罗马领土的不断外扩息息相关：罗马的外扩让意大利人口越发贫穷，并且可以招募的新兵数量也急剧下降。在这种情况下，马略的意图便具有非常明确的政治意义。无论如何，如此巨大的可动人员的增量所带来的后果是所有人都意想不到的。

从长远看来，第一个后果便是由中小农所组成的历史悠久的罗马民兵的消失，他们现被农村无产者和罗马周边地区的人口所取代。此外，对这些人来说，服兵役成了一种谋生手段，有时候甚至是提升社会地位的手段——马略就是一个很好的例子。

随着军人和农民间联系的弱化，募兵渐渐不再受收割和耕种等农业节奏的限制。在这种前所未有的情况下，士兵服兵役的时间也大大地延长了。由于士兵的军饷由军队的将领负责分发，粮饷越充足，士兵服役的时间也越久，我们可以预见，有能力的人可以为自己的事业豢养一支军队。这也代表着一种潜在的威胁。随着政治的军事化，共和国不可避免地走向衰落。

尽管马略和他的军官取得了军事上的胜利，但朱古达战争一直持续到了公元前

▎贵人派与平民派

日耳曼人入侵

我们不知道究竟是什么原因，促使了如此之众的日耳曼人进行大规模的人口迁移，并寻找新的土地。日耳曼人的迁移促使罗马人进行军事干预，以维护自身的利益和捍卫自身的安全——他们感到自己受到了严重的威胁。

这些移民的主要目的是寻求一处安身之所——不论男女老幼，都开始大量迁移。他们首先准备占领富饶的西班牙行省，这个地方和他们的发源地间的距离十分遥远——对来自波罗的海的辛布里人和传统上居住在莱茵河以东的条顿人来说尤其如此。他们先抵达了伊利里亚，随后又于公元前113年在位于东阿尔卑斯山脉的诺利亚击败了第一支反抗的罗马军队。他们于公元前110年进入了高卢，尽管在穿越高卢的过程中走走停停，但他们一路上没有遇到什么大的阻碍。他们会围攻并洗劫沿途经过的村庄。他们在阿基坦大区暂歇。公元前105年，罗马第二次试图阻挠日耳曼人的前进，阿劳西奥战役由此爆发。对战败的罗马人来说，此次战役不仅是一番羞辱，也是一场屠杀。罗马军队被野蛮暴力的敌人击溃了，日耳曼人的先锋战士被绳索绑在一起以防有人临阵脱逃。随后这些移民穿越了比利牛斯并深入伊比利亚半岛的内部，他们在这里遇到了负隅顽抗的凯尔特伊比利亚人，之前日耳曼人曾将后者赶出了西班牙行省。罗马随后将军团的指挥大权交给了经验丰富的马略。马略于公元前102年在普罗旺斯地区艾克斯 [Aixen-Provence（拉丁文：Aquae Sextiae）][11]击败了条顿人，并迫使他们撤退至高卢，随后马略又在次年的韦尔切利（米兰附近）之战中歼灭了辛布里人。

[11] 一说是塞梯埃河。——译者注

105年。马略麾下一位财务官精心策划的一次外交行动导致了朱古达的溃败,这位财政官就是卢基乌斯·科尔内利乌斯·苏拉。在毛里塔尼亚国王博库斯的帮助下,苏拉成功地擒获了朱古达,并将这位努米底亚敌人活着带回了罗马。也许就是这次的成功让苏拉和马略之间有了最初的嫌隙,在接下来的几年中,罗马共和国爆发了一系列激烈的内战。

辛布里人和条顿人

公元前104年春,马略从北非得胜归来,并举办了一场相当有排面的凯旋式(Triomphe)。凯旋式期间,朱古

苏拉的纪念碑

这座纪念碑是由毛里塔尼亚国王博库斯一世竖起的。作为朱古达的继父,博库斯为了与罗马结盟而背弃了自己的女婿。苏拉成功说服博库斯为朱古达设下陷阱,最终后者于公元前105年落入了敌人的手中。上图这座材质为灰色大理石的纪念碑刻上有生有朱庇特之翼的鹰饰、胜利女神以及在仪式中使用的枝形大烛台(现藏罗马保守宫)。

达被拴在战车上示众。不久之后，马略将在"缺席"（拉丁文：In Absentia）[12] 的情况下二度当选执政官，他也将再度率军保卫罗马。

这次的威胁来自北方：日耳曼民族条顿人和辛布里人侵略了高卢的南部地区，这不仅威胁到了罗马在该地区的利益，也威胁到了意大利半岛边界的安全。公元前390年高卢人入侵的可怕回忆仍旧挥之不去，每个罗马人都惶惶不可终日。面对危险，罗马迫切地需要英雄马略的回归。

实际上，从公元前109年起，罗马人就一直试图抵抗这些正在寻找定居地的日耳曼人。当日耳曼人抵达山北高卢时，他们向元老院征询是否能在此定居，罗马的拒绝引发了第一场冲突，马尔库斯·尤尼乌斯·西拉努斯（Marcus Junius Silanus）率领的罗马军团在罗讷河河岸全军覆没，罗马告负。而一些其他的骁勇善战的罗马将领，诸如卢基乌斯·卡西乌斯·朗基努斯（Lucius Cassius Longinus）、昆图斯·塞维利乌斯·凯皮奥（Quintus Servilius Caepio）和格涅乌斯·马尔利乌斯·马克西姆斯（Gnaeus Mallius Maximus），也尽数战死。

在阿劳西奥战役中，罗马在灾难性的溃败之后，又于公元前105年10月6日再次战败——自公元前216年于戛纳被汉尼拔击溃以来，这是罗马最大的一次失败。辛布里人和条顿人没有入侵意大利半岛，而是转战西部，沿途他们遭到了凯尔特伊比利亚人的顽强抵抗，但他们最终将这些原住民赶出了自己的家园。这段插曲给了马略募兵和重组军队的时间。

公元前103年冬至公元前102年，日耳曼人规划了双重战线以骚扰罗马人：条顿人从罗讷河出击，而辛布里人则从东阿尔卑斯出兵。公元前102年夏，马略率领着准备充分的全新部队，对普罗旺斯地区艾克斯的条顿人发动了奇袭，并将敌军全部剿灭，由此马略重夺山南高卢（Gaule Cisalpine）土地的控制权。与此同时，辛布里人则逼退了另一位执政官昆图斯·路达提乌斯·卡图卢斯（Quintus Lutatius Catulus），由此前者入侵了意大利的东南部，并在这里度过了公元前102年至公元前101年的冬天。这里怡人的温度是这些辛布里人从未享受过的，同时他们也享受

---

[12] 指在有参选人员缺席时，选举仍按流程进行。——译者注

马尔斯人和萨莫奈人，同盟者战争中的主角

同盟者战争（或盟友战争）期间，马尔斯人和萨莫奈人领导了针对罗马的最具决定性的意大利盟友起义。两个世纪以来，罗马治下的意大利半岛上的居民，一直在要求罗马将公民身份的覆盖范围扩大至整个意大利。

马尔斯人和萨莫奈人一直是罗马的传统盟友，他们占据了意大利中部的战略要地。平民保民官马尔库斯·李维乌斯·德鲁苏斯的承诺激起了他们的期待之情。之后的德鲁苏斯之死，引燃了他们心中的愤怒，因此他们决定组织武装起义。马尔斯人和萨莫奈人领导了很大一部分的反叛行动。盖乌斯·马略的第一次出击，便给他们造成了十分严重的损失。但这并不妨碍他们越战越勇，又扳回几次胜利。在同盟者战争中，萨莫奈人是最后一个屈服的。公元前90年，《尤利亚法》（*Lex Iulia*）[13] 颁布，标志着罗马将开始做出一系列让步。让人惊讶的是，尽管罗马是最后的赢家，但它授予了所有意大利盟友的人口以罗马公民的身份。

插图 为纪念同盟者战争（公元前90年—公元前88年）结束而在意大利铸造的青铜币。

着从前劫掠沿途那些村庄时所积攒的财富，以及这些文明为他们带来的便利。与此同时，马略联合起了他和卡图卢斯的兵力以共同抗敌，希望毕其功于一役。战场靠近罗马，马略懂得利用这一点，他迅速返回罗马并重新竞选执政官，当选之后再迅速出城率领军队对抗敌人。

与辛布里人的最后一场战役在洛丁平原［塞西亚河（Sesia）与波河交汇处］爆发，该地靠近位于波河河谷的殖民地韦尔切利。罗马的骑兵部队本就占据优势，而马略的步兵部队也是战无不胜，得益于这两点，罗马无情地粉碎了敌人的军队。幸存下来的敌人被抓了起来，并最终进入了整个意大利的奴隶市场。马略在罗马危急存亡之际保卫了该

---

[13] 在罗马历史上指由儒略（Iulii）氏族编纂的法律，此处指公元前90年颁布的《尤利亚法》。——译者注

马略封神

作为罗马的军事领袖兼执政官，盖乌斯·马略在与辛布里人的韦尔切利之战中一战成名。不过此次战役同样也激化了马略与苏拉间的矛盾，后者在昆图斯·路达提乌斯·卡图卢斯的麾下担任军团长，同样也参与了战争。在韦尔切利之战中，马略在洛丁平原迎战辛布里国王波伊奥里克斯（Boiorix）。

意大利画家乔凡尼·巴蒂斯塔·提埃坡罗（Giovanni Battista Tiepolo, 1696—1770）的名画描绘了这一历史上的重大事件（现藏纽约大都会艺术博物馆）。

城，人们在街头、在宴会上、在家里纷纷说马略是共和国新的创建者，是罗慕路斯和卡米卢斯（Camille）的后继者。马略声名远播，甚至他的敌人也不得不叹服他的伟绩。

两位革新者保民官

盖乌斯·马略的军事才能让他能够在公元前104年至公元前100年连任执政官。马略的权威不容置疑，这对元老院的贵族和拥护者来说极其不利。如果少了一些关键性人物的积极支持，那么马略便不可能连任执政官，这些人物多是平民派的无畏的政治领袖，例如盖乌斯·塞维利乌斯·克劳西亚（Caius Servilius Glaucia）和卢基乌斯·阿普利乌斯·萨图尼努斯（Lucius Appuleius Saturninus）。

阿普利乌斯·萨图尼努斯于公元前103年任平民保民官，后又于公元前100年二度出任平民保民官——首先这就反映了提比略和盖乌斯兄弟的改革主义精神已得到了延续。他的地位在一次危机中得到了加强：公元前104年至公元前100年，西西里再度爆发奴隶起义。阿普利乌斯·萨图尼努斯首先提议颁布一则粮食法，旨在以低价将小麦重新分配，不过该法并没有被通过。随后他又提出了一项有争议的法案，将山南高卢的耕地分配给马略军中的老兵。这项法案同样还为罗马将在意大利之外建立的殖民地做出了预先的规划，此外根据该法案，马略还可以授予一些意大利殖民罗马公民的身份。尽管元老院的部分人士对该法表示强烈反对，但得益于马略在人民中的声望，这项极为大胆的法案得以通过。

阿普利乌斯·萨图尼努斯的背后还有公元前101年的平民保民官塞维利乌斯·克劳西亚的支持，后者决定参加公元前99年的执政官选举，不过由于塞维利乌斯·克劳西亚仍旧担任裁判官一职，根据共和国的法律，他显然并不具备参选资格。

不过阿普利乌斯·萨图尼努斯和塞维利乌斯·克劳西亚满不在乎地前往选举现场。但主持选举的盖乌斯·马略当场剥夺了塞维利乌斯·克劳西亚的参选资格，后者的支持者大为不满，骚乱爆发了，造成了另一位参选者盖乌斯·莫密乌斯（Caius Memmius）的死亡。和之前格拉古兄弟的事件一样，元老院出于对共和国行政机构的尊重，以维护公共秩序为由下令缉拿这两位保民官，并命令盖乌斯·马略执行这一任务。马略必须逮捕之前的盟友，这让他陷入了两难。这位执政官毫不犹豫地执行了元老院的命令，将阿普利乌斯·萨图尼努斯和塞维利乌斯·克劳西亚逮捕，却向他们保证将保全他们的性命。尽管如此，一位匿名的平民（极有可能被元老院收买了）来到关押他们的地方，无情地动用私刑将他们处死。再一次，两位平民派的保民官成了罗马贵族策划的暴力事件的受害者。

压力不断，但罗马的政局逐渐回归平稳。这番短暂的平稳期一直持续到公元前91年，马尔库斯·李维乌斯·德鲁苏斯在这一年当选平民保民官，此人是贵族出身。

贵人派与平民派

与马尔库斯·李维乌斯·德鲁苏斯同名的父亲也曾是平民保民官，曾在元老院中与盖乌斯·格拉古进行过政治博弈。

作为一位杰出的演说家，马尔库斯·李维乌斯·德鲁苏斯拥有与元老院内部和外部同时建立联系的能力，同时他还拥有来自罗马或来自意大利别处的大量被保护人的支持。尽管如此，他最初的几项举措还是为他树立起了一个孜孜不倦的平民派法案的捍卫者的形象——尤其是格拉古兄弟的法案。实际上，他致力于推动《粮食法》，旨在为最为贫困的人口再一次地降低小麦的价格。他还重拾了土地改革的计划，在他父亲的时代，土地改革以悲剧收场。最后他还试图针对土地再分配进行立法。

然而，马尔库斯·李维乌斯·德鲁苏斯最引人注目也最具争议的行为是提出了授予意大利盟友罗马公民身份的提案。在元老院反对者的眼中，这项提案甚至都应该被投票表决。不过该提案得到了马尔斯人的大力支持——成千上万的马尔斯人涌向罗马，威胁着倘若不通过这项法案，他们就进攻罗马。元老院对这项提案不容置喙的拒绝让人们对德鲁苏斯的其他政策也产生了怀疑，德鲁苏斯的法案和改革随之被废止。不满情绪再度在人群中蔓延。公元前91年夏，德鲁苏斯在家中休息时，莫名地被暗杀了。尽管没有任何证据能够还原这起凶案的过程，但历史学家怀疑凶手是对德鲁苏斯怀有敌意的贵人派人士。

就像是上一代所经历的公元前125年的弗雷格尔起义一样，这一次授予意大利盟友罗马公民权的提案强化了罗马传统盟友的反叛倾向。全体起义的风险不断增加，元老院派遣特使前往意大利半岛上的几个主要城市，一方面为了安抚盟友的情绪，另一方面也为了维持关系的融洽。

罗马内部的形势日益紧张，似乎已经到了全面失控的临界点。皮西努姆（Picenum）地区的大城市阿斯库鲁姆的居民对罗马使团的突然造访感到惊讶，随后便将使节及其随从以及随行的手无寸铁的罗马公民悉数杀死。公元前91年末，一场盟友间的极其血腥的战争爆发在即。

德鲁苏斯之死使罗马的意大利盟友感到，"友好地"获取罗马公民的身份已然毫无希望。他们的保护者的悲惨命运推动着他们发动武装起义。

恺撒奥古斯塔骑兵队：被嘉奖的伊比利亚士兵

1908年，人们在罗马发现了一块历史可追溯到公元前**89**年的青铜板，这块青铜板上的内容是一道荣誉性的政令：授予一支西班牙裔的名为"恺撒奥古斯塔"的骑兵队全体成员以罗马公民的身份，以嘉奖他们在同盟者战争期间为罗马做出的贡献。

公元前89年，格涅乌斯·庞培·斯特拉博（Cnaeus Pompée Strabo）任执政官，其子便是日后伟大的政治家庞培大帝（Pompée le Grand）。在同盟者战争期间，庞培·斯特拉博指挥军队占领了皮西努姆地区的反叛城市阿斯库鲁姆，并迫使该地投降。他的军队中有一些从非常远的地方招募的战斗人员，这些人主要集中在骑兵队。恺撒奥古斯塔骑兵队来自伊比利亚城市萨尔杜埃[Salduie，随后成为恺撒奥古斯塔（Caesaraugusta），即今萨拉戈萨（Saragosse）]，他们为了捍卫罗马的利益冲锋陷阵。为了表彰他们的忠诚，罗马政府授予他们大量的勋章，同时也授予骑兵队全体成员罗马公民的身份。

插图 青铜板中的细节——永久性地记录此次事件，并记录了所有受到嘉奖的士兵（大部分是伊比利亚人）的名字。据说这块青铜板是最为古老的、罗马授予行省人民以公民身份的文件样板（现藏罗马卡比托利欧博物馆）。

■ 贵人派与平民派

同盟者战争

罗马人称他们的合作者或盟友为"同盟者"（Socii）（主要是意大利人），因此罗马人所谓的"同盟者战争"，即罗马与盟友间的战争。无疑，导致战争爆发的原因有很多，并且每项原因都值得特别的关注。不过我们可以从多个角度入手，探寻引发战争的最普遍的原因。一方面，意大利人对罗马人积怨已久，起因是第二次布匿战争（deuxième guerre punique）汉尼拔入侵意大利半岛期间，他们遭到了罗马的不公平对待。另一方面，罗马执政官倒行逆施，专横跋扈，这也让同盟者感到不满，格拉古兄弟的土地再分配政策也引起了这些意大利人的不满，因为这威胁到了当地意大利精英阶层对土地的掌控权。意大利同盟者在地中海征服战争中贡献良多，但战后的收益却分配不均——这让意大利人更加不满。最后，我们不了解这些同盟者是否还有独立的企图：他们急于终结罗马在意大利半岛的强硬霸权——从平衡的角度看来，这也值得商榷。

冲突严重威胁着罗马的稳定。叛乱蔓延到了罗马周边的城市，人们担心罗马城会被包围。反叛军展开了一系列的协同动作。首先，他们以联盟的形式成立了一个政治组织。随后该联盟将首都定在了科菲尼乌姆（Corfinium），并称此处是重新建立的意大利（拉丁文：Italica）。他们同样建立了元老院，并拥有由两名执政官共同管理的政府，这不禁让人想起了罗马的政府结构。骁勇善战的马尔斯人在不幸的德鲁苏斯的老朋友，机敏的昆图斯·波佩迪乌斯·西里欧（Quintus Pompedius Silo）的指挥下，抢占了战争的前哨。其实他们的策略很简单：当马尔斯人从北方防线向罗马施压时，萨莫奈人会试图在罗马南部开辟第二道战线。

公元前90年是战争的第一个年头，意大利人企图入侵几个仍旧忠于罗马的城市。罗马执政官普布利乌斯·鲁提利乌斯·鲁佩斯（Publius Rutilius Lupus）在一次敌人的伏击中丧生，当时他正试图率领部队横渡托伦河，许多罗马人和执政官一样，也在此次战斗中阵亡。盖乌斯·马略当时作为鲁佩斯的副官，尽管付出了巨大的代价，但还是成功地率领军队残部撤离，并设法抢救了一部分辎重。另外，格

涅乌斯·庞培·斯特拉博在皮西努姆展开军事行动。尽管一开始困难重重，但他还是渐渐站稳了脚跟，并将叛军都封锁在了阿斯库鲁姆城内，随后开始围城。

就军事层面，罗马并不缺乏应对叛军的能力，罗马人立即能采取强硬的政治手段对叛军予以回应。罗马在第一时间颁布了《瓦里法》（Lex Varia），旨在制裁任何支持德鲁苏斯的举措，或对意大利人表示出好感的个体。为了避免新的暴动，和上文强硬的法律措施相辅相成并起到调解作用的《尤利亚法》应运而生，旨在授予没有针对罗马发动起义的社区居民以罗马公民身份。

人口普查机构

公元前2世纪的格涅乌斯·多米蒂乌斯·阿赫诺巴尔布斯（Cnaeus Domitius Ahenobarbus）圣坛檐壁上的细节：罗马公民在人口普查（Cens）的过程中进行登记。人口普查中记录的公民信息用于界定个体的权利和义务（现藏巴黎罗浮宫）。

▎ 贵人派与平民派

然而，真正的冲突最终只能在战场上解决。共和国不得不召回马略以及在朱古达战争中声名鹊起的苏拉。同时，鉴于马略正在渐渐失去影响力，罗马共和国领导阶层中的新人也得以崭露头角。在这些新晋领导人中，以公元前89年的执政官格涅乌斯·庞培·斯特拉博和野心勃勃的苏拉最为出名，后者在军事上的巨大成就让他有机会参加公元前88年的执政官选举。这两位伟大的将领在对抗意大利人战争中也不忘相互较量。当苏拉击溃了萨莫奈人的军队时，庞培·斯特拉博也在阿斯库鲁姆战役中击败了意大利人的军队——该战役是场名副其实的屠杀，罗马军队在人数上极具优势。

战争一直持续到公元前88年。不过从公元前89年末开始，战争的局势就很明朗了，因为自那时起，胜利的天平已经开始向罗马倾斜。这得益于那些罗马新晋政治领导人的军事才能，战争才开始慢慢地走向结束。暴乱被血腥镇压——同样的情况已经出现过很多次了。然而罗马大胜的结果完全出乎预料：罗马最后还是答应了反叛者的要求，授予了这些同盟者罗马公民的身份。

公元前89年，在执政官庞培·斯特拉博的推动下，《庞培法》(Lex Pompeia)[14]颁布了。该法授予了山南高卢居民从未拥有过的拉丁公民权 (droit latin)。简而言之，同盟者战争的结果反而对败者有利，因为他们最终能获得完整的罗马公民权。

然而，即使获得了罗马公民权，也不见得能被完全公平地对待。尽管一部分的意大利人迅速获得了罗马公民身份，但贵族还是采取了一些措施，旨在对这些新晋公民和老公民加以区分。在彻底融入现有的罗马部落 (Tribus)[15] 之前，这些新罗马人会被先行登记在专门为这种情况创设的新部落中，新部落共有18个。这一暧昧的政策表明了，罗马人担心突然涌现的庞大人口会打破城市的平衡。尽管残酷的战争已经落幕，罗马也取得了一些政治上的进展，但意大利人的问题仍旧没有彻底解决。

---

[14] 全称为《关于山南高卢的庞培法》(Lex Pompeia de transpadanis)，和《尤利亚法》一样，也存在多条庞培法。——译者注
[15] 罗马共和国的人口分区，一个部落为一个投票单元。——译者注

高贵者米特拉达悌六世

罗马用国家内部人员的"纯正性"作为赌注，短暂地将局势维持在一个十分微妙的状态。然而接下来的一系列事件，将影响到罗马在其东方的领土上的权威。

本都王国（Royaume du Pont）坐落在罗马行省亚细亚（Asie）的边境处，并和共和国保持了长久的盟友关系。此外，罗马乐于见到安那托利亚（Anatolie）[16]有一系列的国家或王国共存，因为这样有助于维持该地区力量的平衡，同时有助于保护罗马自身的利益。然而，罗马在与阿里斯东尼克的战争期间入侵了该地区，随后又将小亚细亚转变为其行省，平衡由此打破，元老院没有对此采取任何措施。此外，无论在意大利半岛还是在非洲（朱古达战争），公元前2世纪的罗马都面临着重重困难，安那托利亚地区其中一个国家的君主，高贵者米特拉达悌六世（Mithridate Ⅵ Eupator）打算利用这一点，针对共和国采用了敌对的政策，以遏制其在东方的扩张。

本都王国的国王高贵者米特拉达悌六世是一位学识渊博的君主，他接受的是希腊式的教育。一些艺术家和哲学家常常自发性地围绕在博学的米特拉达悌周围，我们也认为后者是一位干练的外交家。同时他还拥有大量的经济资源，毋庸置疑，这使他成为一个强大的对手。米特拉达悌自称是古波斯（Perse antique）阿契美尼德王朝（dynastie achéménide）和塞琉古王朝（dynastie séleucide）国王的后人。塞琉古王朝的国王是胜利者塞琉古一世（Séleucos Ier Nicator），他是杰出将领亚历山大大帝（Alexandre le Grand）的继承人，后者庞大帝国的领土一直延伸到罗马。

米特拉达悌拥有充足的人力和物力，他的个人能力也很杰出——此人无疑是罗马最恐怖的敌人。不过他的登基之路也相当极端：在清算了诸多觊觎王位的人（其中包括他的生母）之后，他娶了自己的妹妹并独占了王位。这位本都王国国王的扩张主义野心在罗马的眼中已是昭然若揭。自米特拉达悌向邻国比提尼亚（Bithynie）的国王尼科美德三世（Nicomède Ⅲ）提出瓜分帕夫

以弗所（第71页）

自从米特拉达悌六世向罗马发动战争以来，这座位于小亚细亚的城市便是重要的经济和文化中心。建于2世纪之初的塞尔苏斯图书馆（bibliothèque de Celsus）留存至今，已是一处非常有象征意义的著名景点。

---

[16] 即小亚细亚。——译者注

■ 贵人派与平民派

本都国王受到的希腊影响

本都王国位于黑海南岸。从本质上来讲，该国的政治政策的形成源于伊朗人（居住在农村）和希腊人（占据了城市）的融合。

历任本都国王都致力于在他们的领土上推广希腊文化。因此，他们希望鼓励希腊移民来到本都定居。出于同样的目的，本都的宫廷模式也效仿了邻国希腊，有众多希腊哲学家和艺术家出现在宫廷中，国王也更倾向于将他们作为自己的顾问。本都日常生活的方方面面都受到了希腊的影响——我们可以在艺术价值极高的王冠上领略到这一点。就连在表示王权正统性的方面，本都的君主都会选择使用希腊意象来体现自己的形象。这种肖像学层面的示范在本都国王推广希腊文化的过程中，起到了不可忽略的作用。

插图 这尊米特拉达悌六世的雕像，很好地说明了希腊化的趋势（私人藏品）。

长发 长发是权力的象征：在希腊世界中，蓄长发是皇家或神明的特权，它代表了统治者的力量和生命力。这与共和国时代罗马政要的发式形成了鲜明的对比，后者通常留短发。

肌肉线条 在希腊化时期，理想化的人体构造（特指古典雕塑）被现实主义取代了。就连雕塑中的国王的身体也完全贴合自然，肌肉完全放松。

姿势 古风时期（époque archaïque）起，希腊人雕刻的青少年雕像（Kouroï）的左脚都会略微前迈——这一传统经受了时间的考验，直到今天，希腊雕塑仍旧具有这一特征。

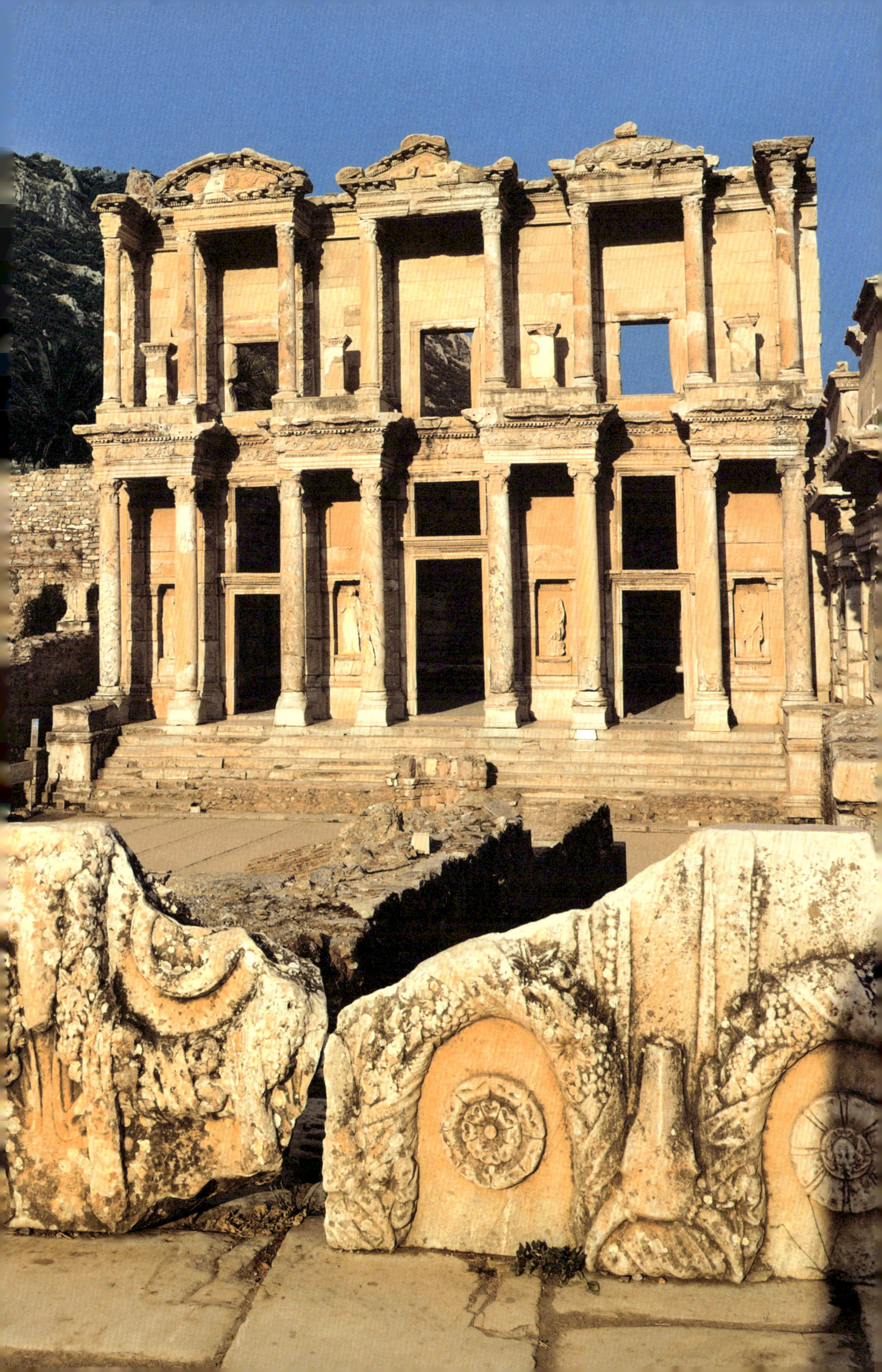

拉戈尼亚（Paphlagonie）的领土（及至公元前104年仍无人继承）起，元老院便开始严密地监视他的一举一动。但本都王国和比提尼亚间的协约只维持了很短的一段时间。

尽管米特拉达悌对安那托利亚已是虎视眈眈，但罗马元老院决定暂时按兵不动。做出这项决策的原因是，倘若与本都王国发动战斗，那必然将由马略率兵出征，这无疑会再度强化这位老将军的力量——马略已然是罗马政坛名副其实的统治者了。罗马消极的态度让米特拉达悌能够逐步扩大他的影响力：他先是将触手伸到卡帕多细亚，然后又让自己的影响力蔓延到邻国比提尼亚，后者也是罗马的朋友兼盟友——这相当于公开的敌对。这一过程花费了大量的时间，显然罗马可以利用这一点。在扫清了辛布里人和条顿人所带来的威胁之后，罗马便可以专心地应对米特拉达悌的阴谋了。但事实并非如此，这一时期的罗马局势相当不稳，不仅内部政局危机四伏，和外界的关系也相当紧张——正中野心勃勃的本都王国国王的下怀。

尼科美德三世去世后不久，米特拉达悌向比提尼亚发动了猛烈的进攻。他将王国的继承人尼科美德四世（Nicomède Ⅳ）驱逐了，与此同时，他的盟友亚美尼亚（Arménie）国王提格兰（Tigrane）[17]则夺取了卡帕多细亚的领土。被驱逐到罗马的尼科美德四世很快便有所反应，他要求元老院进行干预。元老院急于维护共和国在安那托利亚地区的政治稳态以及在该地区的巨大经济利益，便答应了他的要求。元老院派出了马尼乌斯·阿基利乌斯（Manius Aquilius）前去和米特拉达悌谈判，前者曾是公元前101年的执政官，并平息了西西里的奴隶起义。一开始，马尼乌斯·阿基利乌斯不辱使命，不仅让尼科美德四世重新登上了比提尼亚的王位，也将卡帕多细亚还给了其正统的国王阿里奥巴尔赞（Ariobarzane）。然而，随后的事件让罗马付出了巨大的代价：马尼乌斯·阿基利乌斯煽动尼科美德四世出兵进犯米特拉达悌的一部分领土，这样就能获得足够的战利品来偿还尼科美德四世对罗马欠下的债务——这标志着罗马和米特拉达悌正式敌对。两方敌对的过程高潮迭起，并且局势并不是每次都能偏向罗马。

公元前88年，米特拉达悌进犯比提尼亚并很快地将其占领，他还亲自抓住了

---

[17] 此处指提格兰大帝，即提格兰二世（Tigrane Ⅱ）。——译者注

马尼乌斯·阿基利乌斯，并以极尽羞辱的方式结束了他的生命：他们把马尼乌斯·阿基利乌斯降为米特拉达悌的奴隶，最后羁押到众人面前，在耻笑声中给他强行灌下一小锅熔化的黄金，致其惨死。这件事迅速在亚细亚行省、爱琴海中的几个岛屿以及希腊的几个城市的居民中引起反响。米特拉达悌也迅速被所有人称为能将他们从罗马的暴政中拯救出来的解放者。实际上，自从罗马确立了其统治地位之后，这些人一直被商人或收税官员剥削，后者向他们征收关税以及其他的苛捐杂税，导致一些社区负债累累。这些横征暴敛的行径为罗马人赢得了冷酷而贪财的剥削者的坏名声。米特拉达悌注定将终结元老院在地中海的权威，罗马也行将就木——这样的声音从这一端的东方传到了另一端的希腊世界。

米特拉达悌踌躇满志，一些罗马传统的希腊盟友城市也迫于外交压力，纷纷加入他的阵营，例如雅典。尽管如此，米特拉达悌还是不敢松懈，他清楚地知道自己的成功是依靠一部分的偶然因素以及他把握机会的能力：在同盟者战争期间，他很好地利用了困扰着罗马的难题。公元前88年，他在城市以弗所下达了一道前所未有的指令，该指令无论从政治秩序层面还是从组织的手段和方法层面都引起了强烈的反响：他唆使所有在地中海东岸地区城市和岛屿中与他站在同一阵营的人，杀掉罗马人——无论男女老幼，也包括被解放的奴隶。他向这些人保证，他们可以获得那些受害者的财产。许多贫困的人都心怀感激地接受了这一指令。米特拉达悌的计划以极高的精度被执行了，悲剧由此上演：那一天，大约8万名罗马人和意大利人同时被杀害。这场骇人听闻的屠杀在现代历史学著作中被称作"亚细亚黄昏"（Vêpres asiatiques）。这场屠杀让米特拉达悌可以清除在东方的罗马商人阶层，并站起来反抗罗马，而此时的后者正忙于解决国家内部的问题。他向共和国证明了他知道如何应对和策划暴力行动88。

米特拉达悌曾向一些人承诺将免去他们的债务，这些人就是参加过米特拉达悌所谓的对抗罗马人暴政战争的人。他也向他们承诺了奖赏和自由——这些提议受到了最弱势群体的欢迎，他们认为各自城市的领导人早已与罗马元老院沆瀣一气。在米特拉达悌的鼓动下，人民起义不断爆发，极端危险的对抗氛围将罗马笼罩。

■ 贵人派与平民派

盖乌斯·马略

　　这位伟大的将军也是军事和社会的革新者，并 7 次当选执政官。马略预见了可观的战利品和掌控东方市场的可能性，便极力地争取带领军队攻打米特拉达悌的机会。作为保民官普布利乌斯·苏尔比基乌斯·鲁弗斯（Publius Sulpicius Rufus）的盟友，马略试图强行扭转政局，但最终导致苏拉进军罗马。

　　插图　通常认为的马略半身像（但实际身份有争议）（现藏罗马文明博物馆）。

对立的马略和苏拉

　　米特拉达悌续对罗马步步紧逼，他还企图围攻罗德岛（Rhodes）（但没有成功），后者是罗马传统的盟友。面对着米特拉达悌的挑衅，推选一位新的领导人来指挥和本都王国的战斗似乎已是不可避免。因为希腊和亚细亚的土地能提供大量的战利品，一场爆发在地中海东部的战斗无论在军事层面还是在经济层面，都能牵扯出复杂的利益关系。马略更愿意成为共和国的英雄和拯救者，因此毛遂自荐，希望指挥战斗。然而，这位年迈英雄的辉煌只属于过去，在某种程度上，他曾经还是一个更加令

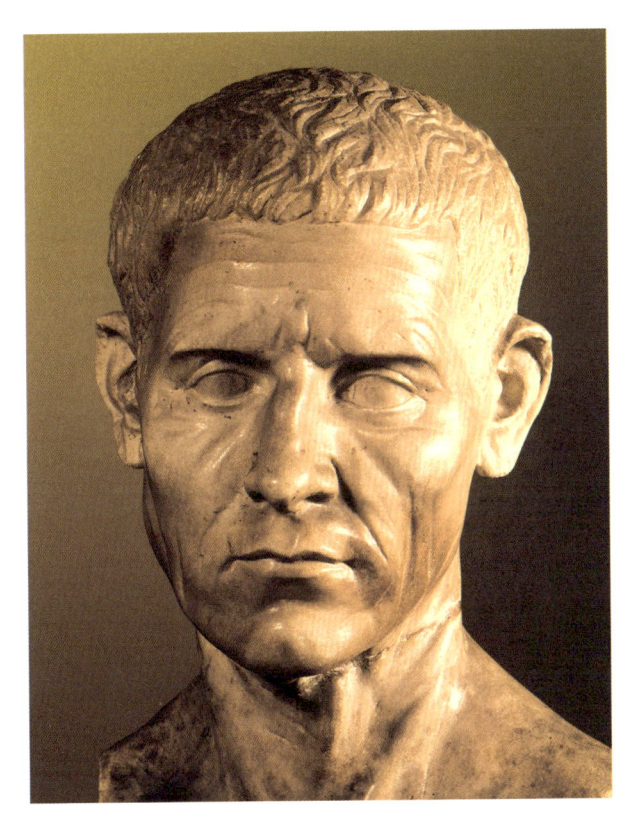

卢基乌斯·科尔内利乌斯·苏拉

人们对他的别名"苏拉"更为熟知。苏拉是一位戏剧爱好者，我们认为这位大名鼎鼎的人物曾放浪形骸。苏拉的政治生涯开启得很晚，不过就军事层面，他已经很出名了。也正是出于这个原因，他才能逐渐成为一位可以带领贵族和马略分庭抗礼的人。

插图 苏拉大理石半身像（现藏威尼斯考古博物馆）。

人生畏的政治家：过去的他无论在人民还是在骑士阶层都有极大的影响力，马略进行了军事改革，他在军队中的地位很高，人们怀疑他会对共和国的权力进行垄断。此处我们应说明一下，至少在内战之前，个人垄断权力的观点会在罗马引起强烈的排斥。或许出于这个原因，或许还有其他更复杂的原因，马略没有被任命为对抗米特拉达梯的军事指挥官。

与马略相对的，是他的前任财务官苏拉。后者曾在朱古达的逮捕过程中扮演了至关重要的角色，他也因此声名大噪。苏拉因其杰出的军事才华而备受尊重。此外，因为苏拉在同盟者战争期间取得了

贵人派与平民派

几场大胜，人们对他也是满怀信心。总之，他应该是最理想的指挥官，他有能力让本都王国臣服。

公元前88年，苏拉出任执政官。尽管马略也是野心勃勃，但苏拉在成为军事指挥官的过程中，并没有遭遇过太多阻碍。不过，这种极端紧张的情势将发展出意想不到的结果。几十年间一系列无常的政治事件为共和国营造了极端紧张的氛围。也正是在这种令人害怕的氛围中，马略忠诚的朋友普布利乌斯·苏尔比基乌斯·鲁弗斯出任平民保民官。他俩准备再一次为维护平民派的利益而战。苏尔比基乌斯是德鲁苏斯政治方针的传承者，无论在何种场合，他都有一名私人警卫陪同。他想提醒公众舆论保民官官职的脆弱性，也想提醒人们不要忘记那些发生在前任保民官——无论是格拉古兄弟，还是萨图尼努斯——身上的悲剧。这种态度为他赢得了巨大的声望。很快，他无可争辩的演说天赋让他更受欢迎。苏尔比基乌斯公开提出的政策针对的是两个有争议的提案。第一项提案旨在将新近获得罗马公民身份的意大利人吸收进罗马传统的部落中，以避免这些新公民组成的新部落受到不公平的对待。第二项提案尽管争议较小，却极具风险，即任命马略为对抗米特拉达梯的军事将领。

从某种意义上来说，平民派是在用第二项提案来应对同盟者战争之后共和国所处的局势。而马略和苏尔比基乌斯之间的一致性，也能证明平民派在过去的几十年中汲取了新的力量——这在很大程度上归功于马略在政界的重要地位和他在罗马军队中的影响力。

就个人而言，马略和苏拉之间可能还有问题亟待解决。然而，似乎经济利益间的冲突比他们的私人恩怨更甚：带领军队在东方进行军事行动，无疑是累积大量财富的绝妙方法。无论如何，将苏拉的军事指挥官职位撤销，无疑是对共和国司法体系的直接挑衅。传统上，元老院会将指挥军队的重责交由一位在任的执政官。然而因为与米特拉达梯这场战役事关紧要，作为公元前88年执政官的苏拉，也无法抓住明显的被戏弄的把柄。

贵人派成员的反应迅速。苏拉迅速现身罗马主持秩序，以取消苏尔比基乌斯之前阻挠他带兵作战的安排，同时希望化解两个阵营支持者间的冲突。

对苏尔比基乌斯的提案进行投票表决的那天，主持投票的两位执政官，苏拉和昆图斯·庞培·鲁弗斯（Quintus Pompeius Rufus）试图阻挠平民派的行动，但没有成功，并且让局势更加紧张了——暴力活动再次充斥在罗马街头，庞培·鲁弗斯的儿子也惨遭杀害。根据古老的资料描述，追踪苏拉的平民派成员发现最后他躲进了马略的家中。我们猜测这份资料更像是一个传说，尽管苏拉的性命已完全落入他的死敌马略的手中了，但后者还是帮助他逃出了罗马。幸运之神垂怜了苏拉：他成功地带着自己的部队逃往了坎佩尼。这支忠心耿耿的部队曾在同盟者战争期间在他的指挥下作战。苏拉理所当然地信任这支军队，后者也能反映他权力的正统性。军队集结完毕，苏拉做出了一个史无前例的决定：向罗马进军。

苏拉与罗马敌对

尽管元老院发来消息，要求苏拉重新考虑自己的立场，但他还是满不在乎地带着自己的军团向罗马开拔。部队一来到罗马的城墙外，苏拉便开始进行围城——此举引起了民众的恐慌。显而易见，神圣不可侵犯的罗马城面临着巨大的危机。在苏拉威胁要将城市付之一炬之后，罗马城的城门打开了。人们纷纷从屋顶上或露台上向士兵投掷石头和瓦片。城市驻军和马略忠实的部队奋力抵抗，但苏拉成功地控制住了局面，并再次手握执政官的大权——在短短的几个小时之内，权力斗争的局势发生了根本性的逆转。马略不得不逃跑以保全性命——就像苏拉几天前做的那样。苏尔比基乌斯和平民派中其他杰出人物不久便悉数遇害。再一次，一位保民官在政治斗争中罹难——简直是不可撼动的传统。毫无疑问，苏拉的军队进入罗马的时刻是罗马漫长历史中新的转折点，并终将导致共和国的陨落。

苏拉通过武力取得了胜利，但他还是不能够控制政局。他对罗马的进攻、他的贵人派和立场以及他和元老院站在同一阵营，都为他招来了大众阶层的反感，因此，在公元前87年的执政官竞选中，与苏拉站在同一阵营的候选人都没有当选。

■ 贵人派与平民派

马略和苏拉：两位罗马的指挥者

公元前107年

马略首度出任执政官，并成为带兵攻打朱古达的指挥官。其麾下的苏拉，在罗马取胜的过程中发挥了决定性的作用。

公元前88年

苏拉时任执政官，并成为军事指挥官，将带兵对抗米特拉达悌。马略、苏尔比基乌斯·鲁弗斯阻挠。苏拉逃跑之后反攻罗马。马略流亡至非洲。

公元前87年

马略的支持者卢基乌斯·科尔内利乌斯·秦纳（Lucius Cornelius Cinna）当选执政官，后者极力反对苏拉。秦纳让流亡中的马略回到罗马，并开始实施一系列与元老院及贵族敌对的政策。

公元前86年

苏拉带兵与米特拉达悌作战。同时秦纳二度当选执政官，马略七度当选执政官。马略在出任执政官不久后去世。

公元前83年至前82年

返回意大利的苏拉针对马略的支持者发动了一场血腥的战争。得胜的苏拉被任命为独裁官，他下令剥夺其所有政敌的公民权。

马略支持者的势力变弱了，但他们仍旧在罗马人中有很大的影响力。苏拉不想与之斗争，他更愿意将注意力集中在与米特拉达悌的战斗上。

这场军事冲突的胜者将控制整个爱琴海的市场——这无疑意味着巨大的利益。非常有可能的是，苏拉想将此次战争收益用于日后与盖乌斯·马略支持者的斗争中。

第一次米特拉达梯战争

苏拉占领罗马的行为是备受争议的，与此同时，东方的米特拉达梯也借着罗马内乱的时机，扩大其在地中海东部的影响力。苏拉决定立刻动身前往东方。本都王国有众多支持者，尤其是希腊的一些城市，比如雅典和底比斯都与罗马的这位敌人结盟。

雅典的故事值得一提。自亚该亚战争（Guerre d'Achaïe）于公元前146年爆发，希腊被罗马征服起，雅典一直是罗马共和国的重要

马略在明图尔诺

在苏拉发动暴乱之后，马略逃到拉丁城市明图尔诺，但还是被抓住了。马略命悬一线。根据普鲁塔克（Plutarque）的描述，那位即将要处决马略的年轻士兵，受不了这位将军的穿透灵魂的注视，他用自己的斗篷捂住自己的脸并喊道："我不能杀死马略！"马略得以逃生，最后流亡到非洲。

插图　让·格曼·德鲁瓦（Jean Germain Drouai，1763—1788）的画作重现了这一著名的情节（现藏巴黎罗浮宫）。

罗马的儒略历

令人意外的是，罗马的儒略历是国王老塔尔奎尼（Tarquin l'Ancien）的首创，他对之前使用的历法做出了根本性的改动。为了使历法更好地适用于季节的更替，也为了让阴历适用于太阳历，他引入了第十三个月份（即"闰月"）。日历（Fasti）通常会被挂在公共建筑中或是室外——例如在古城安济奥 [Antium（Anzio）] 发现的安提亚茨迈奥尔历。

插图 同一时期的另一种共和国历法的细节（现藏罗马文明博物馆）。

农业历法

罗慕路斯发明了最初的罗马历。根据最初的罗马历，一年始于 3 月，极有可能是因为这是收割谷物的季节。而儒略历做出的改动则更多地出于政治原因，并且儒略历也不遵循农耕节奏。因此农民开始通过观察月亮的变化规律来进行农耕工作。

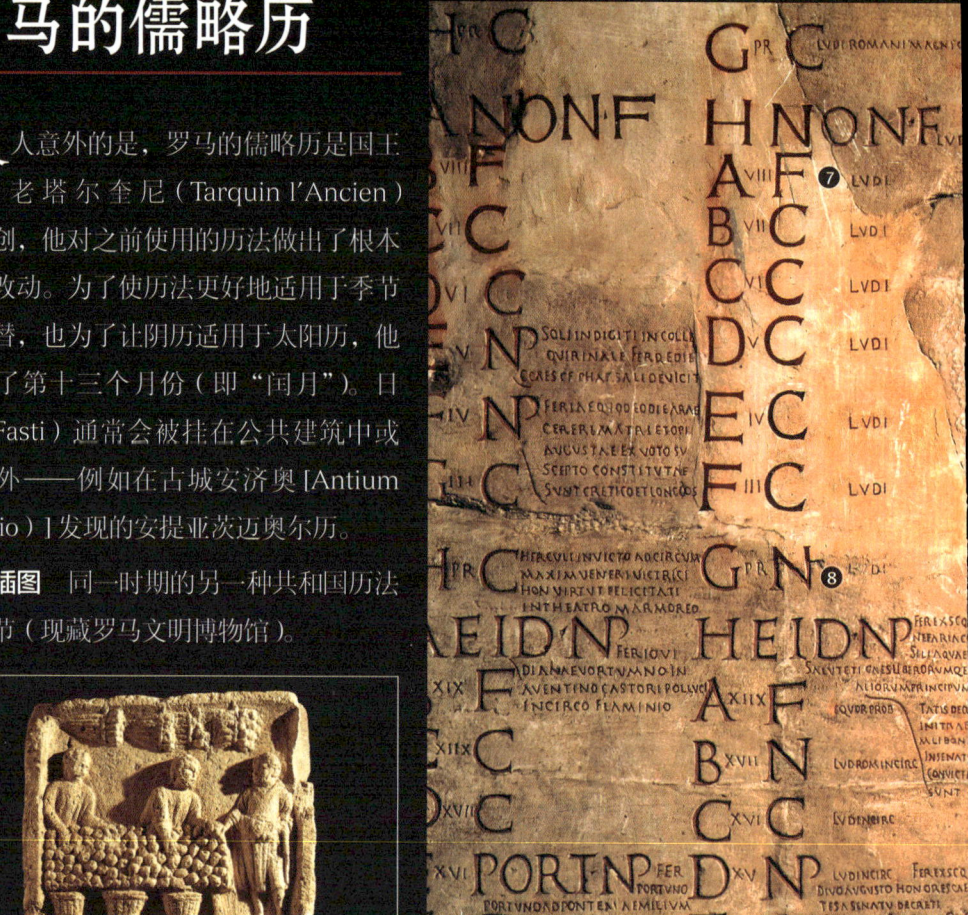

年份

儒略历元年为罗马建城的公元前 753 年。每年由在任执政官的名字命名。

月份

1. 12 个月份依次标示在日历的最顶部的从左到右的垂直列中。其中的大部分月份都以神祇的名字命名。通常每两年，会在 2 月结束的时候添加一个闰月。

2. 一个月可能有 28 天、29 天或 31 天。具体细节会在日历底部显示。

月份会被分为三个部分：

3. 朔日（Kalendae）：每月的第一天，对应新的月周期开始。这一天，大祭司会宣布该月中其他日期的变动情况。

4. 诺奈日（Nonae）：小月（天数少于31天的月份）的第五天，大月的第七天。诺奈日之后是伊都斯日（Idus）。诺奈日日期由月相界定。

5. 伊都斯日：这一天是祭祀朱庇特的日子，是小月的第十三天，大月的第十五天。伊都斯日为满月的日期。

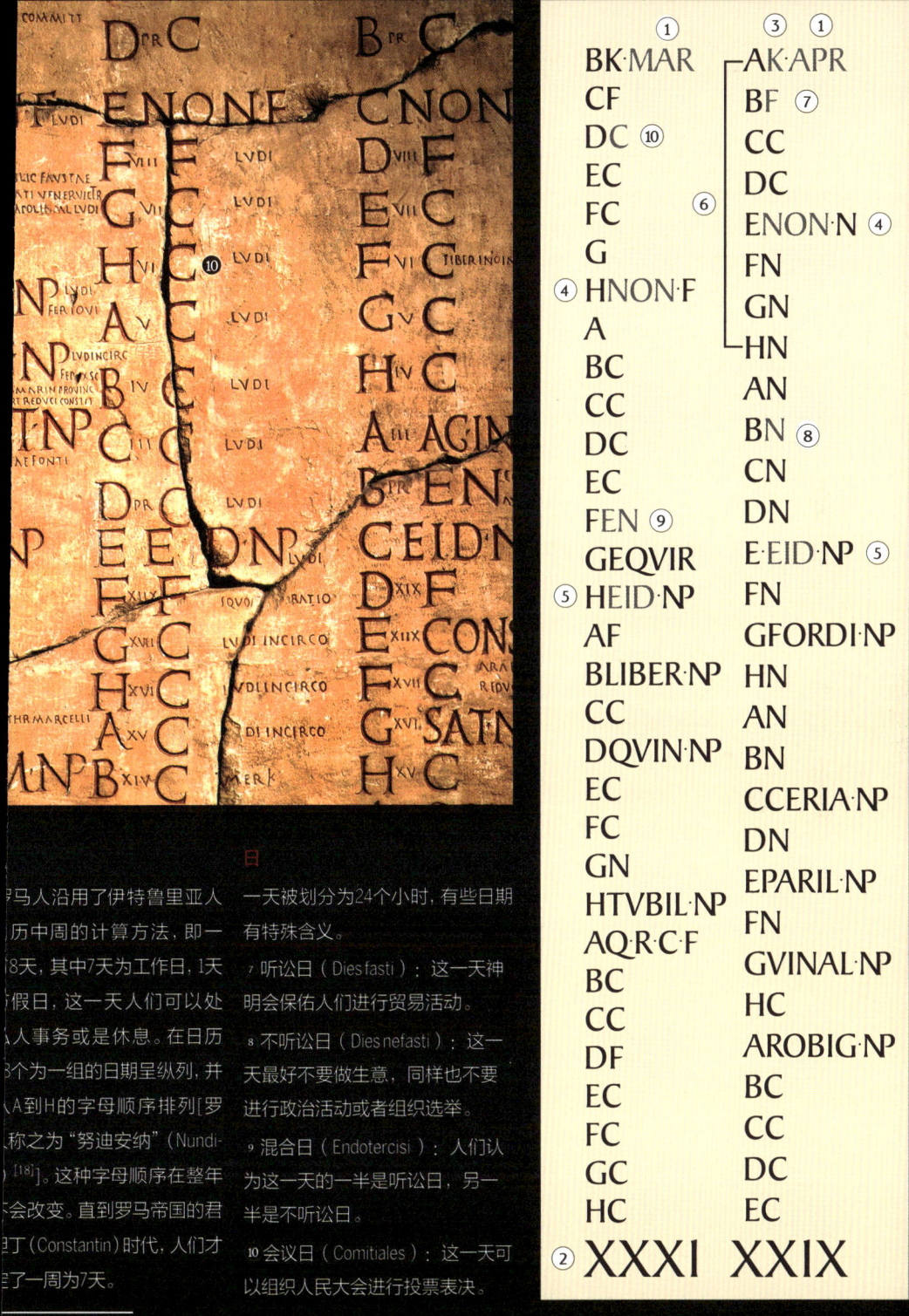

① BK·MAR	③ ① AK·APR
CF	BF ⑦
DC ⑩	CC
EC	DC
FC ⑥	ENON·N ④
G	FN
④ HNON·F	GN
A	HN
BC	AN
CC	BN ⑧
DC	CN
EC	DN
FEN ⑨	E·EID·NP ⑤
GEQVIR	FN
⑤ HEID·NP	GFORDI·NP
AF	HN
BLIBER·NP	AN
CC	BN
DQVIN·NP	CCERIA·NP
EC	DN
FC	EPARIL·NP
GN	FN
HTVBIL·NP	GVINAL·NP
AQ·R·C·F	HC
BC	AROBIG·NP
CC	BC
DF	CC
EC	DC
FC	EC
GC	
HC	
② XXXI	XXIX

日

罗马人沿用了伊特鲁里亚人历中周的计算方法,即一

8天,其中7天为工作日,1天假日,这一天人们可以处

人事务或是休息。在日历8个为一组的日期呈纵列,并

A到H的字母顺序排列[罗

称之为"努迪安纳"(Nundi-

[18]。这种字母顺序在整年

会改变。直到罗马帝国的君

丁(Constantin)时代,人们才

了一周为7天。

一天被划分为24个小时,有些日期有特殊含义。

7 听讼日(Dies fasti):这一天神明会保佑人们进行贸易活动。

8 不听讼日(Dies nefasti):这一天最好不要做生意,同样也不要进行政治活动或者组织选举。

9 混合日(Endotercisi):人们认为这一天的一半是听讼日,另一半是不听讼日。

10 会议日(Comitiales):这一天可以组织人民大会进行投票表决。

[18] 拉丁语 nundinae,是 novem(9)和 dies(日)的组合词,意为每9日会有集市 ——译者注

■ 贵人派与平民派

米特拉达悌与罗马的战争：
20 年间从未松懈

米特拉达悌六世对罗马来说是一个坚定的敌人，可能也正是出于这个原因，米特拉达悌也在导致共和政体解体的政治博弈中扮演了重要的角色。那个时代的伟人，尤其是苏拉和庞培，都和米特拉达悌进行了旷日持久的对抗——也正因如此，他们能够最终在罗马坐上独裁的交椅。

米特拉达悌在顽强地与罗马对抗的期间，与罗马其他的潜在敌人结成了同盟，例如奇里乞亚（Cilicie）的海盗以及反叛者昆图斯·塞多留（Quintus Sertorius）。他同样也试图从多个方面入手，削弱罗马的力量，特别是他杀害了数千名居住在东方的罗马公民，死者中的大部分都是商人或包税人，其目的在于予以罗马的经济致命一击。罗马与本都王国之间的冲突还导致了血腥暴力的战争反复上演，在战争中，那些无辜的城市受到牵连，农业用地被大规模地破坏。在持续了约 25 年战争之后，罗马成功征服了地中海东部地区，并对近东的政治结构进行重新洗牌。

插图 米特拉达悌六世半身像，历史可追溯到公元前 2 世纪（现藏巴黎罗浮宫）。

- 高贵者米特拉达悌的王国
- 高贵者米特拉达悌的盟友
- 罗马的领土
- 罗马的盟友
- 塞琉古帝国
- ✕ 战役地点（罗马胜利）
- 和平条约签署地
- 围城
- 海盗

盟友。在罗马的授意下，雅典可以在提洛岛的港口处进行利润丰厚的贸易交换，该地是通向亚细亚的必经之路。因此，罗马统治下的雅典十分繁荣。但在世纪之交时，雅典似乎遭遇了一场经济危机，再加上奴隶起义的爆发，雅典的大部分人口或负债累累，或沦为平民。公元前 88 年，米特拉达悌的密使，哲学家阿里斯提昂（Ariston）出现在雅典，并向当地人做出了一系列十分诱人的承诺，

其中一条就是免去他们的债务。阿里斯提昂成功将雅典人笼络。不过我们并不知道是否正是此举导致了雅典和罗马关系的破裂，或者前者是否提出了一些对共和国不利的政策。

无论如何，雅典政府派遣了一支由蒂奥人亚佩里根（Apellicon de Téos）率领的舰队前往提洛岛，以劫掠岛上的财宝。此举显然违反了罗马的命令。

贵人派与平民派

不过，由亚佩里根领导的袭击并没有达到预期的效果。提洛岛上有大量的罗马人以及他们的意大利盟友，因为该地也为罗马带来了巨大的商业收益。亚佩里根遭到了这些人的猛烈反抗。当米特拉达悌决定直接介入冲突之后，战局扭转了。米特拉达悌命令将军阿奇劳斯（Archélaos）率领一支强大的舰队前去占领富饶的提洛岛，与此同时，他还在雅典插入了自己的管理机构。阿奇劳斯成功夺取了比雷埃夫斯港，随后他推举米特拉达悌的密使阿里斯提昂为雅典的新僭主。

以上就是苏拉抵达伊庇鲁斯时的局势。不过，仅凭苏拉自己的军队，就已经足够扭转局面了：许多之前站在米特拉达悌一边的城市现在都开始追随苏拉的大军，以证明他们和罗马站在同一阵营，并且他们也对之前在面对本都王国的威胁时所表现出的"犹豫"表示懊悔。只有雅典仍旧不屈从于罗马。阿奇劳斯在比雷埃夫斯港搭建了一处配有兵器库的防御工事，与此同时，阿里斯提昂也在雅典做好了防范罗马军团进攻的准备——这对他们来说确实很有必要，因为苏拉将他的火力集中在了雅典：他围攻了雅典，事实证明这番围城持续了很长一段时间。苏拉包围了雅典以孤立敌军的两方兵力，也预防了任何人从雅典出逃，同时另一支罗马军队则在比雷埃夫斯港和阿奇劳斯的抵抗部队交火。似乎雅典没有太多的士兵，真正的威胁是本都王国的军队。在将近一年的时间里，每一天，雅典的居民都会在城门前眼睁睁地看着苏拉的士兵亵渎圣物：他们将柏拉图学园（Académie）和亚里士多德学园（Lycée）中的圣木砍倒来制造武器，或者在埃莱夫西纳的神圣土地上动土以安营扎寨。抵抗的过程艰苦而漫长。雅典非常可能在围城的前几个月就已经开始实行定量配给——随着围城的持续，口粮肯定严重短缺。与此同时，罗马军队也在毫不松懈地与米特拉达悌的军队作战。

对苏拉来说，攫取雅典只是时间问题。终于，在公元前86年3月1日，围城结束。那天清晨，苏拉的手下发现了城墙的一道缺口，可以让罗马军团畅通无阻地进入雅典。罗马人冲上了雅典的街道，沿途烧杀抢掠——在长达一年的围城之后，他们终于能掠夺垂涎已久的财富了。雅典街头血流成河。罗马人也被一个残酷的事实震惊了：他们发现雅典人为了不死于饥饿，已经开始人吃人。那一天，罗马人摧毁了10余座建筑物和纪念碑。苏拉的暴力行动碾碎了雅典的荣耀。

罗马军团征服了雅典，阿里斯提昂也逃往雅典卫城的圣地中避难，与此同时，阿奇劳斯也率领他的军队逃往维奥蒂亚。苏拉一路追击这位本都王国将领至奇罗尼亚平原，此处也是昔日马其顿国王腓力二世（Philippe Ⅱ）和其子亚历山大（Alexandre）大帝击溃希腊军队的地方。苏拉和阿奇劳斯的战争随即打响。米特拉达悌的兵力是罗马的近三倍，但苏拉这位罗马的战略家再次展示了他的军事才华，罗马军团大败敌军。

极为少见的是，共和国在海上也取得了胜利：苏拉忠诚得力的副手卢基乌斯·李西尼乌斯·卢库勒斯（Lucius Licinius Lucullus）在泰内多斯岛沿岸成功抵挡住了米特拉达悌海军的攻势。这次的溃败让那位好战的国王不得不进行和谈。

苏拉在战胜米特拉达悌之后，便组织了一场停战会议。会议于公元前85年在达尔达涅[Dardanie，今科索沃（Kosovo）]召开，双方缔结了令人感到惊讶的和平协议[19]：苏拉迫使米特拉达悌归还其在战争期间侵占的所有领土，尤其是爱琴海的诸多岛屿，还有一些王国，诸如弗里吉亚、帕夫拉戈尼亚、比提尼亚和位于亚细亚行省的卡帕多细亚，但此番协议既没有涉及本都王国的领土，也没有影响该国的主权。

此番既慷慨又让人感到惊讶的让步表明，苏拉想尽快结束这段外部的插曲。他想在不与本都王国国王这般危险的人为敌的情况下尽快赶回意大利。他的匆匆离去确实有充分的理由，因为罗马发酵的一系列事件正在将局势变得越发糟糕。新的政治局势将迫使苏拉采取紧急措施。

马略与秦纳联手：噩梦

苏拉因为米特拉达悌战争而动身前往希腊，这在他罗马的政敌中引起强烈反应，这些政敌便是马略的平民派。尽管在苏拉进攻罗马之时，苏尔比基乌斯遇害，马略潜逃，但平民派还是有多方支持。此外，改革主义者的政策一直尝试解决的问题都

---

[19] 即《达达诺斯和平条约》（*Paix de Dardanos*）。——译者注

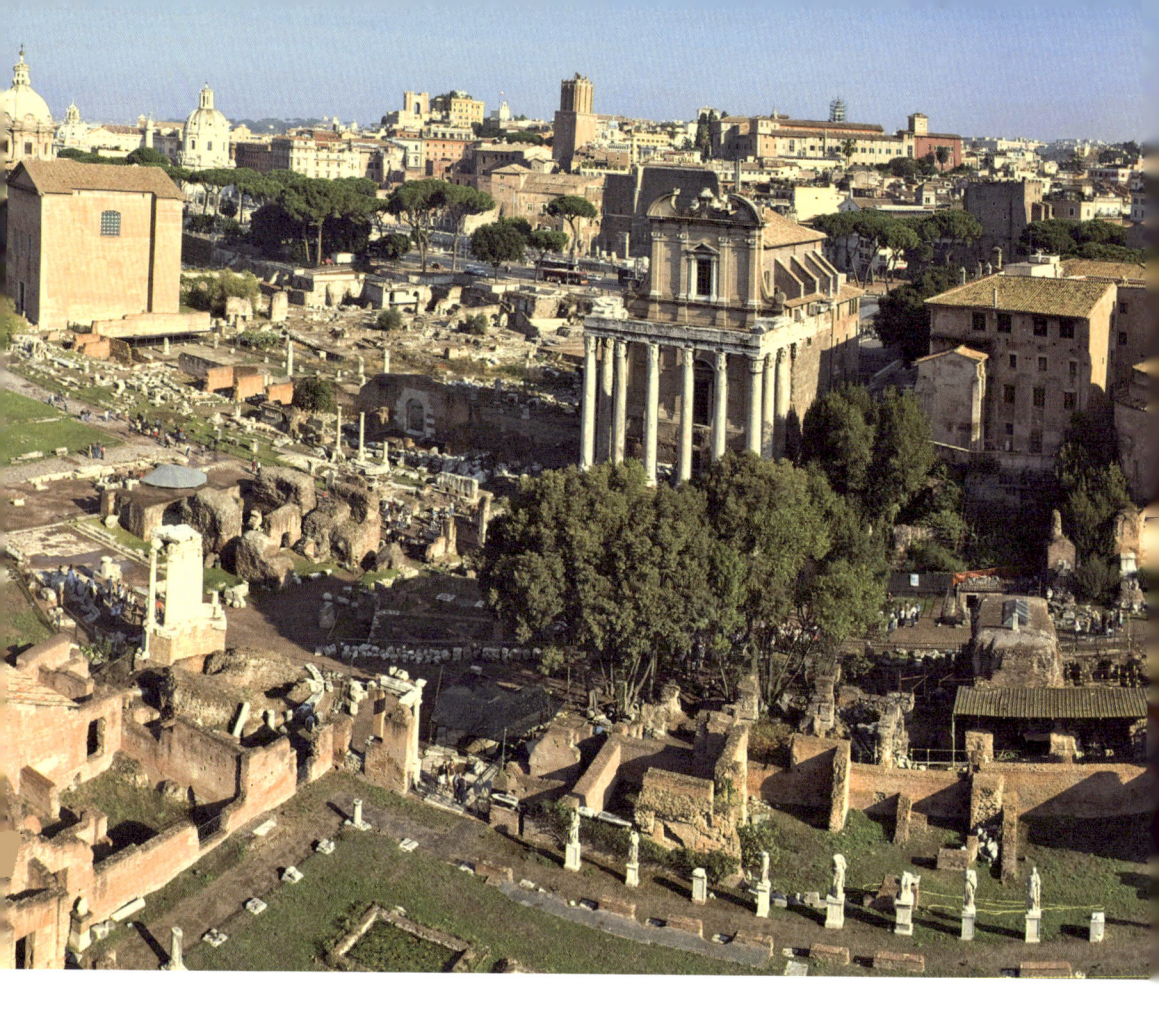

具有现实性。实际上，将公民身份授予意大利人，之后又将他们集中在新的部落中——仍旧不断地引发政治阶层间的争执。有些人支持让意大利融入现有的部落中，而他们的反对者则认为，为这些意大利人建立新部落，是为了对他们和原始公民加以区分。两个阵营间的分歧越来越大，局势也越发紧张。分歧最终演变为街头暴动，甚至罗马执政官也不可避免地卷入其中。

公元前87年的两位在任执政官站在完全对立的两个阵营中。一边是卢基乌斯·科尔内利乌斯·秦纳，虽然是贵族出身，但他的意识形态更偏向平民派的政治观念，并且他曾在公民权新法案推行的时候，捍卫过意大

利盟友的权利。另一边是贵人派政治家格涅乌斯·屋大维（Gnaeus Octavius），他反对秦纳的手段就是，坚决主张为新晋公民设立新的部落——在这项方案被表决的当天，秦纳的反对者在古罗马广场等着他。随后罗马的街头便爆发了武装冲突，冲突的双方就是两位执政官和各自的支持者，每个人手上都拿着石头、权杖或匕首。再一次，共和国迎来了令人难以置信的血腥暴力阶段，1万名受害者被卷入冲突中。尽管卢基乌斯·科尔内利乌斯·秦纳已经做出了一些努力以动员意大利人、一些城市居民以及奴隶，但贵人派再一次取得胜利，他们清算了秦纳的党徒——正如之前他们对格拉古兄弟做的一

古罗马广场

这座位于罗马中心的公共建筑见证了无数大事件的上演，往往这些大事件都和共和国末期贵人派和平民派中的对抗息息相关。这里既是苏拉和马略及各自支持者发生冲突的地方，也是秦纳和格涅乌斯·屋大维的支持者发生争执的地方。上图为从帕拉蒂尼山上俯瞰的古罗马广场遗址。

奥斯提亚安提卡：罗马世界的入口

拉丁语"Ostium"的意思是"入海口"：这很好地解释了为什么这座在台伯河入海口处建立的城市被叫作奥斯提亚（Ostia）。完整保存至今的奥斯提亚安提卡是一个考古遗址。该地在古代曾是个战略要地，这里质量极佳的城市港口是一个海上贸易的枢纽，奥斯提亚安提卡在地中海的贸易中占统治地位。

从安古斯·马奇路斯（Ancus Marcius）（公元前7世纪）的时代以来，王政时代的罗马人似乎就想开辟一条海上通道用于发展贸易。奥斯提亚安提卡坐落于罗马的25公里开外，这里最初的居民是一些水手和小商贩。随着时间的推移，罗马变得强盛，城市人口也不断增加，奥斯提亚安提卡也被罗马吞并，宏伟的建筑拔地而起，例如尼普顿温泉和大广场。尽管罗马也开发了其他的新港口，但奥斯提亚安提卡因为是罗马的海上门户一直久负盛名并地位特殊。

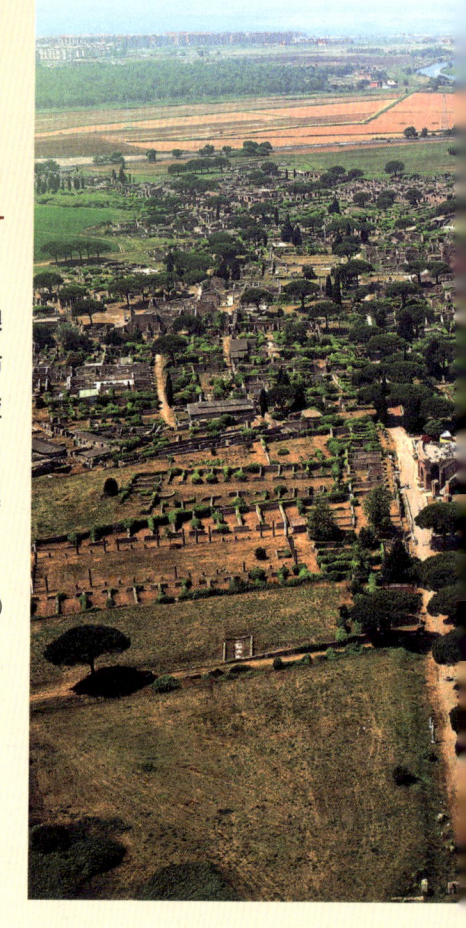

① **入海口** 这座港口城市建于公元前4世纪，但直到帝国时代该地才真正繁荣发展。

② **港口** 台伯河附近建立了两处港口。最重要的港口位于上游河口处，可供航船停靠，并配有储存货物的仓库。这些货物最终会被供应给罗马。

③ **城市** 帝国时代的奥斯提亚安提卡成为一座优雅的城市，这里不仅有圆形剧场，还有温泉浴场以

样。元老院撤除了秦纳的执政官一职，并声明他与6位平民保民官为共和国的敌人。

被迫出逃的秦纳来到了坎佩尼的诺莱。一支自同盟者战争起就驻扎在此的罗马军队（其中的士兵大都是意大利人），出于平民派的立场再度集结。一些军官是秦纳的支持者，例如昆图斯·塞多留和格涅乌斯·巴比留·卡尔波（Gnaeus Papirius Carbo），他们在整个意大利四

从前的贸易

上图为马赛克镶嵌画中的一艘商船。该文物在位于行会广场的一处商业建筑的遗迹中被发现。行会广场布局的最终版本可追溯到3世纪。

下图为多拉（Dola）的货仓。货仓中填满了装盛葡萄酒和谷物的双耳尖底瓮。

及公共厕所。

④ **酒肆** 作为一座港口城市，奥斯提亚安提卡到处都有小酒肆或让航海归来的人歇脚的地方——这些地方的遗迹我们今天都清晰可见。

处奔走以寻求支持者，在召集人手的同时也在号召人们奋起反抗。秦纳同样要求马略返回意大利。在一年前苏拉夺取罗马之后，非洲一直是马略的藏身之处。这位老将军离开了非洲，并带领着一群移民出现在了伊特鲁里亚。他的到来极大地促进了战线的统一，因此马略迅速地集结了6000余名意大利人，他们可能是马略的支持者，也可能是逃兵或奴隶。马略和秦纳率领这支杂牌军以及其他平民派将领的军队，向罗马进军。他们首先占领了奥斯提亚港，这样他们便能控制物资的输送，罗马城中的居民将面临饥荒。局势变得不堪忍受，元老院不久便放弃抵抗，并向平民派打开了罗马的城门。

马略一抵达罗马，就想着找苏拉报将其驱逐的仇，并开始进行可怖的独裁。罗马的街道被大肆践踏，可怕的屠杀进行了整整五天——这将永远被历史铭记。元老院还在负隅顽抗，而其中颇有影响力的主要人物，固执的格涅乌斯·屋大维是第一个为抵抗付出代价的人。非常吊诡的是，迷信占卜的格涅乌斯·屋大维听信了预测的结构，拒绝逃离罗马，不过事实证明，此番决定不仅是错误的，还是致命的。

平民派组织了一场粗暴的政治清洗。在复仇渴望的驱使下，他们杀害了卢基乌斯·尤利乌斯·恺撒（Lucius Julius Caesar）（同盟者战争期间公元前90年的《尤利亚法》的起草人），在公元前102年和马略联合执政的执政官昆图斯·路达提乌斯·卡图卢斯被斩首。昆图斯·路达提乌斯·卡图卢斯曾与马略共同迎战辛布里人和条顿人，但后来他觉得马略鄙视自己，选择了和苏拉站在一边。昆图斯·路达提乌斯·卡图卢斯的头颅和卢基乌斯·尤利乌斯·恺撒以及格涅乌斯·屋大维的头颅一同被摆在演讲台（Rostra）上，此处是演说家的讲台，位于古罗马广场。马略在罗马城中出入的时候会由一支私人护卫队保护，任何没有向这位老将军问候的人，都会立马曝尸街头。恐怖如斯，甚至这位得胜者的朋友都害怕和他碰面，然后出于莫须有的原因丧命。

秦纳和马略当选公元前86年的执政官。当选后不久，马略终于向岁月和病痛屈服，将已被暴力洗劫的罗马留在了身后。尽管秦纳为重塑某种和谐作出了一些努力，但罗马的痼疾已是药石难医。除了政治冲突，罗马的经济也在衰退。意大利盟友认为既然他们已经拥有罗马公民的身份，就不用上交税金和贡品，共和国的经济大受打击。共和国也不能指望亚细亚行省，因为来自那里的税金只是杯水车薪，能从马其顿征收的税款则更是微乎其微——这两个地区都处在米特拉达悌的统治之下。

种种困难让平民派就意大利人权利的问题暂时放弃了跟贵人派的敌对。尽管平民派功不可没，但还是有一些举措，尤其是一项免除一部分债务的举措，再一次引发了骚乱，又有无数受害者被牵连。

极端紧张的局势威胁到了已经千疮百孔的共和国那摇摇欲坠的平衡。两派间的冲突已是覆水难收，任何的协商都是徒劳，已经没有什么能阻止内战的爆发了。

尼罗河镶嵌画

这幅公元前1世纪的镶嵌画是在位于佩内斯特(Praeneste)的幸运女神圣所(Fortuna Primigenia)中被发现。该画呈现了罗马士兵在神庙中的场景（现藏帕莱斯特里纳考古博物馆）。

下一页 一枚公元前1世纪的硬币，其背面所绘的场景是小加图正驾着一辆四马二轮战车凯旋。

内战

当苏拉正在希腊同米特拉达梯作战时，马略的党徒和平民派众人却在秦纳的带领下，在罗马建立了恐怖政权。贵人派立即予以回应。那个时代的罗马再也不是一片神圣的土地，通过暴力手段就能在此地获得无限的权力。罗马的共和时代行将终结。

马略的去世在某种程度上减轻了罗马居民的负担。随着这位老将军的离世，暴力和劫掠行径也慢慢消失。我们只能说，秩序"相对"恢复了。尽管有先前的种种"劣迹"，但秦纳还是在公元前86年至公元前84年成功地担任了近3年时间的执政官。从他的政治行为中已经能看到独裁统治的苗头，尽管他的真正目的可能并不在此。倚仗着自己不容置疑的权威，秦纳撤销了苏拉的所有提案，也废止了一些贵人派政府随着时间的累积逐步实现的政策。他成功地解决了意大利人融合的问题，这一问题的确引发了很多社会冲突，秦纳将这些意大利人融合进了罗马公民的

罗马军团长在共和时代扮演的角色

在罗马共和国时期，军团长成为罗马政治和军事生活的基本要素。最初，军团长是纯粹的军队职位，是被任命为军团统帅的军官。随着时间的推移，军团长的职权范围扩大了。一位军团长也能负责带领外交使节团，并从罗马的利益出发来解决外事问题。

最初，军团长是罗马部队中军阶最高的军官，也正是出于这个原因，他们通常是由元老院任命的。作为军人，军团长也能收获大量的战利品，因此战争对他们而言十分有利可图。自从罗马开始征服地中海之后，随着战事越发频繁，罗马也有必要增加军团长的数量，因为他们的职权便是在执政官的指挥下统帅战斗单元或军团。在征服过程中管理工作的复杂性，使得罗马不得不扩大军团长的特权。军团长的全新职责是充当外交使节，他们必须代表罗马和盟友们或敌人们缔结约条。军团长的权力越来越大，因此他们也能够在派系之争中扮演十分活跃的角色。例如军团长盖乌斯·弗拉乌斯·菲比瑞拉（Gaius Flavius Fimbria）便杀害了他的对手执政官卢基乌斯·瓦列乌斯·费拉库斯（Lucius Valerius Flaccus），后来就接管了后者的部队。在米特拉达悌战争中取得多次胜利之后，菲比瑞拉向苏拉提出合作。不过苏拉却坚持独享胜利以巩固自己的权力，在被苏拉多次袭扰之后，菲比瑞拉自杀。

插图 帕加马的阿斯克勒庇俄斯（Asclépios）圣所——祭祀医疗之神阿斯克勒庇俄斯的神庙，此处也是菲比瑞拉自杀的地方。

部落中。这一改革和其他一些更加具体的改革同步进行，诸如针对城市人口增加面包的配给量，或是免去小额债务——穷人是这些改革的获益者。秦纳还重启了一些格拉古兄弟时代的政策。

政治局势仍旧极端紧张。尽管秦纳成功地保住了自己的权力，但他的大部分支持者都来自意大利群体——这就是症结所在，意大利群体没有足够的分量和力量来维持一系列漫长的、针对共和国政体的改革。尽管他们进行了政治清洗，很多的贵人派成员也被杀害，但还是有很大一部分人得以逃跑并躲起来，例如他们可以躲在居住在行省的被保护人

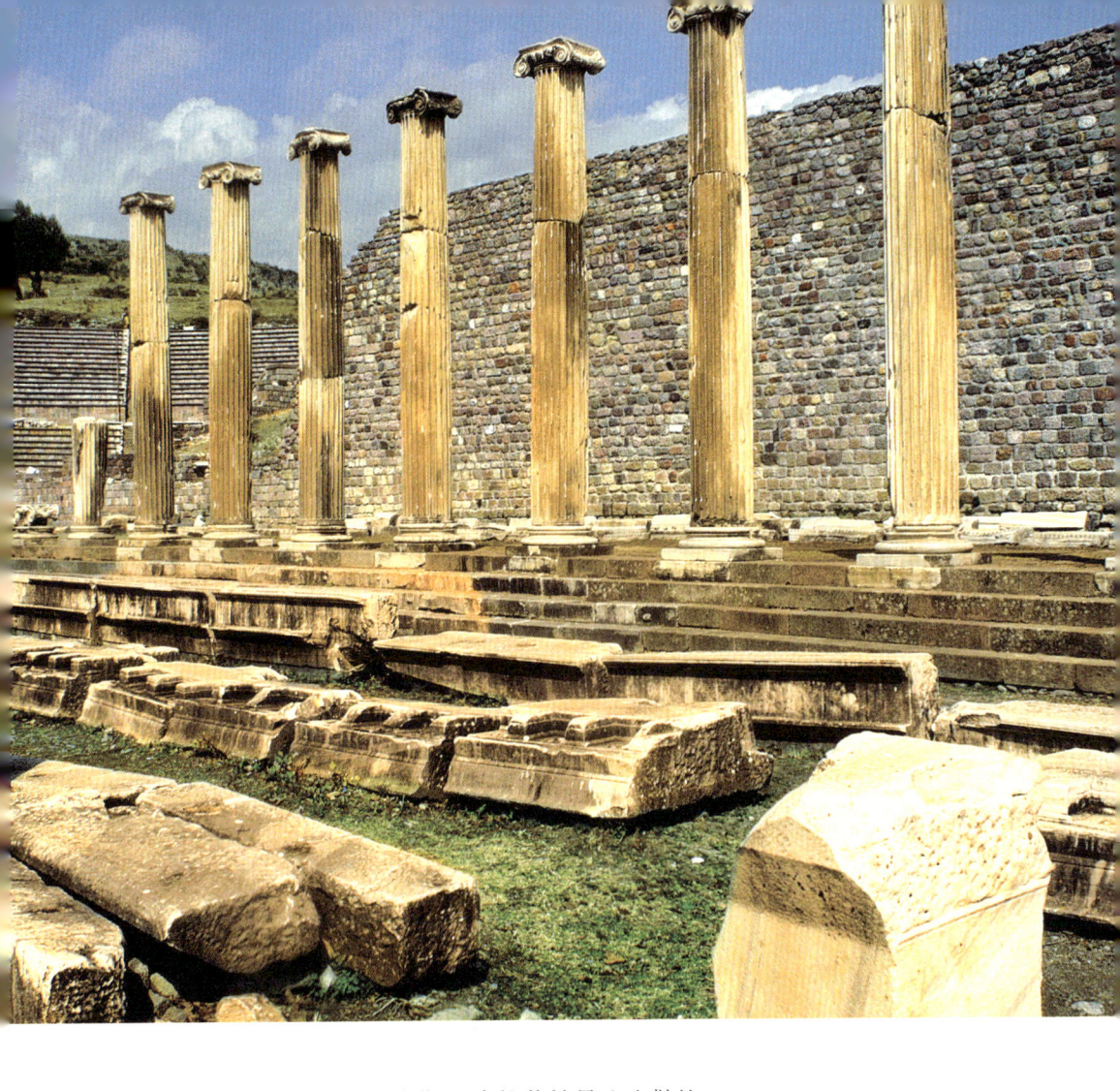

的家里——马尔库斯·李西尼乌斯·克拉苏就是这么做的，在目睹了自己的父亲被秦纳和马略杀害之后，他逃到了西班牙行省的贝提卡，并在当地贵族的帮助下得以藏身。贵人派逃离了罗马，尽管距离遥远，但他们仍旧可以在罗马的政治中扮演决定性的角色。秦纳无论如何也不能低估他们的能量。

除了那些已经被驱逐的贵人派成员，秦纳还要忙着应付苏拉。后者在抵达伊庇鲁斯（他曾在此处与米特拉达梯作战）之后，便通知元老院自己已经在战斗中取胜，并准备带着军队返回罗马，同时他指出自己尊重那些新取得罗马公民身份的意大利人的权利。尽管苏拉在这番言辞中表达了善意，但秦纳政府还是认为有必要阻止苏拉回城。秦纳派遣卢基乌斯·瓦列乌斯·费拉库斯前往希腊，后者在公元前86年马略去世之后接替了他的执政官职位。作为执政官，费拉库斯收到了撤销苏拉职位的军事委任状，同时他会接替苏拉领导和米特拉达悌的战争。据说这是继承了马略的遗志，带兵对抗米特拉达悌是马略和苏拉公元前88年对立的核心话题。

费拉库斯在亚得里亚海希腊沿岸的伊庇鲁斯登陆，没有遭到任何抵抗。当时的苏拉在雅典和阿奇劳斯的战斗中脱不开身，随后他又转战维奥蒂亚。执政官的帐下不断有士兵逃往苏拉的军队，局势越发复杂。某种沮丧和强烈的不安情绪在费拉库斯的军中蔓延，出于谨慎考虑，他放弃了与苏拉的战斗。费拉库斯采取了一个全新的策略，即采取一切能采取的行动，在削弱共同的敌人米特拉达悌的力量的同时，又让自己的军队和苏拉的大军保持一定距离。当苏拉在奇罗尼亚作战时，费拉库斯穿越赫勒斯滂（Hellespont）[20]入侵小亚细亚，随后攻占了拜占庭。但胜利的喜悦没能持续多久。费拉库斯的军团不再信任他。士兵和指挥官间关系越发紧张，随后费拉库斯与副军团长官盖乌斯·弗拉乌斯·菲比瑞拉爆发了争执。后者最后发动军事哗变，费拉库斯被杀。菲比瑞拉获得兵权，并指挥军队在安那托利亚沿岸持续骚扰米特拉达悌。菲比瑞拉的军事行动集中在帕加马，也是在此处，他战胜了本都王国的国王。

派系之争

希腊的冲突一经解决，苏拉就必须在返回意大利之前击败菲比瑞拉，显而易见，后者是一个巨大的威胁。其实冲突完全可以避免，因为菲比瑞拉麾下的士兵再次大量出逃并投靠了苏拉的军队。面对着极端不利的情势，菲比瑞拉只得逃跑，最后自杀。因此苏拉现在可以完全专注于应对意大利半岛和罗马的局势了。与此同时，平民派也正准备开展与苏拉的斗争。执政官巴比留·卡尔波（Papirius Carbo）和秦纳在公元前85年至公元前84年便开始集结部队。但局势再一次超出了他们的掌控。士兵不愿在寒冬响应号召行军打仗，便发动起义杀死了秦纳。由此，平民派失

---

[20] 即今达达尼尔海峡（Détroit des Dardanelles）。——译者注

西庇阿之墓，盗墓者的猎物

  西庇阿家族是罗马共和时期最为杰出的家族之一。该家族无与伦比的声望在家族墓葬中也有所体现。位于亚壁古道附近的西里欧区（Celio）的西庇阿墓，也是罗马拥有的一处宏伟而庄严的建筑。

  历经 18 个世纪的尘封，在一次地窖开凿的机缘巧合下，这座家族墓葬终于在 1616 年重见天日，后又于 1780 年被二度挖掘。西庇阿家族墓葬吸引了大量的盗墓者，因此只有家族宗祠中的第一位成员卢基乌斯·科尔内利乌斯·西庇阿·巴尔巴图斯（Lucius Cornelius Scipio Barbatus）的石棺得以完整保存。这个尊贵家族中所有其他成员，例如非洲征服者西庇阿或他的兄弟亚洲征服者西庇阿（Scipion l'Asiatique），都没有在这个坟墓中安眠。但是，墓葬中出现的那个时代的纪念碑证明了，他们都曾在此处安息。那些对这些杰出人物的生平以及荣耀娓娓道来的铭文，现在都收藏在罗马梵蒂冈博物馆。墓穴中发现的其他人的遗骸都已被搬走，并被体面地掩埋了。

■ 内战

去了他们最为杰出的一位领袖。

公元前 83 年，苏拉与其忠实的老战士抵达意大利。力量的天平向平民派倾斜得非常严重。然而，平民派的两位领导人卢基乌斯·科尔内利乌斯·西庇阿·阿西阿提库斯·阿西阿涅努斯（Lucius Cornelius Scipio Asiaticus Asiagenus）和盖乌斯·诺尔巴努斯·拜尔巴斯（Gaius Norbanus Balbus）[21] 十分无能。苏拉凭借身经百战的军队和自身卓越的军事才华，狠狠地教训了平民派的军队一番，而后者已是倾巢而出以抵御苏拉的进犯。苏拉以碾压之势挫败了这两位执政官。此前一直十分低调并游离在冲突之外的大量贵人派成员，在这次斗争中，他们十分积极地站在了苏拉的一边，例如马尔库斯·李西尼乌斯·克拉苏、昆图斯·凯基利乌斯·梅泰卢斯·比乌斯（Quintus Caecilius Metellus Pius）和卢基乌斯·马奇路斯·菲利普斯（Lucius Marcius Philippus）。内战一直延续到公元前 82 年，时任执政官是平民派的巴比留·卡尔波和小盖乌斯·马略（Caius Marius fils）（马略之子）。苏拉的力量日渐增强，而派系之间的力量不平衡也越来越明显。苏拉的军队刚从希腊和东方的激烈战斗中返回，人数也并不占优势。但这些将士都深切地爱戴着自己的指挥官并誓死追随他，这种紧密的联系依靠的不仅是忠诚，还有苏拉为他们争取到的巨大财富。苏拉军队的这些优势导致了大量敌营的士兵叛逃，这对战争的最终走向是决定性的。尽管苏拉军队在军事方面占有主动权，但他们还是一直在寻求和谈的机会，以防止共和国的紧张局势进一步恶化。非常有可能的是，苏拉的愿望也反映了他想使自己的起义合法化，以及他认为有必要为这场起义正名。

苏拉与贵人派在科林门之战（Bataille de la porte Colline）中击溃了仍旧忠于平民派的军队。这场战役是决定性的。不过苏拉的将士是经过了苦战才赢得胜利的。苏拉率领的是军队的左翼，而左翼遭到了意大利士兵（大多数是萨莫奈人）和罗马平民派的猛烈进攻。如果年轻又有才华的马尔库斯·李西尼乌斯·克拉苏在排兵布阵的过程中，没有将贵人派的骑兵部队排布在阵形的右侧以平衡苏拉那一侧的战力，那么战斗的局势必然会向平民派倾斜。毋庸置疑，是马尔库斯·李西尼乌斯·克拉苏为贵人派带来了胜利。

---

[21] 两者同为公元前 83 年的执政官。——译者注

第二次米特拉达悌战争

至此，苏拉的追随者控制了罗马政府，实际上，已经没有什么能削弱他们的力量了。小盖乌斯·马略也自杀身亡。至于其他仍旧对平民派政府抱有好感的人，则悉数被苏拉的手下处死，甚至不用诉诸额外的诉讼程序。罗马又一次开启了一个恐怖纪元。

当苏拉与贵人派众人正忙于将镇压的范围扩大至地中海的其他地区时，本都王国国王高贵者米特拉达悌六世也在持续威胁着共和国在东方的利益。之前双方缔结的《达达诺斯和平条约》的条款对米特拉达悌极度有利——尽管是他率先引战，并且毫无疑问，他入侵了罗马治下的土地，但当时罗马的局势已是岌岌可危，秦纳与平民派众人将罗马政局搅动得紧张不已——这极大地影响了谈判的内容。在上述困难的情势下，苏拉在和谈中所持的唯一目标便是保证东线的和平，这样自己就能将所有的精力都集中在即将到来的内战上。

然而亚细亚行省的局势仍旧不稳定：尽管米特拉达悌已经失去了大部分领土，但他仍旧拥有足够的资源，他也可以将自己的王国用作开展行动的基地。第一次共和国和米特拉达悌的对战其实是势均力敌的。尽管米特拉达悌最后失败了，但他也鼓动了大部分居住在地中海东部的人发动起义，让罗马几度陷入危机。

公元前83年，早已意识到米特拉达悌仍旧是个威胁的苏拉未雨绸缪，在返回罗马之前命令自己的一位军团长卢基乌斯·李西尼乌斯·穆雷纳（Lucius Licinius Murena）留下来负责亚细亚行省的安全。为了不辱使命，穆雷纳收服了曾在卢基乌斯·瓦列乌斯·费拉库斯和盖乌斯·弗拉乌斯·菲比瑞拉麾下战斗的起义军团。但这位军团长官在同年打破了亚细亚行省的和平：他擅作主张，违反了《达达诺斯和平条约》中的条款，深入本都王国的国土向米特拉达悌发动进攻。穆雷纳这样为自己的决定正名：他宣称米特拉达悌已经重新武装，并再一次集结了部队以重新进攻罗马。不过穆雷纳的说法似乎有些可疑，他引战的真正原因很可能非常俗套：实际上，进攻本都王国的城市能为军团长和他骁勇的将士们带来珍贵的战利品，由此他们也能累积大量的个人财富。穆雷纳接连进犯了弗里吉亚地区和加拉太（Galatie）地区，米特拉达悌对此迅速做出了回应，他于公元前82年向罗马派遣了

■ 内战

高贵者米特拉达梯六世

　　这位本都国王又被称作"米特拉达梯六世"，他是历史上罗马最强劲的敌人之一。米特拉达梯自诩大力神赫拉克勒斯再世，并相信自己的使命就是从罗马手中解放世界，其人喜欢披着狮子皮。他知道自己正在推进的宏图伟业是项浩大的工程，他害怕自己死于中毒，所以他亲自试毒以寻求解毒剂。他成功地开发出了一种配方，即将 50 余种原料溶于葡萄酒中，我们现在称该配方为"米特拉达梯解毒剂"。但这番成功起到了反作用：被庞培击溃之后，他无法通过服食毒药自杀，只能命令自己的一位警卫将他杀死。

　　插图　米特拉达梯大理石半身像（现藏巴黎罗浮宫）。

使节，以质问苏拉打破合约的原因，并希望就将穆雷纳的军队撤出本都领土的问题进行协商。同时米特拉达悌也决定反抗，他迅速地命令将军贡多斯（Gordios）率领一支浩荡大军前去阻止已经越界的穆雷纳。

战斗在哈利斯河 [Fleuve Halys，今土耳其境内的克泽尔河（Kizil Irmak）] 附近爆发。穆雷纳损失惨重，为了保命不得不和将士撤到山中。不久之后，苏拉派来密使，勒令穆雷纳即刻停止所有的敌对行动以恢复行省的秩序。苏拉希望和米特拉达悌保持和平，并重申将遵守几年前缔结的《达达诺斯和平条约》。战争由此停止。

至于激进且野心勃勃并梦想着功成名就的穆雷纳，苏拉决定助他扬名立万：他以穆雷纳的名义在罗马的街头举办了一场盛大的凯旋仪式。不过，穆雷纳终于在见证了自己的荣耀后不久便去世了。

然而，第二次米特拉达悌战争的迅速爆发又迅速结束，清晰地表明了罗马和米特拉达悌间的问题远没有解决。现在罗马人已经意识到自己的土地中蕴藏的巨大财富，所以他们也知道战争还会卷土重来。摆在罗马人面前的是两个危险的敌人，米特拉达悌和亚美尼亚的国王提格兰，后者对罗马来说也是不容小觑的冲突隐患。但显然，罗马对此也是听之任之，任其自由发展——敌人内部反而先爆发了起义，两方势力互相消耗。隔岸观火的罗马为自己争取了时间，时机一旦成熟，也许罗马军团就能予以敌人致命一击。最终罗马统治了地中海东岸地区。

苏拉独裁

苏拉在罗马确立自己的权威之后，即刻被元老院委任为全新形式的独裁官。根据不久前投票通过的《瓦勒里法》(*Lex Valeria*)，苏拉被授予了极大的权力，理论上是帮助他重新恢复国家机构的秩序。但事实证明，该法和之前的法案大相径庭：苏拉在行使职权的时候无须征询大众的意见，并且他的权力也没有时间的限制——这首先就背离了该职务的本质。此外，在其任期结束之际，苏拉不必为接受了一系列"例外"的权力而负责——这同样违反了宪法。苏拉在独裁期间开创了全新的政治惯例，依照其中的一些惯例，任何拥有军队的人都可以在罗马表明自己的

▎内战

共和国宪法中的独裁概念

  罗马共和国的宪法承认独裁官是绝对特殊的行政官。不经由选举，一个人便可以直接拥有掌控整个罗马政治的绝对权力。独裁官通常有一项特权，他可以任命一位军政官（Equitum）作为其左膀右臂。

  从合宪性以及合法性的角度来说，僭主一般被认为是篡位者，独裁官则与之完全相反：元老院一旦认为国家正处于极端危险的情况之中，便会任命一位独裁官。独裁官的任期被限制在6个月以内，而在任期结束之时，独裁官的工作也要交由公众评判。显然，元老院不会经常性地启用任命独裁官的举措。推选独裁官本身就是一项非常极端的措施，因为这有可能会影响到共和国的运作。简而言之，独裁官就是一位任期有限的国王，并且我们也知道，罗马人对君主制是十分厌恶的——正是因为驱逐了塔尔奎尼家族，罗马人才能够建立共和政体。因此，独裁官大都倾向于在任期结束之前就辞职。元老院和公众舆论都很欣赏这一行为，独裁官也能借此机会表露自己抵制独裁专权的心迹。苏拉是第一位改变了独裁官任期的人——他担任了终身独裁官。然而，在任职两年之后，他便主动放弃了自己的权力。

  插图 通常认为的公元前1世纪的苏拉半身像（现藏慕尼黑巴伐利亚州立古典珍品陈列馆）。

意志。

现在整个罗马都臣服在他的脚下，苏拉遣散了不少之前从同盟者战争时起就随他出生入死的、忠心耿耿的士兵，并奖励了他们大量的土地。他将这些被遣散的老兵安置在整个意大利半岛，多数在那些可疑的地区或那些曾支持过平民派的地区。这番精明的布局有助于苏拉监控那些反对者，也有助于让那些追随者对他保持忠诚。

实际上，马略的军事改革导致了大部分罗马士兵对指挥官或领导人的忠诚度要远比对共和国的高：全新罗马军团中的士兵首先考虑的是为自己积累财富，如果有可能，他们希望在服役结束之际获得土地。在这种情况下，政治冲突的解决之道将不可避免地以内战的形式表现出来。对立的双方通过寻求政治社会的协同性或让社会成员平均分担责任的方式来解决问题的时代，已是一去不复返。罗马共和国已经走上了末路。

在苏拉政府实施的一系列措施中，重组元老院绝对是一项具有决定性的举措：这位独裁官增加了元老院的人数，而新晋成员代表着他们的立场，这样一来就能保证苏拉的意志在元老院的决策中占据很大分量。这些新晋元老被苏拉赠予土地、士兵，他们是苏拉的亲信中的亲信，他们能帮助这位独裁者在最大限度上保证自己权力的持久性。苏拉同样也对平民保民官的特权加以限制，后者在半个世纪以来（即从提比略·格拉古的时代以来），都在贵人派与平民派的斗争中扮演了重要角色。公元前79年，苏拉改动了《韦利亚安纳利斯法》（lex Villia Annalis）。该法由平民保民官卢基乌斯·韦利乌斯（Lucius Villius）起草，并于公元前180年颁布，该法确立了个体担任行政官的必要条件，同样也规定了一位行政官的晋升路线，即所谓的"荣耀之路"[22]。现在，一旦有行政官出任保民官，那么他就无法再继续晋升了，因此该职位已经失去了吸引力。

然而，苏拉最具争议的举措无疑是"清洗名录"（Tabulae Proscriptionis），即一系列的名单，出现在名单上的公民都会被视为共和国的敌人，他们会被苏拉剥夺公民身份，随后被处死。名单上的人多数是对立阵营的成员，长长的名单似乎能够表明，就算有一些人不曾加入马略和秦纳政府，但如果苏拉怀疑他们会对自己不

---

[22] 即前文提到的"晋升体系"。——译者注

《苏拉进入罗马》
(Sylla entrant Dans Rome)

这幅创作于 1866 年的版画，用一种奇幻的手法描绘了苏拉于公元前 82 年攫取罗马城的历史性时刻。在内战中击败平民派后，苏拉通过剥夺公民身份的手段来处理他的反对者，而这一惩罚措施的波及范围扩大到了罗马城之外。他是共和国元老院的坚定捍卫者。然而，这并不妨碍苏拉自任独裁官，这一特殊行为加速了共和国的陨落，因为这项前无古人的举措使政府轻而易举地被一个人垄断了。

利，他一样会把他们的名字加入名单中。实施这一举措不仅是出于政治考虑，也是出于经济考虑，因为所有出现在这份名单上的人的财产都会自动地被洗劫，最后当然是流入罗马国库，成为苏拉或其亲信的私人财产——像马尔库斯·李西尼乌斯·克拉苏，就是这样致富的。

那些不幸的被剥夺公民身份的人不仅会被剥夺财产，还有可能被任何人杀害，作为对他们"服务"的回报，共和国还会嘉奖这些杀人凶手。相对地，如果有人帮助了这些人，那么他们将会受到和那些出现在名单上的人相同的惩罚。一项成文法还极端残酷地特别注明了，禁止向这些人提供"火"与"水"[23]。

这项举措再次让罗马街头充斥着惊诧和痛苦。马略治下的罗马已经够暴力了，苏拉的独裁统治再度将恐怖播撒。当年的局势实在难以想象，因为有时候甚至连死者都无法从惩罚中幸免——苏拉曾下令将老马略的尸骨挖出来，然后丢进台伯河的支流阿涅内河（l'Aniene）中。另外，那些曾经支持平民派的城市，那些在内战中反抗苏拉的城市，甚至是那些保持中立的城市，都遭受了严酷的惩罚或毫不留情的报复。尽管如此，可以确定的是，苏拉的本意仍旧是让共和国的秩序恢复，同时让行政机构恢复运转。不过，苏拉为达成这一目标而毫不犹豫地采取的措施，都明显地背离了共和国的传统原则。尽管苏拉的本意可能并不是弱化宪法，但他为了使自己的政策合法化而诉诸武力的行为，只能加速罗马权力体系的衰落。

苏拉开展的一系列严酷的改革迅速在整个意大利半岛扩散。独裁官还在那些曾经表示忠于平民派的地区（例如坎佩尼和伊特鲁里亚）建立了多个殖民地。随后苏拉又让大量退伍士兵在这些被殖民的地区安家，这样他就拥有了一个高效的管控体系，以预防任何针对其政府爆发的起义。那些"老兵殖民地"的建立，同样也向苏拉提供了将土地从它们的合法所有者手中没收的机会。

苏拉为了证明自己的权威而进行了极端暴力的统治，由此造成了不稳定的局势——甚至连那位独裁者都无法应对。尽管苏拉的忠实党徒认为他做出的那些改革都是完全必要的，但为了实现这些改革，他们肆无忌惮地剥夺他人的自由——这进一步地削弱了共和政体。

反叛者昆图斯·塞多留

罗马于公元前83年至公元前82年爆发的内战，已经越过了意大利的边境，蔓延到各罗马行省。在这些行省中，占优势地位的平民派游击队和马略的资深追随者极有可能从根本上激化内战带来的矛盾。

---

[23] 在古罗马的表述中，"驱逐"（Exil）并不意味着单纯地禁止某人在某地居住，还指将某人从宗教仪式中"驱逐"。因此此处的"火"指"圣火"，"水"则指"圣水"，故应理解为该法是将这些人从宗教中驱逐。——译者注

■ 内战

罗马军团的士兵

这尊著名的青铜雕塑创作于1930年，长期以来，人们都认为这尊雕像展示的是一名典型的罗马士兵的形象，但这是不对的。今天我们知道，这位士兵身着的甲胄上的任何细节都没有历史意义，我们更感兴趣的是20世纪的艺术家对古罗马军团的最具代表性的刻画（现藏罗马文明博物馆）。

身着甲胄的雕塑（第107页）

这尊发现于科林斯的历史可追溯到公元前2世纪的雕塑，见证了艺术家的才华。这座"穿上"甲胄的雕塑作品，也再现了一位罗马装甲兵的形象（现藏科林斯考古博物馆）。

贵人派的反应迅速，在科林门之战中取得胜利之后，他们也试图采取预防措施以防患于未然。卢基乌斯·马奇路斯·菲利普斯负责平定撒丁岛，与此同时，格涅乌斯·庞培·斯特拉博之子，格涅乌斯·庞培·马格纽斯（Cnaeus Pompeius Magnus）也前往西西里和北非稳定局势。时年仅23岁的未来的庞培大帝便以平叛之战开启了自己荣耀的军事生涯，进而开始参与罗马的政事。然而，罗马并没有为其在整个地中海的领土带来和平，尤其是在西班牙行省出现了一股令人担心的反叛力量。

公元前83年至公元前82年，正当苏拉还与其反对者为争夺罗马的控制权而争斗不休之际，作为马略的密友、秦纳在任时的忠实官员的昆图斯·塞多留，实际上正在西班牙行省寻求庇护。他试图组织起整个行省，而他的意图显然是重燃内战的火焰，以捍卫自身政治党派的利益。

在辛布里人和条顿人入侵期间，昆图斯·塞多留在与马尔斯人的战斗中已经证明了自己卓越的军事才能，而当时的他可能是军阶低于马略的一位军官。在战争中，他因勇猛和机敏而崭露头角，而他的这些品质在后续的各种监管"蛮族"人的任务中都得到了印证。因此他的声誉很好，并且他还有各种功勋加身。根据他个人的观点，他最为荣耀的勋章是那只他在一次战斗中丢掉的眼睛，他会十分自豪地向人们展示他的脸，上面有那条印证他勇气的伤疤。

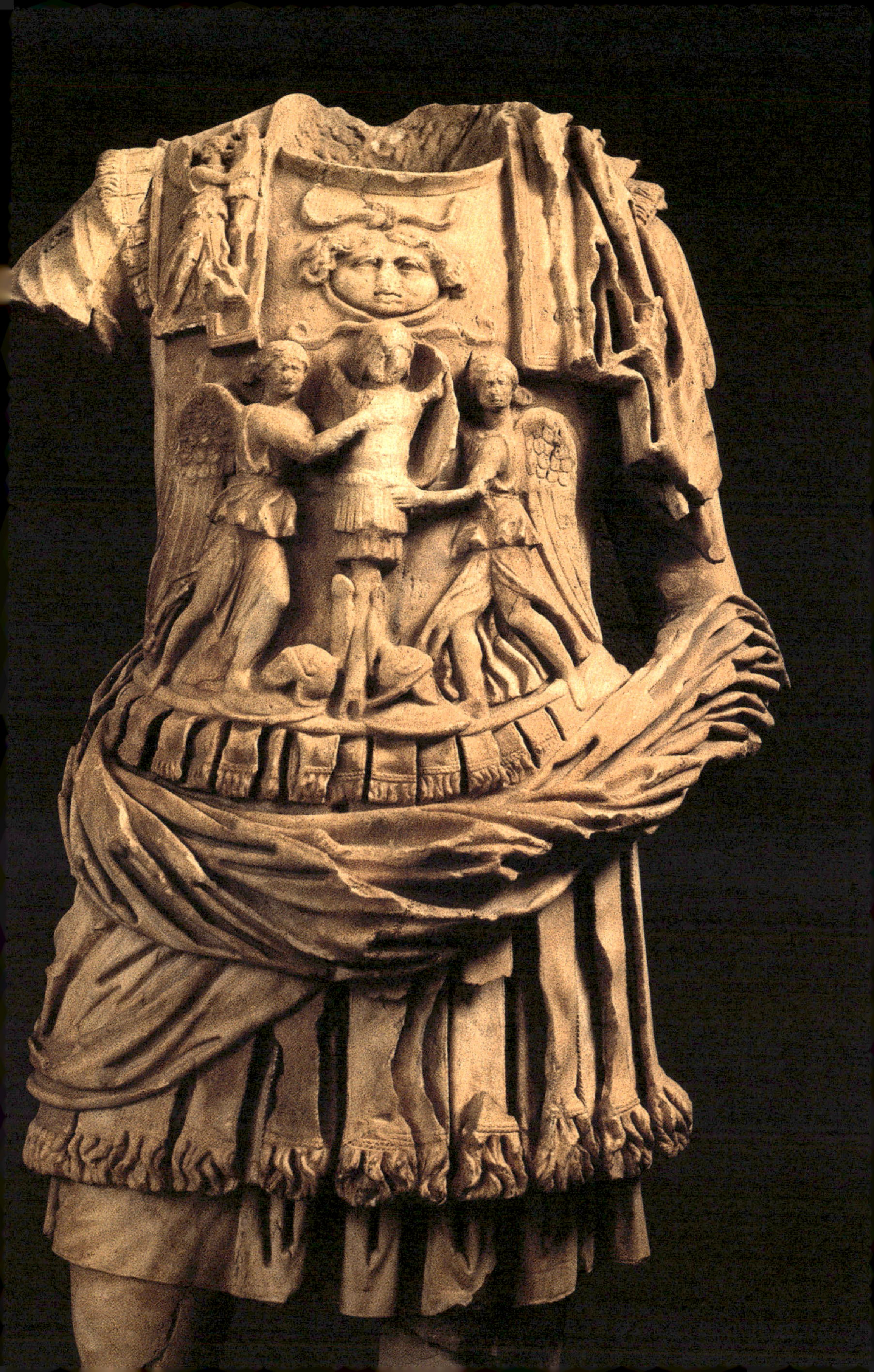

地中海的海盗：永恒的威胁

在共和国陷入危机期间，地中海的海盗对罗马人来说便是最可怕的噩梦。这些海盗来自安那托利亚沿岸的奇里乞亚，他们从事一切有利可图的营生，并且他们经常参与政治斗争，但他们永远不会对任何一方表示忠诚。

第一次布匿战争迫使罗马开始发展用于作战的舰队。然而，尽管罗马在地中海地区占统治地位，但它永远无法将自己定义为海上强国。由于缺乏管控，出现了大量的私人船只（其中还有很多是海盗船）。海盗船上的船员包括囚犯和老兵，后者大都参与了罗马的胜仗。海盗船的行动一般由历史悠久的海盗中心来协调，例如奇里乞亚或克里特岛。海盗会破坏海上贸易，也会夺取载货的商船，也会袭击包括意大利在内的沿海地区。他们的袭击给共和国的经济利益带来了严重的危害，也让相关地区深感不安全。军事力量的增强让海盗充满底气，他们也越来越多地插手共和国的内部斗争，比较特别的例子是他们曾与米特拉达悌以及塞多留结盟。最终，庞培在获得了极大的权力之后，便开始采取一系列极端严酷的措施肃清这些海盗。在神话中，海盗对罗马生活带来的巨大影响也有所体现。

插图 这幅来自公元前3世纪的镶嵌画发现于杜加（Dougga，今突尼斯）。画中的狄俄尼索斯（Dionysos）在其养父老西勒努斯（Silène）的陪同下，正与一群地中海的海盗作战（现藏突尼斯巴尔杜国家博物馆）。

如果苏拉的部队成功地占领了罗马，那么塞多留的职责便是组织好平民派的最后防线以同前者开战——而事实也确实如此。公元前82年，在几名和他有相同抱负的元老的陪同下，塞多留成功抵达西班牙行省，他在当地组建了军队以对抗苏拉的大军。苏拉则任命其亲信盖乌斯·安纽斯·卢斯库斯（Caius Annius Luscus）为特使，并于公元前81年派其前往近西班牙（Hispanie Citérieure）（伊比利亚半岛的北半部）的比利牛斯边境与反抗军对阵。塞多留很可能被声势浩大的敌军包围了，因此他不得不逃往卡塔纳赫，穿过地中海抵达了毛里塔尼亚，一路上被安纽斯持续骚扰。尽管非洲仍旧有很多

马略的支持者，但对塞多留来说此处仍是危险重重。实际上，这些支持者将朱古达的起义军扫清之后，便在非洲建立了老兵殖民地。苏拉成为独裁官，因此他现在可以竭尽全力迫使塞多留离开非洲。塞多留被放逐，他尝试在奇里乞亚海盗的陪同下返回西班牙行省，后者也是罗马的死敌。安纽斯·卢斯库斯这次选择在海上作战，并再一次包围了塞多留，同时他成功地击溃了流窜在埃布苏斯岛 [Ebusus，今伊维萨岛（Ibiza）] 的叛军海军将领。

很多人都以为，塞多留在海上被安纽斯·卢斯库斯击溃之后，便已经葬身大海了。而罗马治下的土地也似乎恢复了和平。但事实并非如此：塞多留在战役中活了下来，还在利比亚招募了一支小部队，随后秘密地返回了西班牙行省，而平民派分子已经在此地组织了一支小规模的反叛军。这些忠实的党徒等着"独眼巨人"归来并带领他们对抗罗马。

塞多留的反叛计划很快便传到了被苏拉政权驱逐的人的耳中，后者是被剥除身份的人、马略的前支持者或平民派的共鸣者。这些人渐渐壮大了塞多留那稚嫩的还停留在萌芽阶段的部队。所有人都认为苏拉挑起的这场内战还远没有结束，并宣称由平民派为对抗苏拉而成立的政府是合法的。

但实际上，苏拉最后让出了自己的权力。这表明尽管此人十分极端，但他仍旧是一位怀揣着深刻共和信念的改革者，而他的终极目标也正是为罗马的政体重塑秩序。一个令人惊讶的事实是，尽管苏拉拥有绝对的权威和不可撼动的权力，但他决定放弃自己的权力，并在时机成熟之际功成身退。在公元前80年，他很可能已经放弃了独裁官一职，并和昆图斯·凯基利乌斯·梅泰卢斯·比乌斯也就是马略前保护主努米地库斯·梅泰卢斯的儿子，共同作为执政官联合执政。

在某种程度上，苏拉在担任执政官期间也延续了独裁时期的一些政策，只不过不会采取一些紧急措施罢了。似乎是他突然想起了，一个人统治的政府已经从根本上和共和国的存在背道而驰了。

雷必达之乱

当苏拉于公元前80年当选执政官的时候，他的政治生涯也接近尾声了。次年他便退出了政治舞台，并回到自己位于波佐利的乡村别墅中，开始撰写回忆录。尽管他的回忆录并没有流传到我们手中，但非常有可能的是，它包含了苏拉的政治遗嘱，以及苏拉为其所有政治行动赋予的合理解释。苏拉于公元前78年去世。

苏拉去世的消息激化了罗马的局势。一方面，在失去最伟大的领袖苏拉之后，群龙无首的贵人派试图维护他们的权威，也试图持续对政府机关进行垄断。另一方面，那些被剥夺身份的人以及他们的子女正在等待大赦的可能性，大赦天下的目的便是将暴力独裁对统治阶级造成的创伤深深掩埋。很多人对苏拉的举措以及他通过武力接管权力的方式表示深恶痛绝，非常合乎逻辑的是，很多声音都在反对这位独裁者遗留下来的政治方针。

公元前78年，执政官马尔库斯·埃米利乌斯·雷必达（Marcus Aemilius Lepidus）很快便成为反对苏拉政治方针运动的发起人。尽管马尔库斯·埃米利乌斯·雷必达从不掩饰其平民派的倾向，但在内战期间，他还是持中立态度。他的这种"不作为"使他能够明哲保身，他在守住了自己政治声望的同时，也保全了性命。在雷必达推行的所有举措中，有一项关于粮食法的提案。该提案旨在免费向罗马分配小麦。作为一位懂得设身处地为别人着想的人，这位新晋的领导人也深谙如何安抚保民官。苏拉在独裁期间收回了保民官手中的权力，现在后者要求政府将权力还给他们。这种态度让他们成为苏拉后继者的坚定反对者，也让雷必达能够成为平民派的新晋领导人，尽管平民派的实力已经被大大削弱。

作为一位犀利的演说家，雷必达打算对苏拉建立的恐怖政权抱以老拳。他试图通过赦免那些被流放的人以及那些被剥夺身份的人来使共和国重新恢复秩序。这一政治举动，外加雷必达迎娶了阿普莱娅（Appuleia），卢基乌斯·阿普利乌斯·萨图尼努斯正是后者的父亲，也是马略的老朋友——这都为雷必达的崛起提供了助力，而他所代表的反对势力那时也只是在苟延残喘而已。尽管让平民派重焕生机已是众望所归，但共和国仍旧被贵人派的铁拳牢牢攥住——他们的武力和政治霸权就能说明一切。但执政官雷必达的坚持不懈和日益扩大的权力，又将那些老生常谈的争议摆上了台面。

伊特鲁里亚的居民袭击了苏拉的老兵（苏拉强行让后者定居于该区以便进行管控）——紧张的局势再一次演化成了暴力。发动暴乱的人希望重新要回他们旧日的财产。雷必达与另一位执政官昆图斯·路达提乌斯·卡图卢斯（Quintus Lutatius Catulus）带领军队前去平定叛乱——想必这不会耗费他们太多的精力。雷必达在这里终于暴露了他的真实意图：他在此地驻守，并集结了大批反对苏拉血腥独裁的

■ 内战

雷必达与罗马的小麦供应

苏拉在担任独裁官期间废止了粮食法。该法旨在管控一部分小麦（出售给部分市民）的售卖流程。然而苏拉也确立了一些商品的价格上限。

作为格拉古改革的一部分，通过法律为公民们确定小麦的价格上限，是平民派最具象征性的政治方针之一。当苏拉让出大权的时候，有进步主义倾向的执政官马尔库斯·埃米利乌斯·雷必达决定重启粮食法，以确保公民能以低廉的价格购买小麦。类似这样的举措，大部分都是以煽动人心为出发点，并最终会耗费很大一笔国家预算。也正是出于这个原因，这些举措也常常遭到人们的口诛笔伐。为了更好地从根本上理解这些问题，我们必须明白，在古代世界，面包是大众赖以为生的基本元素。

插图 图中的浮雕展示了磨粉的场景。该浮雕来自面包师马尔库斯·维吉尔·欧瑞雅斯（Marcus Vergilius Eurysacès）与妻子安提西娅（Atistia）的墓葬。公元前1世纪中叶，国家购买面包并将之发放给大众——这对夫妇极有可能因为加工面包而暴富（现藏罗马文明博物馆）。

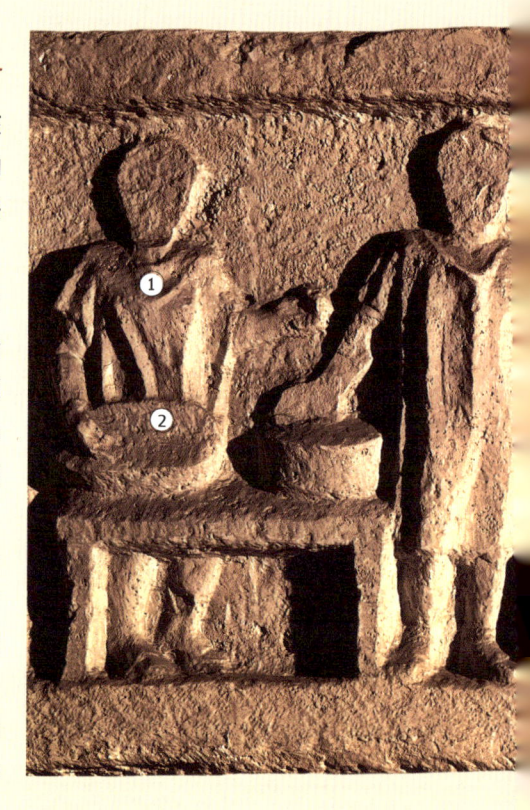

①**面包师** 最初的面包师来自希腊，并在公元前2世纪前后出现在罗马。

②**谷物** 小麦是最受欢迎的，但罗马人也会食用大麦和黑麦。

人在自己的麾下。元老院召回雷必达，理由是应由他来主持次年的执政官选举。雷必达对此充耳不闻，因为他觉得这是元老院抓捕他的借口。在这样的挑衅下，元老院决定派格涅乌斯·庞培·马格纽斯前去支援卡图卢斯，并组织反击——后者的兵力显然不足以应对反叛军开辟的两道阵线。元老院的担心不是没有理由的：公元前77年，雷必达率军向罗马进军。然而，卡图卢斯和庞培的

③ **货币** 面包像谷物一样，也可充当货币以支付薪水或税金。

④ **磨工** 负责将谷物研磨成粉的工人是奴隶或者是年轻的学徒。

⑤ **配料** 罗马人也会制作大蒜或蜂蜜口味的面包、糕点和无孔甜甜圈（Beignet）。

联合部队最终还是击溃了叛军。

兵败的雷必达逃往撒丁岛，并最终埋骨于此。而那些在战争中尚未被剿灭的雷必达残部，则逃往平民派抵抗势力的最后阵线，也就是塞多留的身边。西班牙行省反叛军的实力自公元前 80 年起就在不断壮大，并一直让那些急速调遣部队试图消灭他们的人付出惨痛的代价。

■ 内战

塞多留战争

当苏拉对罗马进行独裁统治时，便向西班牙行省派遣了部队，塞多留一边嘲笑这些被派来的将领，一边制伏并杀掉了他们。最初几年斗争的结果，能够很好地证明苏拉派遣到伊比利亚半岛的军事将领能力。塞多留之所以能够取得傲人的成就，是因为他的部队有极高的机动性。两个不同行省的管辖范围有限（近西班牙和远西班牙），塞多留巧妙地利用了这一点，在这两地间随意地穿越而可以免于受罚。在此期间，那些追击塞多留的人根本无力进行有效的协调对他进行抓捕或是阻止他移动。

得益于与西班牙行省当地居民的良好关系，塞多留在该地的地位不断提高。长久以来，西班牙行省便难以与罗马的兵力抗衡。像维里阿修斯（Viriathe）这样的人物，或是像努曼西亚和萨贡托（Sagonte）这样的地方，都为西班牙行省带来了很高的声誉，此地也通常被认为是孕育天性好战、不会退缩并且有着叛逆灵魂的战士的摇篮。塞多留的机敏和谋略，成功地为他赢得了很多当地战士的忠诚。塞多留还同样在奥斯卡[Osca，今韦斯卡（Huesca）]建立了自己的总部，一所类似罗马学校的机构，供西班牙行省高官的儿子进修。这样便能对新的一代进行传统的罗马式教育。这所学校的教育目的无疑是向这些伊比利亚的接班人传授罗马的战术和策略。然而，学校还有另一个存在目的：这些学生其实就是塞多留的"人质"，这样他便可以直接向他的西班牙盟友施以影响力，防止起义和背叛。

因此，塞多留已经联合起了一支令人生畏的反抗军来对抗苏拉以及贵人派的力量。尽管后者已经多次试图抓捕他，但他每次都能成功脱逃并将敌人置于窘境。他同样机智地将基于军团重型步兵队的传统罗马战术和游击战的策略结合在一起：他经常出其不意地对敌人发动进攻，并且会利用自己熟悉地形的优势而带领士兵对敌人进行伏击。罗马方面不胜其烦，最终决定派遣经验丰富同时以谋略和军事才华而闻名的将领前往西班牙行省，以期击溃塞多留。公元前79年，罗马派出了昆图斯·凯基利乌斯·梅泰卢斯·比乌斯。公元前76年，罗马又派出了格涅乌

伊比利亚半岛上昆图斯·塞多留的盟友

第二次布匿战争标志着罗马人开始征服伊比利亚半岛，从那时候起，西班牙人（Hispaniques）[24]便一直是令罗马畏惧的敌人。当罗马入侵时，生活在半岛上的不同部落的人纷纷顽强抵抗，这使当地身经百战的战士赢得了好名声——尤其同时代的希腊历史学家波利比乌斯也在广泛宣扬他们的英勇事迹。

罗马人在征服西班牙人的过程中遇到了最为严重的阻碍。在经历过三场大型的死伤无数的凯尔特伊比利亚战争之后，再同诸如首领维里阿修斯和努曼西亚一般令人印象深刻的反抗势力进行了一系列的对抗，罗马才取得了最终的胜利。在昆图斯·塞多留的指挥下，伊比利亚军队的灵活性无疑是令人生畏的。而罗马的叛军认为自身与前者有着相同的目的，因此也加入了塞多留的阵营，由此，他们也能在战斗中运用罗马人的战术。他们的目标，便是组建一支伊比利亚人的能够与苏拉的罗马军团抗衡的部队。西班牙人欣赏智勇双全的塞多留，并给予他经得起任何考验的忠诚。这番忠诚直到塞多留被谋反者杀害于奥斯卡之后仍在延续。

插图 发现于奥苏纳[Osuna，今塞维利亚（Séville）]的浮雕。浮雕中的战士配备有椭圆形盾牌，并手持法拉卡塔弯刀（Falcata），该武器的刀柄可以保护双手（现藏马德里国家考古博物馆）。

---

[24] 特指来自伊比利亚半岛的民族。——译者注

> 内战

斯·庞培·马格纽斯。此时的庞培已经被认为是那个时代最杰出的罗马将领了。不过，塞多留还是设法从这些强大追捕者的手中逃跑并重挫了敌军。塞多留的部队在人数上明显不占优势，但他仍旧在不断地收割胜利：塞多留的追随者希图留斯（Hirtuleius）于公元前78年在伊勒尔达[Ilerda，今列伊达（Lérida）]附近击溃了梅泰卢斯；梅泰卢斯又试图在琉息太尼亚行省的拉科布里加城前对塞多留进行围攻，但后者成功逃脱；庞培企图对劳罗进行围城，也没能成功；同样在胡卡尔河之战中，塞多留也取得了胜利。

塞多留的接连告捷一定吸引了很多被苏拉驱逐或是被后者剥夺身份的人，他们纷纷决定加入塞多留的反叛大军。公元前77年，在雷必达战败也是其身死后的第二天，他的大部分将士在马尔库斯·佩尔佩纳（Marcus Perpenna）（其人是一位富有的贵族，也是平民派的伟大领导人）的带领下成功逃往西班牙行省，并加入塞多留的麾下。

这样这些反叛分子便可以针对贵人派发展出更为稳固的策略了：他们在奥斯卡成立了自己的元老院。塞多留还对罗马的共和政体的合法性表示怀疑，他拒不接受内战的结果，也不接受苏拉的胜利，更不接受苏拉担任独裁官一职。塞多留的"异端分子元老院"成为前所未有的个例，并进一步证明了共和国的解体已是大势所趋。非常有可能的是，元老院于公元前76年派遣庞培增援梅泰卢斯，是罗马对有大批新晋成员加入塞多留大军所做出的回应。

奥斯卡的元老院似乎让塞多留拥有了某种意义上的合法性，许多罗马的敌人都派大使前来拜访他，以期能在这场同样影响他们的冲突中找寻一条出路。高贵者米特拉达梯六世便是一个很好的例子。这位本都国王此前已经和罗马交锋过两次了。米特拉达梯的宫廷中有两位罗马叛徒，卢基乌斯·马奇乌斯（Lucius Magius）和卢基乌斯·法尼乌斯（Lucius Fannius），他们都是菲比瑞拉帐下的逃兵。利用这一点，米特拉达梯联系上了塞多留，并与其结成联盟以共同对抗罗马。毫无疑问，对塞多留而言，米特拉达梯的助力至关重要，他将比提尼亚地区和卡

帕多细亚的占领权让给了后者以换取大量的经济援助。塞多留将其军团长官马尔库斯·马略（Marcus Marius）派往亚细亚行省以帮助米特拉达悌解放那些被罗马征服的城市，同时也针对军事问题提出建议。不过米特拉达悌没有多少时间来利用这一便利了，因为他不久就要直面卢基乌斯·李西尼乌斯·卢库勒斯，这位苏拉的老将军将在第三次也是最后一次对抗中击溃本都国王。

至于米特拉达悌派往西班牙行省的那些援军，则很有可能不能及时赶到该地和塞多留并肩作战。实际上，自公元前75年起，梅泰卢斯和庞培便决定联合兵

塞格布里加

坐落于昆卡行省西部的这座伊比利亚城市，在公元前80年的塞多留起义期间曾是后者的盟友。起义失败后，塞格布里加成为梅塞塔地区最为重要的中心城市。奥古斯都开启了这座城市的黄金时代——他授予这座城市自治市的头衔。

上图为塞格布里加的公共浴场遗迹，其中包含了大量的公共设施。

罗马国家文件馆（Tabularium），罗马的档案中心

罗马国家文件馆由贵人派成员昆图斯·路达提乌斯·卡图卢斯于公元前 78 年前后修建。该建筑位于正对着古罗马广场，背靠卡比托利欧山的斜坡上。如今，我们仍能够欣赏到这座气势恢宏的建筑，它是硕果仅存的能够在时间洪流中完整保存的共和国时期的建筑之一。

修建罗马国家文件馆是卡比托利欧山重建工作的重大工程之一。公元前 82 年，这座山丘附近的建筑在内战中被付之一炬。该建筑的设计理念是建立一个大型的档案中心，用以保存与政治生活以及共和国相关的法律和司法记录。内战引发了严重的体制危机，面对着宪法秩序不断遭到篡改，似乎有必要建立一种机构，来记录法律以及公共秩序的全部内容。罗马国家文件馆的拼写"Tabularium"指的是"表"（Tabulae），一种上蜡的木板，罗马人习惯用凿子在上面记录文件，更为重要的文件会被刻在石板、铁板或青铜板上，随后还会被展示给大众。尽管罗马国家文件馆只是所有重大公共工程中的一个，但它的建造能够说明苏拉那重整罗马并力图保证国家正常运作的愿望。皇帝克劳狄（Claude）于公元 46 年整修了该建筑。在中世纪，人们又在该古迹之上修建了防御工事。它先是被用作盐仓，后又被用作监狱。文艺复兴时期，米开朗琪罗（Michel-Ange）主持了该区的城市工程，并绘制了卡比托利欧广场附近众多宫殿的设计图，为今天的我们留下了一笔令人印象深刻的古典艺术财富。

力，准备对塞多留控制的区域协同发动进攻。面对着罗马人连续不断的攻势，西班牙行省反叛军眼睁睁地看着自己节节败退，实力被不断削弱。运气似乎转向了罗马人，胜利的天平也开始向他们倾斜。

兵败如山倒，一个坏消息又给塞多留雪上加霜。这条消息是关乎塞多留私人的。在战局最为紧张之际，人们告诉塞多留他深爱的母亲去世了。局势急转直下——公元前 74 年，套在塞多留脖子上的绞索逐步收紧，一

年之后，塞多留智囊团中的罗马官员决定背叛他。在马尔库斯·佩尔佩纳的指挥下，塞多留手下的几位指挥官策划了一场阴谋要除掉他。他们在一次小型宴会上，无情地杀死了塞多留，后者则完全没有预料到这些人会背叛他。至此，这位唯一能与罗马持久抗衡的人，死在了他最信赖的人手中。

塞多留死后，反叛军便无法持续抵抗了。贵族马尔库斯·佩尔佩纳一直对塞多留嗤之以鼻，并认为他不配

■ 内战

角斗士对战

角斗士对战源自伊特鲁里亚的丧葬习俗。在共和国后期，角斗士学校背后往往有富豪的支持。这块公元前3世纪的浮雕残片纪念了一位角斗士的数次胜利（现藏罗马国家博物馆）。

领导叛军，前者手下的军官推选他来领导军事行动。不过他很快便证明，他缺乏可以同他的前任相比拟的军事才干。决战的时刻到来了——公元前72年，他不得不直面庞培的军队，结果轻而易举地便被后者击败了，自此这场由内战引发的最为激烈的反叛画上了句号。

斯巴达克斯起义

在成功地消除塞多留叛军带来的威胁之后，罗马还必须面对来自内部的危机。公元前73年，一场奴隶起义在卡普阿的维苏威火山上爆发了。这场起义和罗马于公元前135年至公元前

104 年爆发的奴隶起义有诸多相似之处，但这次的起义更为激烈，所产生的影响也更为深远。此次起义的主角是角斗士，而针对的则是那些训练、出租或出卖他们，也是他们赖以为生的角斗士主（laniste）。坚韧不屈的斯巴达克斯是他们的领导者。我们认为斯巴达克斯是罗马军团中一位色雷斯裔的预备军，他先是从军队中逃跑，后被捉住，最后成了一位名叫兰图鲁斯·巴蒂亚图斯（Lentulus Batiatus）的角斗士主的角斗士。

克雷斯（Crixus）和奥诺玛奥斯（Œnomaüs）同为来自高卢的角斗士，在他们和其他角斗士的陪同下，斯巴达克斯激励剩余被俘的同伴也加入他们，为自由而战。约有 200 名奴隶响应了他的号召并奋起反抗，最后至少有 60 人成功地逃至维苏威火山山顶避难。这次成功出逃让罗马人措手不及。听到奴隶暴动的消息之后，有不少奴隶纷纷逃离主人并加入斯巴达克斯的大军。一次小小的暴动迅速转变为一场大规模的起义。不清楚究竟有多少志愿者加入了斯巴达克斯的自由大军，但我们能大概估算出，应有数以千计的奴隶从意大利半岛南部赶来加入斯巴达克斯的反叛军队。

和此前一样，罗马人也没有将这次奴隶起义放在心上，而且似乎公众舆论对这次起义可能带来的危险也是轻描淡写。无疑正是出于这一原因，罗马最初只派遣了十分有限的兵力前去平定叛乱。平叛军的失败，加上罗马周边又聚集起越来越多的奴隶，元老院开始采取较为严酷的措施。公元前 73 年，裁判官盖乌斯·克劳狄斯·格拉柏尔（Gaius Claudius Glaber）接到指令，紧急招募了 3000 名战士前去平定叛乱。

罗马的回击

然而，格拉柏尔严重低估了这些奴隶的危险程度。这番判断上的重大失误为他在维苏威火山上的一场战斗中带来了灭顶之灾：奴隶大军成功地围困并最终歼灭了格拉柏尔的部队。这对罗马来说是很大的羞辱。这场胜利不仅让斯巴达克斯的将士士气高涨，也让他们能够收缴大量敌军的武器。元老院派出的第二位率领少量平叛军的裁判官同样铩羽而归，并证明了这番蔓延到罗马的威胁是十分严重的。

卡普阿，角斗士之城

市镇圣马里亚卡普阿韦泰雷位于坎佩尼的卡普阿附近。该地因举办大量角斗士比赛而闻名遐迩。斯巴达克斯便是从该地的角斗士学校走出来的。公元前73年，斯巴达克斯和其他奴隶揭竿而起——前者领导了在意大利土地上针对罗马的有史以来最大的叛乱。然而，罗马人依旧长时间地保持了对角斗士格斗的热忱。

上图为奥古斯都时期修建于卡普阿的圆形剧场遗迹。

正当共和国还在踌躇是否对斯巴达克斯胜利做出回应时，每天都会有大量的奴隶前来壮大叛军的兵力，直到有消息称，斯巴达克斯手下已经聚集了7万人之众。

斯巴达克斯的成功激励着奴隶试图逃离意大利，并转而迫害罗马人以便为自己搭建一处自由的安定之所。因此，斯巴达克斯率领着他的大军转战北部——山南高卢。作为回应，元老院毫不犹豫地派出了公元前72年的执政官卢基乌斯·格里乌斯·普布利克拉（Lucius Gellius Publicola）和格涅乌斯·科尔内利乌斯·兰图鲁斯（Cnaeus Cornelius Lentulus）。两位执政官带着大军来势汹汹，奴隶中出现了分歧。2万奴隶决定背弃斯巴达克斯，转而加入克雷斯的阵营。克雷斯的部队行军至阿普利亚的加尔加诺山，便与格里乌斯的大军狭路相逢。格里乌斯击杀了克雷斯，并将后者的军队全数剿灭。

为了阻止斯巴达克斯继续前进，罗马必须协同执政官的作战策略。当兰图鲁斯与奴隶叛军作战时，格里乌斯则从南部进军，以期形成合围之势，将斯巴达克斯彻底钳制。这一策略的目的应是彻底平定奴隶起义。然而，斯巴达克斯部队的实力胜于兰图鲁斯的罗马军团，因此这两位执政官想象中的合围完全行不通。

显然，罗马的安全已经受到威胁了。尽管斯巴达克斯的反叛军还没有进攻罗马的企图，但他们的连续胜利也足以威胁到共和政体的稳定了。如果罗马对这些反叛军听之任之，那么还有更多的奴隶会陆续起义——这将给共和国带来致命的打击。因为罗马的整个体系便构筑在富人对人民的统治以及奴隶制度之上。

面对着这番棘手的局势，元老院毫不犹豫地采取了更为严厉的措施。国家应该倚仗一位位高权重的杰出领导人，此人便是马尔库斯·李西尼乌斯·克拉苏，他是一位著名的苏拉支持者，也是一位英勇的战士——他在科林门之战中便已经证明了这最后一点。克拉苏作为一位富有的人，同样也资助了尤利乌斯·恺撒的事业，那个时候他已经73岁高龄了，但仍旧手握重权。克拉苏率领着六支罗马军团，前去应对斯巴达克斯。

残酷镇压

克拉苏在行军途中也吸收了格里乌斯和兰图鲁斯的残部，至此，克拉苏拥有了一支规模十分巨大的部队。尽管缺乏指挥经验，但他能规避那些导致先行者失败的错误。他在军团中推行了极度严苛的惩罚措施，他的士兵也常常受到极端严酷的惩戒——此举极大地规范了军纪。

克拉苏的目标便是包围斯巴达克斯。然而，斯巴达克斯的反叛军频繁迁移，因此罗马人很难进行军事和后勤的协调。元老院注意到就算是克拉苏也无法镇压奴隶运动，因此决定从三个阵线进行进攻。

克拉苏向卢库勒斯和庞培请求支援，而此时后两者还在西班牙行省致力于镇压

斯巴达克斯起义，关于自由的顽强斗争

很多罗马人都觉得出乎意料，共和国最凶悍的敌人之一竟然与他们来自同一社会组织。这场由斯巴达克斯带领的奴隶起义最初被低估了，没想到最后在罗马社会中引发了巨大的恐慌。奴隶制是罗马社会的基础，斯巴达克斯的崛起强烈地撼动了这个社会的根基，而"斯巴达克斯"也成了反抗压迫的代名词。然而，斯巴达克斯从未想过自己会成为一位反叛的楷模。激发他战斗意志的，只有自由。作为一名角斗士，他的生活充斥着杀戮或死亡。通过抗争，他能为自己选择敌手，也能成为自己的主人——尽管这可能会让他付出生命的代价。

插图 理想化的斯巴达克斯大理石雕塑，由艺术家丹尼斯·福雅迪尔（Denis Foyatier，1793—1863）于1830年创作（现藏巴黎罗浮宫）。

1 英雄气概 这位19世纪的艺术家为斯巴达克斯塑造了一张深邃的面孔。仿佛从他坚定的表情中我们就能读出他的故事：这位英勇的英雄曾号令千军万马。

2 铰链 损坏的铰链象征着奴隶誓死不愿重回往昔生活的决心。在第三次罗马奴隶起义或角斗士起义中，有至少1万名叛军丧生。

3 后继者 从18世纪起，斯巴达克斯成为反奴隶主义的象征。斯坦利·库布里克（Stanley Kubrick）的电影《斯巴达克斯》（Spartacus）（1960年）让这一形象为大众所熟知。

4 角斗士武器 角斗士作为专业的格斗者，都会在角斗士学校接受训练。根据能力的不同，每个角斗士获得一种武器，而每种武器都有相应的战斗技巧。

1 **头盔** 罗马共和时代末期的角斗士还没有脸甲。

2 **方形盾** 这种弯曲状的盾牌叫作"帕尔马盾"（Parma），是专门为色雷斯角斗士设计的，是公元前1世纪初出现的角斗士装备，曲刃的"西卡剑"（Sica）能间接证明这一点。

3 **椭圆形盾** 这种盾牌是为高卢角斗士配备的。高卢角斗士和萨莫奈角斗士是两种最为传统的角斗士。

4 **胫甲** 这种装备能在肉搏战中保护使用者的腿部。只有色雷斯角斗士才会穿戴胫甲，因为他们的盾太小了。

5 **剑** 短剑是很多种类的角斗士都会配备的武器——它迫使角斗士进行近身战斗。

6 **缠腰布** 角斗士只会穿一条染色的缠腰布，目的是向公众展示自己的身体。

奴隶反叛军的装备

角斗士存在很多不同的种类，每一种角斗士都有特定的装备，不同的装备又对应不同的格斗技巧。在起义初期，一些反叛军非常有可能还在使用他们角斗士时期分发的装备。当在第一次对阵罗马的战斗中取胜后，他们便有机会得到敌军的一些装备。这些新获得的装备让他们能够像罗马人一样，以严整的步兵的形式进行战斗。然而，角斗士经受的严酷训练和罗马军团的训练大相径庭，因此要让叛军像真正的重装步兵那样遵守军纪、服从调配，想必是十分困难的。

上图 浮雕中描绘的场景是一场共和时期的角斗士格斗（现藏博洛尼亚市考古博物馆）。

右图 奥古斯都时期（公元前1世纪）的一顶色雷斯角斗士头盔（现藏那不勒斯国家考古博物馆）。

头盔顶部有时候会冠有羽饰，这是奥古斯都时期色雷斯头盔的特色。

最为著名的角斗士头盔装饰有精美的纹章和个性化的图案。

密闭的脸甲不仅可以在敌人的攻势中保护佩戴者，也可以保护他们免于受到光线和沙尘的伤害。

■ 内战

角斗士叛军的征程

斯巴达克斯和他的大军试图取道山南高卢逃离意大利。但在马尔库斯·李西尼乌斯·克拉苏的带领下，重新整合的罗马军队最终消灭了叛军。

奴隶们在维苏威火山（见下一页图）的山坡上驻扎了很长一段时间，持续的胜利激励着他们向意大利南部的内陆地区行军。随着叛军队伍的不断壮大，斯巴达克斯决定转战北部，而另外一批奴隶则留在了阿普利亚。留下来的奴隶被罗马人追击至亚得里亚海，最终在加尔加诺山附近被剿灭。斯巴达克斯在摩德纳（Modène，拉丁文：Mutina）附近再度战胜了罗马人。经此一役，他便可以穿越阿尔卑斯山，但他决定重新向南进军。斯巴达克斯抵达了卡拉布里亚，并向奇里乞亚的海盗求助，但后者最终背叛了他。也正是在那时，克拉苏将斯巴达克斯围困在了半岛的最南端。叛军试图从亚得里亚海逃脱，但卢库勒斯的军队已在布林迪西港守株待兔，而从西班牙行省赶来的庞培大军也从北面进军。叛军已然没有逃脱的希望，他们不得不在最终的战斗中直面克拉苏的大军。

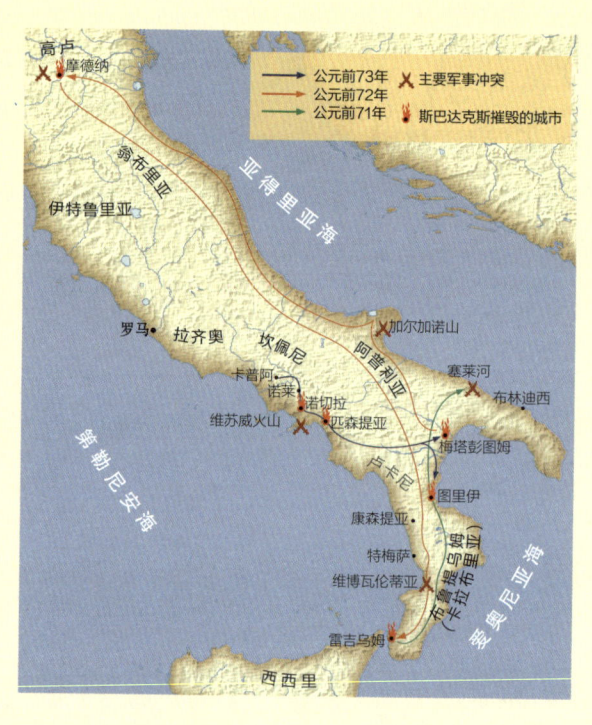

塞多留战争结束后的后续动乱。

反叛军的力量已经被极大地削弱了，一方面由于他们已经和罗马人频繁交战，另一方面也因为叛军内部纷争不断。为了避免他的大军被彻底瓦解——这可是斯巴达克斯能够凯旋的唯一希望了——斯巴达克斯决定向距离最近的敌人克拉苏发动进攻。胜利的天平向罗马军队倾斜，后者在卢卡尼彻底肃清了反叛分子。斯巴达克斯在战斗中阵亡，但他的

尸身从未被找到。这一未解之谜一度让罗马人担心他会卷土重来。

起义的后果

击溃了奴隶之后,叛军也彻底消失了。一些幸存下来的叛军成功逃脱并加入了奇里乞亚的海盗。另一些幸存者则向意大利北部的边境移动,但他们在那里被庞培的部队重新俘庑了。这些人成为这场血腥的报复行动的受害者——在沿着连接卡普阿（起义的大本营）和罗马的亚壁古道上，有上千名奴隶被钉死在十字架上。毋庸置疑，这出令人毛骨悚然的表演在罗马人民的心中留下了深刻的印象。

勇猛的反叛军、坚韧不拔的斯巴达克斯及其追随者重挫了罗马军队。反叛军几乎撼动了罗马在整个地中海盆地的权威。然而，奴隶叛军内部出现的越来越大的分歧导致他们不断内耗，他们的力量也在不断衰减。反叛分子担心他们最终会被瓦解，并且到时候也将难逃惩罚。叛军的内斗在很大程度上导致了他们最终的失败。而实际上，那时的他们离成功仅一步之遥。

起义被彻底镇压了，大多数的叛军也被处决了，而罗马也在未来的数十年中承受着起义带来的后果。大量农村的土地所有者开始怀疑他们奴隶的忠诚，他们采取了一系列的措施以防奴隶再度暴动。他们宁愿使用在他们的农场中出生的奴隶，也不愿按照习俗去奴隶市场购买奴隶，尽管这样一来奴隶的数量远不足以满足他们的需求量。大量的奴隶被解放了，而这些新近被解放的奴隶扩充了被保护人的团体。

接踵而至的问题

连年的战事之后，罗马的经济和农业面临着严重的危机。罗马的政治局势本就十分紧张，这样对摇摇欲坠的共和国更是雪上加霜。

在罗马，一些很有影响力却别有用心的个体利用这一局势来恢复他们在人群中的声誉：他们大力支持向最弱势群体分发免费小麦的政策。而这番顺应时势的慷慨理所当然地提高了他们的政治地位，使他们也跻身谋权者的行列。罗马的政治舞台变得前所未有地混乱与危险。

大量的难题同样也冲击着贸易关系：来自被罗马征服的土地上的食物开始取代意大利内部的产品。奴隶曾是大农场中名副其实的"生产工具"，但无休无止的内部冲突和奴隶劳工带来的问题致使意大利的粮食大幅减产。意大利的经济正一步一步地失去竞争力——但这只是开始。这一现象会持续到共和时代末期，并覆盖整个罗马的帝国时代。

几年之内，罗马成功击溃了塞多留和斯巴达克斯，他们对国家来说都意味着巨大的威胁。因此，这座称霸地中海的城市证明了自己仍旧拥有战斗的意志和强大的能量。然而，这一系列的事件也加强了作为军事领导人的克拉苏和庞培的力量。他们能利用手中的力量成为罗马的救星，同样也能成为政坛的新主人——而他们也不会止步于此，他们将再次在政坛中诉诸武力，并让这一行为变得合情合理。这似乎已经成为一种范式了。

■ 档案：罗马的公共建筑

档案：罗马的公共建筑

直到现在，我们还能发现许多罗马公共工程的遗迹。罗马通过修造引水渠、水坝或是道路的方式来改造世界——这样一来，一成不变的环境就会按照他们的心意为他们服务了。

时至今日，我们能够看见的古罗马最深刻的痕迹经过数个世纪的洗礼，已经彻底融入了我们的日常生活里：那些公共工程的遗迹依旧令我们叹为观止。我们可以不羡慕现代罗马人的先人所拥有的豪华私人住所，但一定会着迷于

亚壁古道

　　象征着罗马卓越道路网络的亚壁古道，连接了罗马与布林迪西，后者是位于意大利东海岸的一处战略飞地，是地中海东部贸易和资本供给的中心。作为罗马实用主义的典范，亚壁古道的成功催生了大量附属的道路，道路网络也被极大地丰富了。

上图　这幅创作于19世纪末的版画展现了罗马附近亚壁古道上的景色。

左图　这座横跨加尔东河的高架渠被称为"加尔东桥"（Pont du Gard）。这项工程是在克劳狄大帝统治时期（公元41年—公元54年）修建的，后在中世纪被重新用作道路。

罗马先辈们对公共工程所进行的开创性建设：这些公共工程颠覆了人类与环境的关系。得益于古罗马工程师们的天才性创造，那时的人们便可以通过改变自然来贴合他们的需求。他们构想了城市规划的全新概念——即城市的规划完全不参照希腊或东方的传统，而是完全基于系统化和统筹

理想中的城市

　　尽管罗马有很多地方都是乡村，但罗马社会的本质仍旧是基于城市概念的文明。罗马曾经被叫作"厄贝斯"（拉丁文：Urbs），该词的含义便是卓越的城市。

插图　上罗马帝国（Haut-Empire）[25]时期意大利城市奥斯提亚的一座建筑模型。

---

[25] 法国历史学家专门为罗马帝国做出的阶段划分，其始于公元前27年奥古斯都确立元首制，结束于下罗马帝国（Bas-Empire）开启，具体时间根据作者的不同而有所出入。——译者注

131

档案：罗马的公共建筑

化的人类活动。罗马的城市规划者们引入了可持续发展的理念：集体性、便利性与发展性。

建筑师与工程师

罗马在其治下的所有领地中都进行了公共设施的建设。桥梁、道路网络或下水道系统的建设需要耗费大量的人力和原材料。与其说政府能应对这种问题，倒不如说他们实际上得到了私人的资助：那些赞助者将他们的财富贡献给了社区。

如果罗马缺少了才华横溢的工程师，这些公共项目将永远无法完工。在古代世界中，工程师、建筑师和工程的承包商是同一个人——正如在另一个时代，即文艺复兴（Renaissance）时期，在赞助者的独家授权下，项目的缔造者同样也是其实施者一样，每一个项目在很大程度上都由同一个人负责实施。因此我们自然而然地将这些建筑专家想象成真正的天才，他们兼具丰富的经验和扎实的技术。只有最为出色的训练才能够塑造出这种集多种领域的知识于一身的人才——从数学到哲学，再到光学，还有绘画、算术、艺术史、神话学和卫生学。因此，他们是经过专业化培训且拥有高超技巧的工人，他们的酬劳也十分可观。从城市的一端到另一端，罗马兴建的大量工程吸引了全世界各地大量的工程师和专业工人。他们将自己放逐于罗马，在充实自身专业知识的同时，也能累积大量的财富。同时，罗马也能从这些带着希腊和东方建筑风格前来的建筑师身上获益。希腊式的建筑风格与罗马的建筑充分融合，这一建筑模式随后又扩展到了整个罗马化的西方世界——希腊的建筑师为此贡献良多。

在古代世界，伟大的建筑家通常只被认为是单纯的工匠。而罗马人相信，他们宏伟的建筑作品只能用于供奉神祇，而后者才是这些伟大工程背后真正的奠基者，而建筑家则是神明意志的执行者。出于这个原因，他们的专业技能往往比他们的艺术灵感更为重要。尽管如此，他们还是形成了组织良好的某种意义上的"建筑师联合会"。

罗马的道路，殖民的基本要素

在向外征服扩张的过程中，罗马也将注意力集中在了道路网的修建中——这样便能连接那些被征服的土地。尽管建设道路的初衷是便于行军，但罗马及时意识到交通对经济和文化领域的影响也是相当大的，这些道路能提升货物运输的速度，也能加速罗马化的进程。完工于公元前 312 年的亚壁古道，是庞大道路网中第一条以监察官的名字命名的道路，该监察官负责了道路的建设。罗马共和时代末期，亚壁古道辐射出的道路网络已经可以连接罗马与意大利半岛的其他地区了。该道路网络在帝国时代继续发展，其鼎盛时期的总长度达到了约 10 万公里。这些道路的建设证明罗马人对工程学以及地质学都有着深刻的见解，因为许多道路和道路网的很大一部分都保存至今。道路的种类繁多，但只有城市或城市周边的道路是被铺砌的，剩余的道路则用沙土或碎石填充。但亚壁古道是一个例外，整条道路都是被铺砌而成的。

插图 罗马附近的一段亚壁古道。

档案：罗马的公共建筑

圣天使桥（Pont Saint-Ange） 这座桥修建于公元 134 年至公元 139 年，根据哈德良皇帝（Hadrien）的命令，人们修建了一座连接罗马中心和哈德良正在为自己修建的陵墓的桥梁。传说曾有天使出现在上图城堡的屋顶上，该城堡因此得名"圣天使城堡"（Château Saint-Ange）。

在罗马世界中，土木工程和军事工程的区分并不明确。在政治实践中，人们更大程度地着眼于私人领域和公共领域的建设，或是在宗教领域和人们日常生活的世俗领域中进行工程建设。

设计师与工具

罗马工程师的前身是军人，他们在军团服役的时候接受了相关的培训。他们在军中积累了充分的经验，足以让他们应对各种各样的建筑项目。此外，军中还储备有大量的人力，而这些预备役同样也能够胜任建筑工程的工作。因此，行政官或皇帝本人（更后期）经常会授权军事部门或民事部门调用军团中的士兵去进行公共领域中的建筑工作。当部队无仗可打的时候，这些大型的工程提高了部队的利用率。

至于战略建筑，则直接由军队负责。每当罗马人征服了一片领土并彻底平定了该区之后，他们就会将工程的管理权交由地方行政当局负责。

一些工程建设兼具民用与军用的双重功能。最好地实现了这种双重功能的例子无疑是道路。实际上，道路可作为罗马后勤领域的最初元素。

道路建设项目的成功取决于罗马人对土地以及地势的充分研究，因此地貌学家和建筑学家一样，也扮演了重要的角色。在罗马的地貌学家所使用的工具中，有一种名叫"乔尔拜特水平仪"（chorobate）的器材，这是一种类似尺子的工具，两端坠有铅锤。有了这个工具，人们就能够精准地测量水平度或是坡度。尤其在引水渠的修造中，该工具被广泛使用。

窥管（dioptra）是另一种精妙的仪器。该仪器是将一个水平面固定在一个基座上，可进行水准测量。这些仪器只能进行短距离的测量，因此地貌学家必须通过多次测量来确定最终的草图。

罗马人使用测距仪进行距离的测量。测距仪是一种齿轮系统，每当用于测量的战车行驶1罗马里（约1482米）之后，就有一块石头掉进一个专门的容器中，当战车停止行驶的时候，只需算出石头的总数就可以了。

材料与机械

罗马公共工程或设施的建造需要多种材料，其中石头是所有工程的基本元素。这再次表明了罗马人建造高持久性的建筑的坚定愿望：地基通常是由石头建造的，运河、道路甚至是拱顶，也是由石头建造的。而其中的一些也被证明是真正的建筑杰作。

倘若要将石材广泛地使用，必须得对石料进行极为细致的预先切割加工以调整

档案：罗马的公共建筑

用切割好的石料进行建造

在罗马，切割好的石料是最常用的建筑材料之一，该材料尤其在城墙的修砌中最为常见。除了会在石料的各个面进行打磨，建筑工人还会使用墙面凸纹工艺。有了这种工艺，他们就能将石料不平整的一面暴露在外，然后再将平整的部分严丝合缝地贴合在一起。

插图 公元3世纪的卢戈（位于西班牙西北部）罗马城墙遗址。

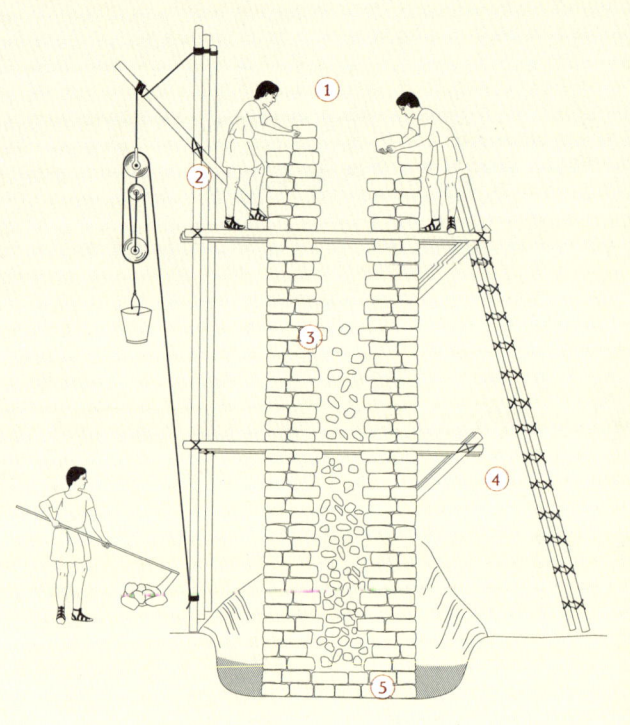

① **工人** 公共工程的建设通常由罗马军团负责。而在私人工地上，这些艰巨的工作则由学徒或奴隶（尤其是奴隶）完成。

② **滑轮** 在大型建筑的施工过程中，工程师必须找到方法来搬运建筑所需的重型物体。

③ **墙** 墙一般由两块相距至少4米的砖砌或石砌墙面构成，中间则会填充进沙土和砂浆的混合物。

④ **脚手架** 围绕着建筑物外墙搭建的木制过道，工人们可以在建造墙壁时进行高空作业。

⑤ **地基** 为了让建筑物更耐久，罗马人会谨慎地往地下凿出两层楼的深度，并用切割好的石料建造地基。

其尺寸。大部分情况下，建筑物中的石砖都能完美地紧密贴合——这也让建筑物能够拥有稳定的结构，从而减少了坍塌的风险，也降低了人们对建筑机器的依赖性。完美契合的石砖还能避免渗水——随着时间的推移，水的浸入很可能会导致建筑物坍塌。另外，罗马的采石老板也认为出产高品质的石料是采石场应尽的责任，因此他们也从根本上寻求让建筑变得稳固的方法。

除了石料之外，罗马人还使用砂浆和混凝土作为建筑材料。混凝土是古罗马人最为巧妙的发明之一。这种最初的混凝土会掺入细碎的石灰渣作为混凝剂，人们将其抹入墙缝中以使后者的结构更为牢固。这种材料的效果非凡，因此在罗马的建设领域被广泛地应用。砂浆则是沙子和水的混合物，也是混凝土中不可或缺的元素。但前者直到公元前2世纪才开始被广泛应用，随之还要再等上几十年，罗马的建筑者才能生产出真正拥有持久抗阻力的砂浆。

建造者还会专门使用砖块，该材料用于加固建筑物或是被砌在建筑物的外围以示美观。至于建筑物的结构或骨架，例如屋顶或屋面之类的结构，他们则更倾向于使用木材。

我们今天能够欣赏到的古罗马的建筑作品——在很大程度上都取决于机械的发展和使用。罗马人通常会使用滑轮或起重机。这些机械在大多数情况下，都是由主持建设项目的工程师在工地现场建造的。工人也会配有脚手架，这样他们便可以进行高空作业。

罗马建筑工程师用其专业知识孕育出来的城市风光，无疑也是罗马帝国开疆拓土的鲜明特色之一。我们有时候也称这种特殊的城市化进程为"罗马化"，然而"罗马化"在恺撒去世时，仍只是局部现象。真正的罗马化进程，是从奥古斯都确立元首制的上罗马帝国时代开始的，在这一时期，罗马化的速度令人叹为观止。也正是出于这个原因，我们直到今天还能欣赏到从那个时代保留下来的大量遗迹。

■ 档案：罗马的公共建筑

梅里达剧院 这座位于罗马城市埃梅里达奥古斯塔的剧院落成于公元前16年。该市是罗马新行省琉息太尼亚的首府。该殖民地在10多年前建立，最初的居民大多数都是罗马军团中已经服完兵役的士兵。

飞速的城市化

　　无论是在意大利还是在各罗马行省（大部分在西方，少部分在东方），每个城市中罗马风格的普及都与整个城市的全体成员以及该城市的政治结构紧密相连：城市化与公民密不可分。城市中具有纪念意义的装饰性建筑的涌现，既伴随着也有望促进自治市群或殖民地群的形成。在意大利，从共和国末期开始或更后期，在上罗马帝国治下的行省中，我们能看到真正的"自治市文化"的出现——这与大量教育活动的开展密不可分，这些教育活动极大地改变了城市的面貌。在这种全新的城市规划中，最为典型的是，一些空间（圆形的广场）或宏伟的建筑（剧场、浴池或圆形剧场）直到下罗马帝国结束，仍旧被完整保存。

　　因此"城市化"从罗马发源，后又在各个社群的当地迅猛发展。一方面，罗马的中央力量希望通过罗马世界的城市化来彰显罗马人的实力和威严，而在另一方面，城市化在很大程度上也是由区域性的或当地的精英阶层推动的，因为这样便能表明，他们依附或从属一个系统——无论从政治上，还是从法律上，这都有助于促进他们的晋升，从而提高他们的地位。

罗马军团

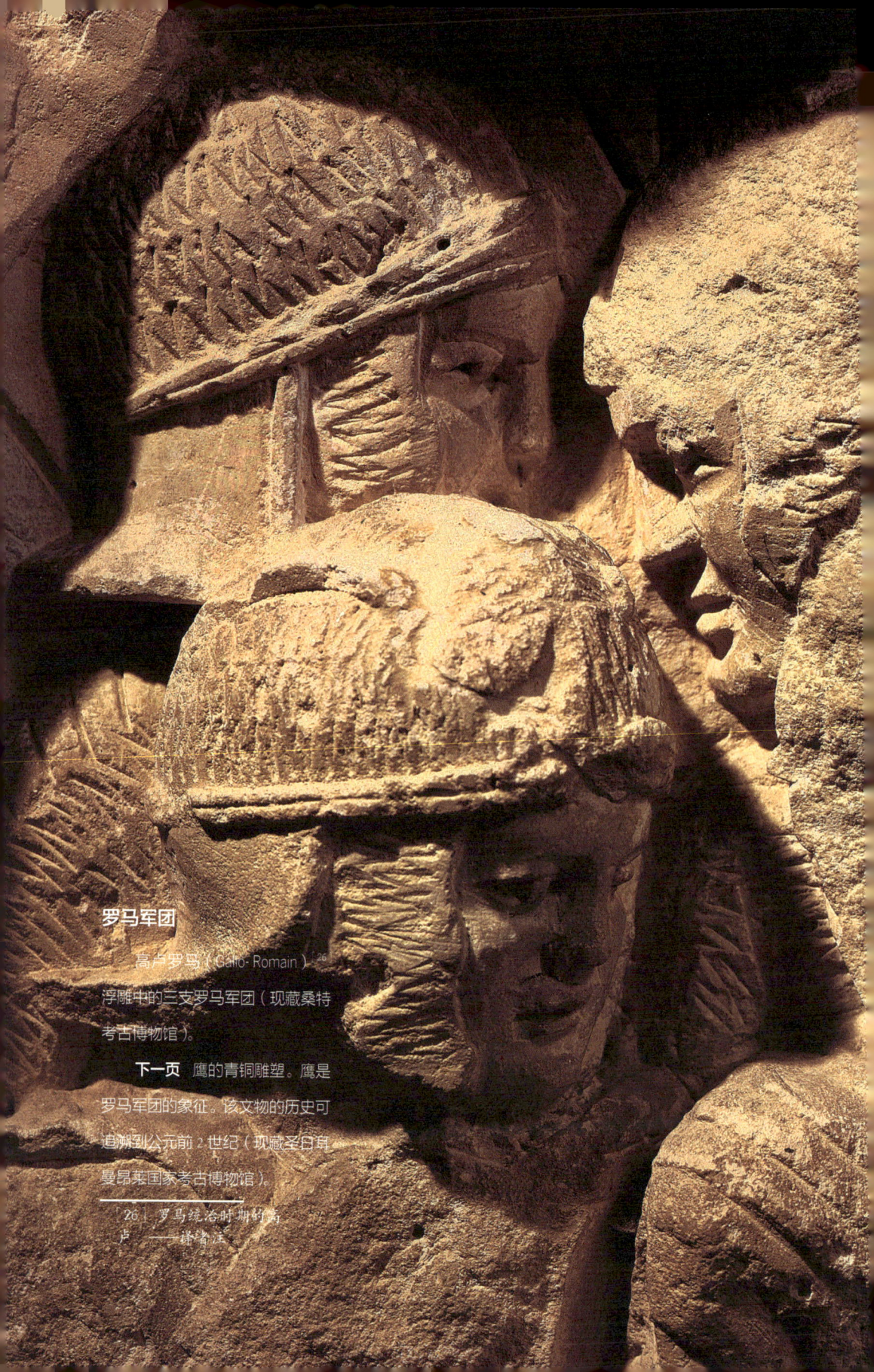

高卢罗马（Gallo-Romain）[26] 浮雕中的三支罗马军团（现藏桑特考古博物馆）。

下一页 鹰的青铜雕塑。鹰是罗马军团的象征。该文物的历史可追溯到公元前 2 世纪（现藏圣日耳曼昂莱国家考古博物馆）。

---

[26] 罗马统治时期的高卢。——译者注

三头同盟

庞培和克拉苏击败了塞多留与斯巴达克斯，成为罗马的救世主。富有卓越军事才干的军人再一次凭借其成功的军事行动"合法地"操纵了共和国，把共和国成立的初衷抛在了脑后——共和国的建立基于政治共识和公民参与这两个概念。但是，为了避免激怒人民，新的领导人仍旧有必要表现出对国家体制的尊重。

尽管克拉苏和庞培二人与苏拉支持者的圈子有直接的联系，但他们清楚地意识到，那位独裁者已经身死，而他在公众舆论中的影响力也会渐渐消失。许多人认为苏拉清除异己的手段十分残酷。苏拉凭借自己的军事成就来实施各项改革。庞培和克拉苏都认为，罗马的大权——尤其自内战之后——毫无疑问地属于控制军队的人。然而，为了保证共和国经济和政治的稳定，庞培和克拉苏都必须要维持共和国的传统性的运转，也必须遵守"先人的习俗"（拉丁文：Mos maiorum），他们捍卫国家秩序，成了国家的保护者，也能够与潜在的反对者进行抗争。因此很难想

■ 三头同盟

巴西利卡，多功能的公共空间

巴西利卡源自希腊。罗马最初的巴西利卡式建筑一般会在城市的广场上建造，并作为司法部门的中心。但后期的巴西利卡拥有了更多的功能：公民进行会晤的场所、金融交易中心、集市……

右图 公元前1世纪巴西利卡的复原建筑图（现藏迦太基国家博物馆）。

下图 古罗马人位于摩洛哥瓦卢比利斯的巴西利卡遗迹。

象，有人能通过口诛笔伐或通过军事手段来对付庞培和克拉苏。尤其是我们知道，这两者坐拥庞大的罗马军团，这些军团训练有素、军纪严明，同时也对他们的领导者忠心耿耿。因此能够威胁到庞培和克拉苏的力量并不来自某个单独的个体，只可能来自元老院，一个拥有足够政治影响力来进行对抗的团体。同样，尽管在克拉苏和庞培之间也存在着内部竞争，但在平定了斯巴达克斯领导的叛乱之后，这两位将领决定合作，以让元老院屈从于他们的意志。

庞培和克拉苏首先在元老院和人民面前展示了他们的军事力量——他们没有让军队解散，而是以保卫城市为借

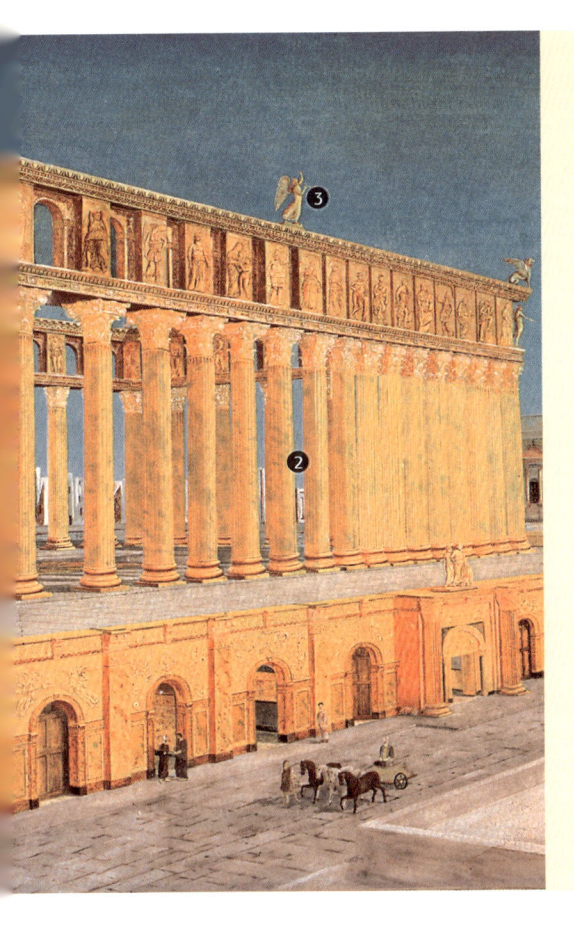

①**巨大的长方形大厅** 巴西利卡的中央空间被用作庭审席，并被分割成数字为奇数的位置较高的中殿。长长的帷幔将不同的中殿区隔开。

②**谈话室** 巴西利卡的后部通常会被一个巨大的半圆形空间占据。该空间通常点缀着精美的装饰。谈话室通常是为庭审席的代表预留的，在这里他们可以随心所欲地交谈，而不用担心有窃听者。

③**雕塑** 建筑之上的雕塑增加了建筑整体的美感——这能够唤起人们的情感。罗马的建筑上通常会修建一些罗马的著名人物或神祇的雕塑。

④**楼梯** 游廊区域和巴西利卡中殿区域存在高度差，楼梯连接了这两者。巴西利卡的楼梯通常十分壮观，并装饰有各种图案，有时候还会用雕塑点缀。

⑤**拱廊** 巴西利卡的下半部分通常由一系列的拱形结构围绕。这些拱廊对路人来说是个有遮蔽的空间，也是很受欢迎的进行交易和会晤的场所。

⑥**小商店** 这些小商店位于柱廊附近，贩售各种类型的商品。有些小摊专门售卖酒和小吃。

口，让军队驻扎在城市的郊区。随后，他们在罗马社会中宣扬自己的政治主张，以影响公众舆论。他们二人同为苏拉政治主张的继承人，因此他们试图为自己打造"元老院捍卫者"的形象（实际上他们就是元老院的捍卫者）。为了达成这一目标，他们将上一位独裁官在国家宪法改革中产生的多余权力交还给了元老院。因此，下一步便顺理成章了，他们宣布废止"苏拉共和国"，并赦免了此前被苏拉迫害过的受害者，那些流亡者因此能够回归，那些被剥夺公民身份的人也得以重获身份。因此，庞培和克拉苏给人以一种"公元前82年苏拉政变"之前的共和国的坚定捍卫者感觉，

> 三头同盟

似乎也成了平民派的真正领导人,尽管很长一段时间以来,他们都是贵人派圈子中最具影响力的成员。

这一系列的策略很快便收到了成效。公元前 70 年,庞培和克拉苏同时再度担任执政官。他们当选后的第一项举措就是废止苏拉的宪法 [《庞培—李西尼法》(lex Pompeia Licinia)],并恢复了保民官的传统权力。在取得了庞培和克拉苏的同意后,监察官卢基乌斯·奥雷利乌斯·科塔(Lucius Aurelius Cotta)对法院进行了改革,改革后的审判员将由数量相当的元老院议员、骑士以及财务保民官(Tribuni Aerarii)(一个类似骑士阶层的富裕公民群体)三个部分组成。这一举措解决了围绕着司法管控权爆发的政治冲突,这一冲突的发源可追溯到提比略·格拉古的时代。人们推选了新的监察官,后者取代了元老院中由苏拉提拔的新晋成员。从表面上看,这些举措让共和国的本质得以回归。尽管似乎十分明显的是,庞培和克拉苏渴望消除那些激化政治局势并带来暴力的分歧,但这一系列的改革仍然不能让共和政体恢复其昔日的活力,因为这些改革依靠的仍是两位执政官的军事权威——他们的军事力量已经到了令人生畏的程度。这是十分矛盾的:继承了苏拉遗志的人支持的却是平民派的事业,他们的权威既不基于人民的同意,在政治上也不具备合法性——权威来自他们的军事力量。

庞培与海盗

罗马贪得无厌的征服扩张导致了迦太基人海上霸权的终结以及希腊君主制的式微,地中海东部地区也动荡不堪。海盗活动因此越发猖獗,甚至到了完全不受控制的地步。罗马对此无动于衷,掠夺活动因此更加频繁,人们也越发不安。在整条海岸线上游荡的海盗对商业贸易来说是极大的威胁,这不仅影响共和国的经济利益,也影响意大利和罗马大宗买卖商人的利益,而后者则越来越频繁地出现在东方市场中。奇里乞亚(位于今土耳其境内)和克里特岛凭借其地理优势,成为两个大型的海盗中心地区:这两地海岸线的形状有利于人们搭建大量隐蔽的停泊港——这便是船员准备远征的基地。这些海盗团体中常常有一些老兵,他们在罗马挑起的各种征服战争中被击败后,侥幸存活,并被迫开启了逃亡和谋生的道路。

海上局势变得越发严峻，罗马的海事力量遭到削弱——这迫使共和国立即采取行动。公元前102年，元老院决定委任雄辩家马克·安东尼（Marcus Antonius l'Orateur）为指挥官。马克·安东尼带领部队与奇里乞亚沿海的海盗作战，战争将持续三年——最终他以碾压之势肃清了敌人，而人们在罗马街头为他举办的庆典也是盛况空前。但我们只能说这场战争暂时遏制了海盗活动，它根本没有消除威胁。

不久之后，共和国内部的政治冲突激增（尤其苏拉与马略开始敌对），外加第一次米特拉达悌战也让共和国动荡不堪——这一切都激励着海盗开始变本加厉地对罗马进行袭扰。元老院有必要立刻进行干预。公元前80年，元老院推行了第一项举措，即在奇里乞亚建立新的行省，以更好地管控这个被视作海盗总部的地带。但由于罗马的海军并不占优势，罗马也没有能力管控奇里乞亚内陆以及该地数量庞大的自由港，这一举措的作用不大。因为罗马对奇里乞亚的干预不足，海盗得以将他们的触手伸向整个地中海盆地。海盗的力量越发强大，他们的手段也越发残忍——使罗马政府压力倍增。而一系列的政治事件只会让局势变得更加糟糕。实际上，海盗找到了一些慷慨的盟友：地中海东部的米特拉达悌以及塞多留。这两位便是罗马最主要的敌人，也是最顽强的敌人，这两者通力合作以对抗罗马。而海盗则不满足于仅对罗马的经济利益以及航线安全带来威胁，他们还要干预该国的政治问题。

因此，站在政府和公众舆论的角度，这些海盗就从海上袭击者转变为能威胁到罗马存亡的敌人。元老院并没有小看事态的严重性。然而在那个时期，只专注于对付海盗似乎也是不合理的，毕竟塞多留和米特拉达悌仍对罗马虎视眈眈。

公元前73年，塞多留的反抗力量开始慢慢变弱，元老院做出新的决定：他们委任了雄辩家马克·安东尼（领导了第一次对抗海盗的军事行动）的儿子（与其父同名）来指挥第二次对抗海盗的战争。这一次，威胁被完全肃清了。因此元老院授予了马克·安东尼一项特殊的职权，后者的权力范围可覆盖整个地中海地区，并且如果有必要的话，他还可以越过海岸线进行军事活动。但马克·安东尼没有他的父亲那么走运，因为随后他就在克里特岛遭遇了十分屈辱的失败。罗马的这番失败让海

罗马在地中海的海上贸易

罗马在地中海的扩张开启了真正意义上的经济贸易全球化进程——最终罗马治下的广大土地彼此间都建立了联系。在陆地进行道路建设是个庞大的工程，所以商品主要还是取道海路进行运输。

罗马不断地建立新的行省，其结果便是大量的黄金、白银和奴隶不断地流向大都市——这一系列的交易主要由来自骑士阶层的包税人团体掌控，因为他们是大部分商船的船东。贵金属要么开采自那些被征服地区的矿山中，要么来自战争掠夺，或以战争赔偿（或赎金）、税金以及关税的形式进入罗马的国库。商船满载奴隶（他们会被送往在这一时期出现的大农场中）、谷物、奢侈品（丝绸、珠宝、香料）以及来自东方的工艺品。这些商船大都会在那不勒斯和波佐利停靠，因此这两地的港口具有相当重要的意义。但是，罗马对地中海的管控，真正依靠的还是地中海沿岸的资源分布情况：谷物、酒、油、鱼、建筑材料及工业产品（大理石、木材、铁、铜或锡）。因此，对被征服地区施行"完全剥夺"的掠夺政策与罗马帝国的经济活动同时展开，相辅相成。

插图 古罗马双耳尖底瓮（现藏马德里国家考古博物馆）。

盗更加狂妄与热切，他们从未像现在这般渴望与罗马的力量一较高下——他们已是摩拳擦掌，跃跃欲试。

昆图斯·凯基利乌斯·梅泰卢斯[又被称作克里提图斯（Creticus）]接管了马克·安东尼在克里特岛的战局，并竭尽所能挽回颓势，但海盗的战意似乎无止无休。公元前67年，在庞培和克拉苏展开权力斗争的复杂政治背景下，保民官奥卢斯·加比尼乌斯（Aulus Gabinius）在公民大会中提出，有必要将军队的指挥权交给一位执政官，以遏制海盗力量的扩大，并最终将他们赶出地中海沿岸。传言说庞培将领导这一次的军

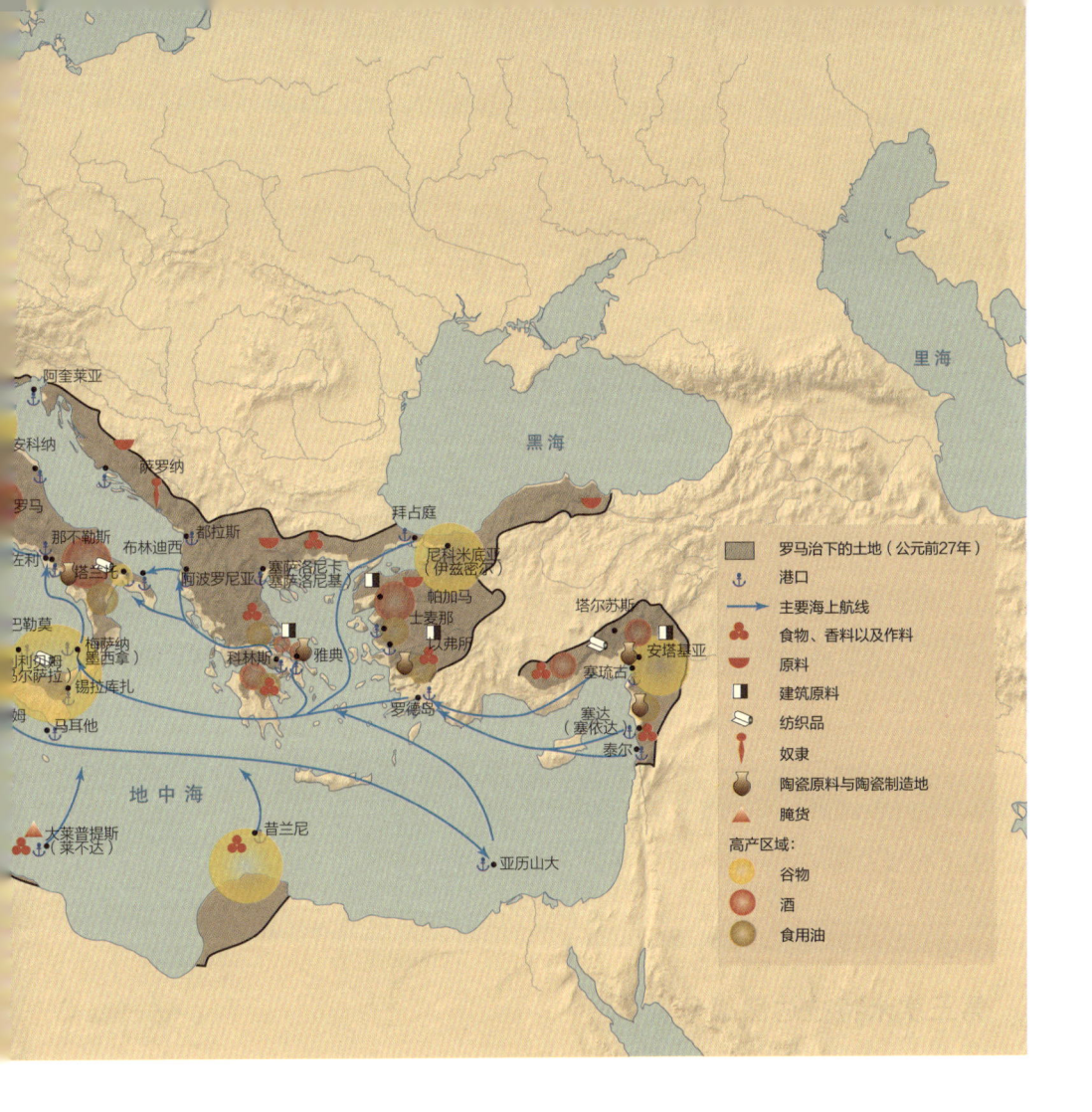

事行动。为了完成该任务，这位资深执政官（promagistrat）[27]需要配备一支由 200 艘战船组成的舰队，其手下的罗马军团需配备有与军团长官人数相当的监察人员——可想而知，这场战役对公众舆论来说也是十分重要的。

然而，元老院和贵族派成员并不接受这项提议，他们投反对票。因为他们担心这些军队以及这些资源会赋予庞培过多的权力，也担心倘若庞培取得胜利，随之而来的结果会难以控制。

---

[27] 当某位执政官卸任后，赴罗马的某个行省担任一年的总督，就成为"资深执政官"。——译者注

三头同盟

尽管最初有反对的声音，但该提议还是被通过了，指挥官的权力得到了加强：他拥有 150 艘战船，12 万步兵和 5 万骑兵。而这番对庞培的特殊任命，也让他能够将完全听命于他的人指派为军团长。

庞培极其高效地完成了他的任务。尽管他的任务期限为 3 年，但是庞培不仅经验丰富，他的军队也令人生畏，因此他在约 40 天的时间里就踏平了海盗在西方的基地。随后他向地中海东部前进——这里的海盗加固了他们的防御工事。这次的战斗只持续了几天，最终整个地中海沿岸都被庞培收入囊中。

庞培能够以出人意料的速度取得胜利，一方面是因为他拥有出色的战略家素质，另一方面是他表现出了非凡的调和冲突的才能。实际上，庞培对那些心甘情愿投降的人展现了他的宽宏大量。但这种宽大处理的方式并不会妨碍出现数量惊人的战争受害者——庞培势不可当的凯旋背后，是被占领的 800 余艘战船和被破坏的 120 座港口及海盗堡垒。地中海的贸易情况得到了改善，对罗马的经济产生了积极的影响。但这次远征的最大赢家无疑还是庞培，他的知名度再一次提高了。

第三次米特拉达悌战争

无论是《达达诺斯和平条约》，还是穆雷纳入侵后达成的合议，都无法调和罗马和高贵者米特拉达悌六世之间旷日持久的冲突。后者仍旧在等待良机以重新发动进攻。

比提尼亚统治者尼科美德四世于公元前 74 年去世，米特拉达悌的机会来临了。前者像先前的阿塔罗斯三世一样，将自己的王国遗赠给了罗马。米特拉达悌强烈反对这种新的权力布局，并决心入侵比提尼亚。

为了战胜这位本都国王，罗马派遣同为公元前 74 年执政官的马尔库斯·奥雷利乌斯·科塔（Marcus Aurelius Cotta）和卢基乌斯·李西尼乌斯·卢库勒斯出战。卢库勒斯是苏拉的密友，也是罗马最富有的公民之一。此人拥有极高的军事才能，得益于这一点，他成功地战胜了米特拉达悌在比提尼亚的反抗势力，并一举征服了本都王国。米特拉达悌别无选择，只能逃至其女婿亚美尼亚国王提格兰二世的

亚美尼亚王国和伟大者提格兰二世的王朝

塞琉古帝国内部冲突不断，罗马在公元前190年激烈的马格尼西亚战役（Bataille de Magnésie）中击溃了伟大者安条克三世（Antiochos Ⅲ）——这两个原因让阿尔塔什斯（Artaxias）能够建立亚美尼亚。阿尔塔克夏王朝（Dynastie artaxiade）统治着毗邻卡帕多细亚和本都王国的地中海到里海（Mer Caspienne）的沿海地区。

亚美尼亚王国在国王提格兰二世的统治下进入了黄金年代。提格兰二世于公元前95年至公元前55年在位。这位杰出的人物曾与高贵者米特拉达悌六世结盟以对抗罗马，因此，他在罗马也有一定的影响力。毗邻亚美尼亚的帕尔特王朝（位于今伊朗）长期以来便是提格兰的敌人，其统治者米特拉达悌二世去世后，提格兰入侵了这块土地。提格兰的力量得到了强化，他便能够利用塞琉古王朝的内部分歧以控制叙利亚和奇里乞亚——这样一来，提格兰成为近东最为强大的君主之一。罗马当然不会对这种形式的兼并听之任之。提格兰在第三次米特拉达悌战争期间向其本都王国的盟友提供了庇护，这一举动为其招致了灾难：卢库勒斯在提格兰纳克特率领罗马军队击败了提格兰。庞培予以提格兰最后致命一击，后者为了保住自己的王位，不得不臣服于罗马人并向他们支付6000塔兰（Talent）的战争赔偿金。

插图 一枚相当于4德拉克马（Tétradrachme）的银币上的提格兰头像。

王宫中寻求庇护。

几年以来，提格兰二世已成为该地最伟大的君主之一。他统治着近东很大一部分地区。在从帕提亚人手中夺回了一些东部地区的控制权，以及战胜了昔日的塞琉古王国残部之后，提格兰二世的势力范围已经可以扩张到埃及和叙利亚南部的边界了。尽管提格兰二世并不赞成米特拉达悌的作为，但由于两者间存在家庭的纽带，前者不会背叛米特拉达悌。作为回应，卢库勒斯入侵亚美尼亚，并于公元前69年秋在提格兰战争中战胜了亚美尼亚的君主。该国的新首都以及大部分提格兰控制的土地，都被罗马收入囊中。

被卢库勒斯围追堵截的米特拉达梯和提格兰逃往阿尔塔沙特（Artaxate），该城曾是亚美尼亚王国的旧都，于公元前187年建立并以建城者阿尔塔什斯的名字命名。之前的胜利不能让卢库勒斯完全满足，因此他决定在公元前68年继续追击米特拉达梯和提格兰。在这期间，不满情绪在罗马军团间蔓延，这些军团不赞同卢库勒斯处理冲突的方式。卢库勒斯尊重那些已经臣服的人，他组织当地的学校重新恢复秩序，并禁止自己的手下虐待平民。他也尽量不与小亚细亚人发生冲突，为的是避免"米特拉达梯对抗罗马"言论的散播。卢库勒斯的行为激起了其手下将士的敌意，因为许多人参战的唯一目的便是发家致富。卢库勒斯指挥军团进行艰苦的行军，并且在军中颁布了十分严苛的军规——这都让前者极度不受欢迎。卢库勒斯首先遭遇的便是军事哗变，而他在罗马也没有政治支持——因为他曾经与苏拉走得很近，最终，公元前67年的执政官马尼乌斯·阿基利乌斯·格拉布里奥（Manius Acilius Glabrio）取代了他。

米特拉达梯的罗马敌人内部局势紧张且动荡——他抓住了这次机会，马不停蹄地重夺了卡帕多细亚和本都王国。米特拉达梯再一次煽动整个亚细亚，举兵对抗罗马共和国。公元前66年，平民保民官盖乌斯·曼尼利乌斯（Caius Manilius）在公民大会前提出，有必要让庞培接管亚细亚的阵线。庞培在剿灭海盗后不久便来到了亚细亚，并接管了所有参与此次米特拉达梯战争的军队。同时他还有宣战、和谈的权力。再一次，元老院试图反对权力的集中，但无济于事。

庞培尝试以外交的方式解决罗马与米特拉达梯之间的问题，他与米特拉达梯对话并要求对方无条件投降。

显而易见，米特拉达梯拒绝了庞培的要求。在谈判期间，庞培的密使成功地与帕提亚人达成共识，两者将共同进攻亚美尼亚的东部边界——这一策略会转移提格兰的注意力，也会将他牵制住，让他无法再支援米特拉达梯。另外，米特拉达梯则深入本都王国的内陆地区避难。罗马军队的协调行动迫使米特拉达梯逃往亚美尼亚，在此地，本都国王在一场夜间战斗中再次溃败。米特拉达梯再次被迫出逃，他向提格兰请求援助。罗马人大军压境，帕提亚人也虎视眈眈——提格兰以此为由拒绝了

米特拉达悌。因此，米特拉达悌先是逃往了科尔基斯 [Colchide，位于今格鲁吉亚（Géorgie）]，后又辗转至克里米亚，但是他的儿子马卡雷斯（Macharès）在此地和罗马人结盟，并夺去了他手中的权力。米特拉达悌毫不犹豫地推翻了马卡雷斯并逼迫其自杀。

这位君主仍被庞培追捕，后者也不断要求他个人缴械投降。因此米特拉达悌试图动员整个黑海以及多瑙河流域的蛮族人来进行一场最终的抵抗。他成功地召集了3.6万人。但是为了支付军费，他提高了其

笃爱母亲者阿里阿拉特七世（Ariarather VII Philométor）之死

阿里阿拉特七世在公元前116年至公元前101年作为国王统治卡帕多细亚。他的叔叔高贵者米特拉达悌六世扶植其上位，但他勇敢地谴责后者杀害了他的父亲，年轻的阿里阿拉特也为此付出了生命的代价。

插图 老马特乌斯·梅里安（Matthäus Merian l'Ancien，1593—1650）创作的铜版画。该作描绘了阿里阿拉特七世被杀害的场景。该画作出现在约翰·路德维希·戈特弗里德（Johann Ludwig Gottfried）于1630年出版的作品《编年史》（Historische Chronica）中。

治下地区的税收。这一举措激起了人民的不满，几场叛乱也随之爆发，诸如城市法纳戈里亚（Phanagoria）、克森尼索（Chersonèse）和费奥多西亚（Théodosie），都纷纷反抗米特拉达悌。米特拉达悌的怒火变成了纯粹的嗜血疯狂行为。他还向自己的家人发泄自己的怒气，最终他最喜欢的儿子法尔奈克（Pharnace）也忍无可忍，率领叛军围攻了自己父亲的宫殿。米特拉达悌终于意识到自己大势已去，他逼迫妻子和儿女自杀，自己也在不久后自杀。公元前 63 年，自迦太基被毁灭以来，罗马最可怕的噩梦持续了 25 年之久，终于谢幕了。

米特拉达悌溃败及身死之后，庞培取得了另一番令人叹服的胜利：他一举将本都王国和比提尼亚王国合并成罗马的一个新行省，由此拓宽了罗马东部边界——借助这一优势，庞培强化了罗马在叙利亚的影响力：他击败了叙利亚的国王安条克十三世（Antiochos XIII）（卢库勒斯在击败了提格兰之后立安条克十三世为叙利亚国王）并将该地变为罗马的新行省。

庞培在地中海东岸逗留期间，还参加了在犹地亚（Judée）爆发的马加比（Maccabées）王朝内战，希尔卡尼（Hyrcan）和阿里斯托布鲁斯（Aristobule）为夺取王位争战不休。罗马将领选择与希尔卡尼的法塞利人并肩作战，而阿里斯托布鲁斯和他的撒都该人只能丢盔卸甲，将耶路撒冷拱手让给了庞培的军队。诚然，一些撒都该人也试图从耶路撒冷圣殿的内部进行抵抗，但庞培围攻了圣殿——这为他的赫赫功绩又添了一笔。犹地亚也被并入了罗马的新行省叙利亚，而神庙中耀眼夺目的奇珍异宝都落入了罗马征服者的手中。在征服了东方世界的大部分地区之后，各种荣耀加身的庞培于公元前 62 年返回了罗马。

喀提林谋反

庞培在外征战期间，共和国则在等待着对著名政治人物卢基乌斯·塞尔吉乌斯·喀提林（Lucius Sergius Catilina）进行严厉的公开审判。该人被指控曾在公元前 64 年的执政官选举过程中企图谋害他的政敌，律师兼雄辩家马尔库斯·图利乌斯·西塞罗 [Marcus Tullius Cicero，即西塞罗（Cicéron）]。

西塞罗无疑是罗马共和时代最为杰出人物之一。作为那个时代的著名学者和政

卢基乌斯·塞尔吉乌斯·喀提林：谋反者的嘴脸

贵族出身的喀提林在苏拉独裁时期，通过抓捕被剥夺身份的人累积了大量财富。苏拉去世之后，他开启了一段从未真正腾飞的政治生涯。

卢基乌斯·塞尔吉乌斯·喀提林作为罗马最有名的阴谋家之一，在历史中留下了他的大名。在公元前 65 年的执政官选举之际，他便成功开展了第一番破坏行动。因有人指控喀提林的非洲行省总督政府滥权，因此他没有资格参加选举，于是他便和其他公民着手展开政变的第一步。他们的计划便是在新上任的执政官的就职典礼上将其杀害，并用自己的同党取而代之——这样一来，一些元老便会被清除，克拉苏也会被任命为独裁官，而恺撒也将会成为克拉苏的左膀右臂。不过，这个最初的阴谋从未实现。但喀提林没有因此放弃，两年之后，他再次谋划发动政变。

插图 人们想象中的喀提林青铜胸像（创作于 1889 年，现藏柏林旧国家美术馆）。

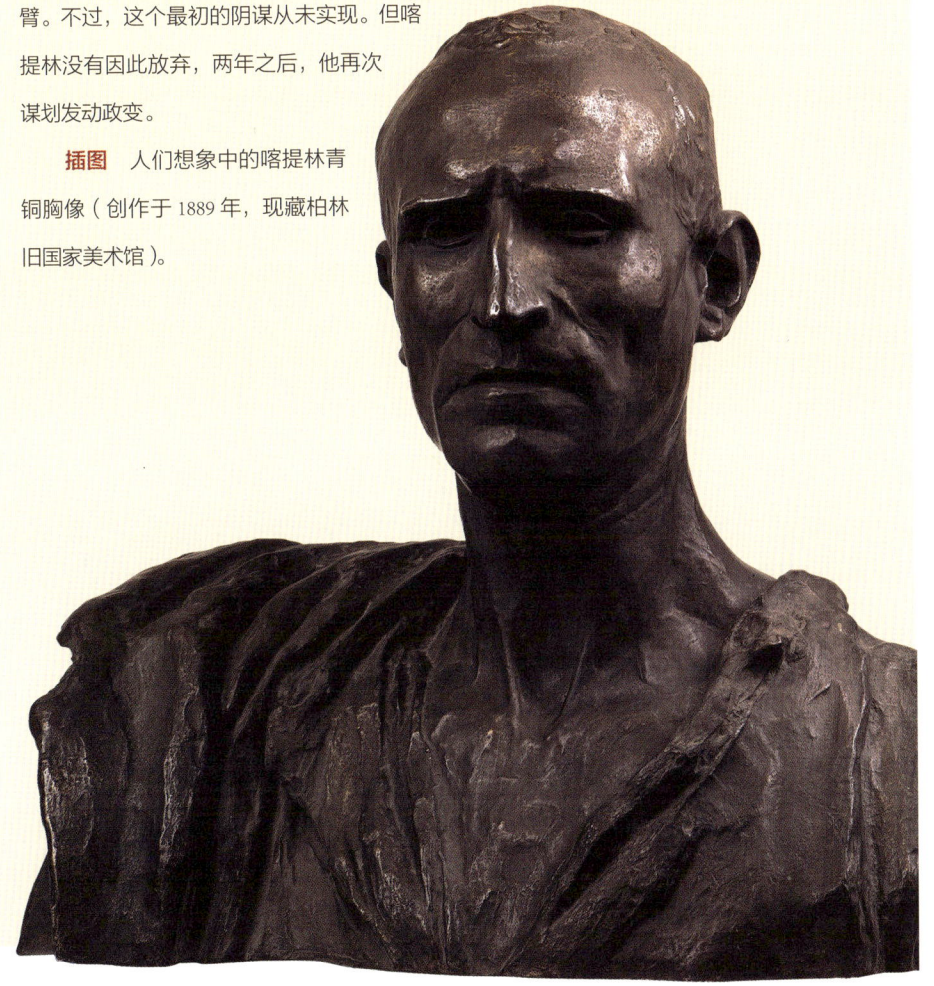

治名家的西塞罗,出身一个骑士家族。同盟者战争期间,西塞罗曾在苏拉的麾下与年轻的庞培并肩作战,但得益于他高超的雄辩术,他最大的成就还是在政治领域。公元前80年,西塞罗发表了一篇名为"为若斯奇乌斯·阿美瑞努斯辩护"(*Pro Roscio Amerino*)的演说,旨在严厉抨击苏拉的独裁统治。这番演说为他赢得了好名声,人们称赞他是一位坚定而勇敢的政治家。他政治生涯的第一个荣耀时刻出现在公元前70年,时值西西里行省的前总督盖乌斯·李西尼乌斯·韦雷斯(Caius Licinius Verres)受审。在庞培和克拉苏同时担任执政官、元老院权力纷争不断的大背景下,韦雷斯被指控贪污腐败并且控制了其管辖的行省。在诉讼过程中,作为西西里人代表的西塞罗还指控韦雷斯支持谋反者,因为后者曾为卢基乌斯·马奇乌斯和卢基乌斯·法尼乌斯提供船只,而这两者同为米特拉达悌派去与塞多留磋商的密使。西塞罗的演说如此铿锵有力,因此尽管韦雷斯有当年最出名的律师兼雄辩家昆图斯·荷尔顿西乌斯·霍达鲁斯(Quintus Hortensius Hortalus)为其辩护,但还是难逃被流放到马赛的命运。这场完全没有预料的胜利为西塞罗的政治生涯做出了极大的贡献,随后西塞罗在公元前69年担任裁判官,又于公元前66年担任市政官。那时,正值庞培对抗米特拉达悌,而西塞罗也加入了那些为庞培争取绝对军事力量的人的行列。公元前64年,民心所向的西塞罗参加了执政官竞选,而他的对手正是喀提林。

卢基乌斯·塞尔吉乌斯·喀提林曾是苏拉忠心耿耿的支持者。得益于那位独裁者提出的剥除身份的法令,喀提林才能够富裕起来。苏拉也让他在公元前68年能够担任非洲行省的总督,任期两年。返回罗马后,喀提林决定竞选公元前65年的执政官。但来自非洲行省的一支使团指控喀提林政府存在腐败行为,喀提林竞选的事宜只好作罢。尽管没有明确的证据,但历史学家认为,当时的喀提林已经在和一些其他的政客秘密谋划第一次政变了。

喀提林在彻底地洗清了关于他腐败的指控之后,便准备参加公元前63年的执政官选举。他决定将自己的竞选亮点集中在对自己的纯平民派政策的宣传上,因此这让他失去了罗马贵族的支持。罗马贵族最终选择了声望相较喀提林来说并不高的西塞罗。最终西塞罗和盖乌斯·安东尼·希布里达(Gaius Antonius Hybrida)一同

担任执政官。喀提林的抱负再次被挫败了，但他没有就此说过一句话。次年，他再次出现在执政官参选者的行列，并试图重塑一个为人民发声的领导者的形象。

十分不幸的是，所有参与过苏拉谋划的暴力镇压的人都会被起诉，喀提林也遭到牵连。因此喀提林第二次被起诉。尽管他在诉讼过程中洗清了罪名，但其形象已是严重受损，想要恢复也是难如登天。因此在公元前 62 年的执政官竞选中，喀提林的政治野心也同样被清零了。这次当选的两位执政官是卢基乌斯·李西尼乌斯·穆雷纳和迪基姆斯·尤尼乌斯·西拉努斯（Decimus Iunius Silanus）。

喀提林已经下定决心要夺取权力了，他开始着手寻求那些对自己在共和国中处境不满的人的支持：负债的平民、身

阴谋家的盟约

喀提林和一群来自元老阶层和骑士阶层的不满人士在共同酝酿阴谋。尼克拉·卡萨纳（Niccolò Cassana, 1659—1714）创作的巴洛克风格油画中的细节。据说该画作临摹的是那不勒斯诗人、讽刺作家兼造型艺术家萨尔瓦多·罗萨（Salvatore Rosa, 1615—1673）的作品（现藏佛罗伦萨卡萨马特利博物馆）。

《反喀提林演讲》（*Catilinaire*）：西塞罗揭露阴谋

西塞罗以其卓绝的雄辩才华名留青史。在以决定性的姿态挫败了喀提林的阴谋之后，西塞罗又草拟了四则《反喀提林演讲》。他想让其同僚见证阴谋的全貌，也想借机威慑那些谋反者。

西塞罗的《反喀提林演讲》仍旧是一个强有力的佐证：语言在面对兵刃时也能拥有强大的力量。聆听演讲的人可以身临其境地感受事情发生时的紧张气氛，还可以明确西塞罗在说服元老院议员时采用的话术——他让元老院议员感到明显有必要采取措施来挫败喀提林的阴谋。第一则《反喀提林演讲》中，面对着谨小慎微的喀提林的西塞罗，选择用那句著名的话来吸引元老的注意力："你到底要滥用我们的耐心到什么时候，喀提林？"这样一来，他瞬间就将喀提林列为了祖国人人喊打的敌人。在第二则《反喀提林演讲》中，西塞罗向罗马的居民告知谋反者的行动，以壮大自身支持者的队伍。在第三则《反喀提林演讲》中，他扮演了忠诚而骄傲的罗马的守护者的角色，以彰显和庆祝他本人作为阴谋的挫败者为罗马做出的贡献。在作为结尾的第四则《反喀提林演讲》中，西塞罗因其执政官的身份而无法发表自己的观点，但他巧妙地通过话术来暗示自己的立场。一直到今天，西塞罗充满技巧性的文字仍旧被用作各种讲话和演说的参考。

插图 由画家兼蚀刻版画家切萨雷·马卡里（Cesare Maccari，1840—1919）创作的壁画《西塞罗声讨喀提林》（*Cicéron démasque Catilina*）（现藏罗马宫）。

无长物的农民——换言之就是所有的穷苦人士，他们认为政变可以解决他们的问题。军事起义的日子已经定了下来。盖乌斯·曼利乌斯（Caius Manlius）将率领起义军，他曾是苏拉的手下，一直在伊特鲁里亚的城市菲索莱 [Faesulae，今菲耶索莱（Fiesole）] 待命。喀提林在伊特鲁里亚笼络了大量的盟友。喀提林的原计划是：起义将迅速波及整个罗马，而他则会刺杀西塞罗继而夺取权力。但有一名参与谋反的人叫昆图斯·库里乌斯（Quintus Curius），他警告西塞罗将有危险，后者才算逃过一劫。第二天，西塞罗召

集了元老院会议,并以一番令人记忆深刻的慷慨陈词揭露了喀提林的阴谋。喀提林傲慢地驳斥了这一指控,但不久之后就离开了罗马城并在菲索莱加入了曼利乌斯的军队。而在这一时期,谋反者也在寻求新的支持,他们在高卢部族阿洛布罗基人的使节前往罗马时,向他们透露了谋反的细节。阿洛布罗基人告诉了西塞罗谋反的事情,后者也得以将谋反的细节记录下来,这样一来他们就能逮捕谋反者并将其治罪。尽管喀提林已经知晓那些同谋者的命运,但他仍旧选择留在菲索莱,并率领军队与罗马军队殊死一搏。公元前62年

三头同盟

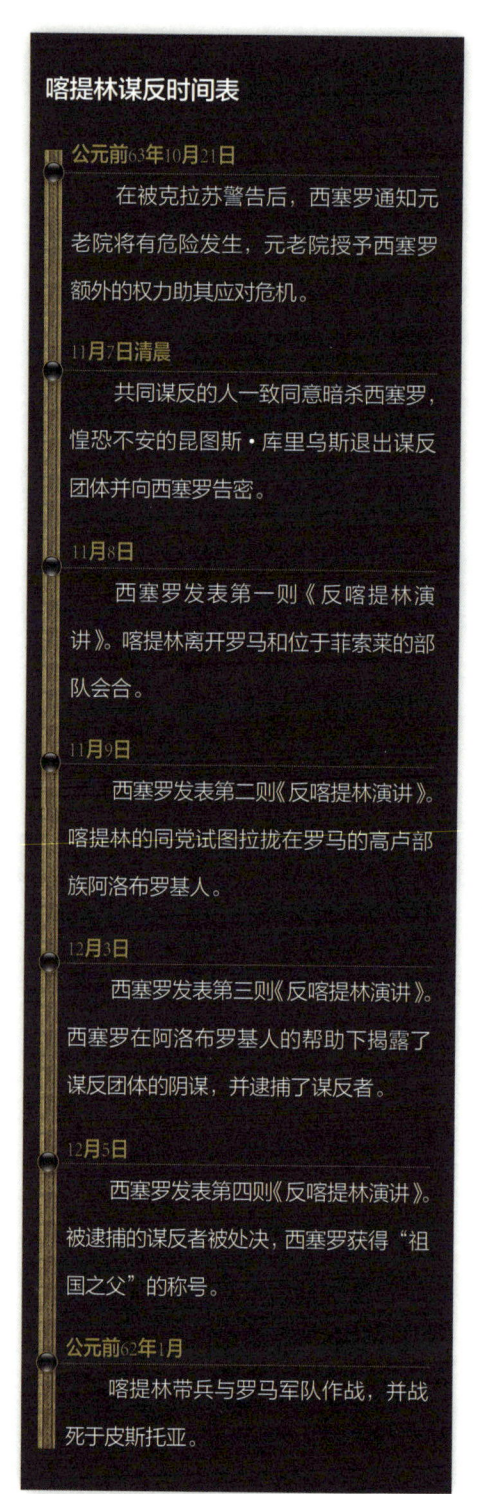

> **喀提林谋反时间表**
>
> **公元前63年10月21日**
> 在被克拉苏警告后,西塞罗通知元老院将有危险发生,元老院授予西塞罗额外的权力助其应对危机。
>
> **11月7日清晨**
> 共同谋反的人一致同意暗杀西塞罗,惶恐不安的昆图斯·库里乌斯退出谋反团体并向西塞罗告密。
>
> **11月8日**
> 西塞罗发表第一则《反喀提林演讲》。喀提林离开罗马和位于菲索莱的部队会合。
>
> **11月9日**
> 西塞罗发表第二则《反喀提林演讲》。喀提林的同党试图拉拢在罗马的高卢部族阿洛布罗基人。
>
> **12月3日**
> 西塞罗发表第三则《反喀提林演讲》。西塞罗在阿洛布罗基人的帮助下揭露了谋反团体的阴谋,并逮捕了谋反者。
>
> **12月5日**
> 西塞罗发表第四则《反喀提林演讲》。被逮捕的谋反者被处决,西塞罗获得"祖国之父"的称号。
>
> **公元前62年1月**
> 喀提林带兵与罗马军队作战,并战死于皮斯托亚。

年初,叛军在皮斯托亚被罗马军队击败,喀提林被杀,叛乱就此落下帷幕。

根据史实记载,喀提林的所有反叛行径确实危害到了共和国。但也是喀提林的谋反成就了西塞罗,后者获得了"共和国的救主"的美名并且声名远播。在成功地挫败了喀提林的阴谋之后,西塞罗还获得了"祖国之父"(père de la patrie)的头衔,这是一项殊荣,并且在日后将是皇帝的专属。然而,喀提林的事件成了共和政体分崩离析之际政权和军队沆瀣一气的又一个例子——这表明了任何能动员军队的个体都能够推翻宪法秩序。共和国的远处传来战争的号角声,而共和国的根基已是摇摇欲坠。

初出茅庐的尤利乌斯·恺撒

喀提林被指控后发生的一系列事件让西塞罗能够跻身罗马历史中的伟人行列。然而,直到那时,有一位更为杰出的政治伟人还没有出现在公众视野中,但此人不久便会声名鹊起,他的名字便是盖乌斯·尤利乌斯·恺撒(Caius Julius Caesar)。

恺撒一开始便是民主主义潮流的杰出代表。恺撒出生于约公元前100年,是贵族尤利乌斯家族的一员。人们认为尤利乌斯家族是罗马建城者埃涅阿斯（Énée）的后代，故而该家族也是阿芙洛狄忒（Aphrodite）或维纳斯（Vénus）[28]的后人。恺撒是盖乌斯·马略的姻亲，因为他的姑姑尤利娅嫁给了这位平民派的老将军。恺撒本人则娶了科涅莉亚（Cornelia），后者是马略的支持者秦纳的女儿。苏拉曾试图强迫恺撒离婚，但后者拒绝了他。恺撒的这番反叛让独裁者大为震怒，因此他不得不远远地逃离罗马躲起来。得益于众多支持者的介入，恺撒得到了苏拉的宽恕并可以安全地返回罗马，毫无性命之虞。这一段插曲让他拥有了良好的风评，人们都认为他正直而坚定。

共和国在苏拉的独裁统治下度过了一段艰难的时期，苏拉决定通过禁令来剥除一部分人的公民身份。恺撒离开了意大利前往亚细亚行省开启他的军事生涯，他成为马尔库斯·米努西乌斯·色穆斯（Marcus Minucius Thermus）麾下的军团长，而色穆斯则是听命于穆雷纳的资深裁判官。第二次米特拉达梯战争之后的这一时期，整个地中海东部的局势严重不稳。因此恺撒作为军事使节被派往比提尼亚的宫廷。在此地，恺撒和尼科美德四世建立了深厚的友谊。有传言称他们是恋人关系。无论这段插曲是真实的，还是人们臆想的，这一绯闻还是纠缠了恺撒很长一段时间，他的敌人都称他为："所有女人的丈夫，所有丈夫的女人。"但这并没有对他的事业构成阻碍，因为在古罗马，只要同性恋行为不违背社会惯例，那么人们就不会谴责这些行为。

苏拉去世后，恺撒回到罗马。恺撒先后担任了各种公职，这使他有机会接触到当时最有权势的两个人，即克拉苏和庞培。庞培最终走上了平民派的政治路线，这使得这三个人的关系更加近了。这三个人相辅相成：庞培和克拉苏拥有大量的财富和产业，并且手握兵权，而恺撒则在平民阶层中非常受欢迎。公元前65年，恺撒在担任"有资格座椅的"市政官（édile curule）[29]的时候，组织了许多盛大的表演，为了保证资金的充裕，他甚至投入了大量私人的财富，当然也因此负债累累。不过这一行为帮助他拓宽了事业的道路。他除了赢得了人民的支持，也拥有了作为

---

[28] 传说中埃涅阿斯是爱神阿芙洛狄忒（希腊爱神）的儿子，阿芙洛狄忒相当于罗马神话中的维纳斯。——译者注

[29] 市政官一半来自平民阶层，一半来自贵族阶层。来自贵族阶层的市政官是"有资格座椅的"。所谓"座椅"指的是贵人凳（Siège curule），是权力的象征。——译者注

三头同盟

尤利乌斯·恺撒的罗马银币

银币正面上的罗马政治家似乎头戴象征胜利的月桂花环，而恺撒半身像的后方是一柄"辛普鲁姆"（Simpulum），即一种用于宗教仪式的长柄勺子，同样还出现了螺纹权杖（lituus），即一种顶端极度弯曲的权杖，暗示了恺撒曾任职大祭司。硬币的背面是维纳斯，她左手持胜利女神雕像，右手握着权杖。恺撒自称是维纳斯的后代。

政治领导人的某种意义上的正统性。

一些研究表明，庞培和克拉苏本应参加公元前65年由喀提林谋划的第一次政变，后者希望共和国臣服于他的意志。谋反者的策略是先行刺杀公元前66年当选的执政官，这样喀提林的支持者和同盟便能上台，那么克拉苏便会担任独裁官，而恺撒则会出任骑兵长官。阴谋的失败，将所有的后续情节都扼杀在萌芽状态，而我们也无法了解整个阴谋的细节了。

然而，这两位杰出的政治人物（克拉苏和恺撒）和喀提林狼狈为奸的流言还是传开了。而这段插曲也许能够解释公元前63年至公元前62年喀提林的阴谋败露后恺撒所持的立场。在逮捕了叛乱的主要煽动者之后，西塞罗召集了元老院成员以进行一次简短的审判。之所以如此仓促，是因为当那些希望看到发生政变的人——无数的穷人、被解放的奴隶，甚至是城市的手工业者——目睹了喀提林的失败后，极有可能叛乱。不过审判程序是否合规也成了一个问题，因为元老院没有任何宪法职权。庭审在十分紧张的氛围中展开了。执政官迪基姆斯·尤尼乌斯·西拉努斯认为，谋反者不应该被流放，而应该被直接处死——通常情况下就是这么处理的，大部分的元老院议员也同意这一观点。对于很多人来说，流放不是一种有效的惩处方式，对于那些被流放的罪人来说，也没有什么能改变他们再次威胁国家安全的企图。尽管几乎所有人员都一致认为应将谋反者处以死刑，但恺撒反对实施这一刑罚，他通过演讲成功说服了大部分元老用更宽大的态度来看待这些谋反者。

然而，他挽救那些罪人生命的努力却是徒劳的。马尔库斯·波尔基乌斯·加图 [Marcus Porcius Cato，日后的小加图（Caton d'Utique）] 和西塞罗的演讲更具有决定性的意义，

共和国的捍卫者

马尔库斯·图利乌斯·西塞罗通常被人们称为西塞罗,在任何时代都被认为是最伟大的演说家。他以坚实的哲学背景为基础,也有无人可比拟的激情——西塞罗一直在修辞学的历史中占有一席之地。西塞罗出身一个平民家庭,在罗马,他师从诸多当时伟大的哲学家和法学家,例如他曾深受希腊哲学家拉里萨的费隆(Philon de Larisse)的影响。西塞罗在从事律师工作期间继续完善自己,并因其发表的法律演讲《反韦雷斯之辩》(Verrines)[30]而为人们所熟知。他卓绝的雄辩术也为他的政治生涯贡献良多。然而,他最宝贵的财富也为他招致了祸端,正是他为反对马克·安东尼而发表的《反腓利比克之辩》(Philippiques),让他在公元前43年付出了生命的代价。

插图 通常被认为的西塞罗半身像(现藏佛罗伦萨乌菲兹美术馆)。

西塞罗留给后世的遗产

尽管西塞罗身上总不乏批评的声音,但他的杰作仍可称作是西方文化的支柱之一,尤其自文艺复兴时期起,带有注文的西塞罗作品开始发行并广为流传。

插图 16世纪出版的拉丁文版本的西塞罗书作(现藏巴黎阿森纳图书馆)。

[30] 即上文中出现的盖乌斯·李西尼乌斯·韦雷斯。——译者注

■ 三头同盟

前三头同盟中杰出的人物

体制危机使共和国的局势变得极其微妙，在这样的背景下，罗马最有权势的个体秘密地结盟，以控制罗马的公共生活——用作家瓦罗（Varron）的话说，属于那个时代的"三头怪物"便这样诞生了。然而，三头同盟很快便有了疲软的迹象。

尽管三头同盟的成员间存在着竞争关系，但对他们来说，结盟是唯一能直面元老院权威的方式，而元老院则下定决心打压任何有进步主义倾向的行为。因此，三位成员各怀心思，但迫于形势，他们还是集合在了一起。

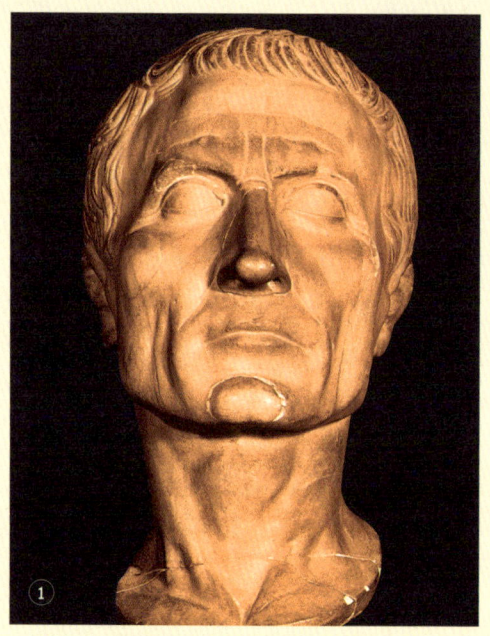

① **恺撒** 恺撒支持者的数量比起他的同人还是较少，但由于他不久前在远西班牙取得了胜利，因此人民对他颇为爱戴。恺撒的姑母嫁给了马略，因此他便是这位已故将军的侄子了，由此他便和平民派产生了联系。有了庞培和克拉苏的支持，恺撒才能够在公元前59年出任执政官。上图为通常被认为的恺撒半身像（现藏比萨主教座堂博物馆）。

他们最终说服了所有参与审判的人员判处谋反者死刑。尽管恺撒没有达成他的目标，却在这次审判过程中崭露头角，这次机会也让他能够在元老院证明自己的演讲才华和出色的政治才能。

前三头同盟

公元前62年，从东方的战场返回的庞培发现共和国面临着新的难题——这些难题让人不禁想起曾经

②**庞培** 在与塞多留、米特拉达梯以及海盗的战斗中，庞培表现出了极高的军事天赋，而他也因此获得了无数荣耀并声名鹊起。不过，他还是需要恺撒来帮助他通过土地改革法案，根据该法案，他能够将土地分配给他的军团，并且他也需要恺撒的批准以对东方的行省进行改组。上图为通常被认为的庞培半身像（现藏威尼斯考古博物馆）。

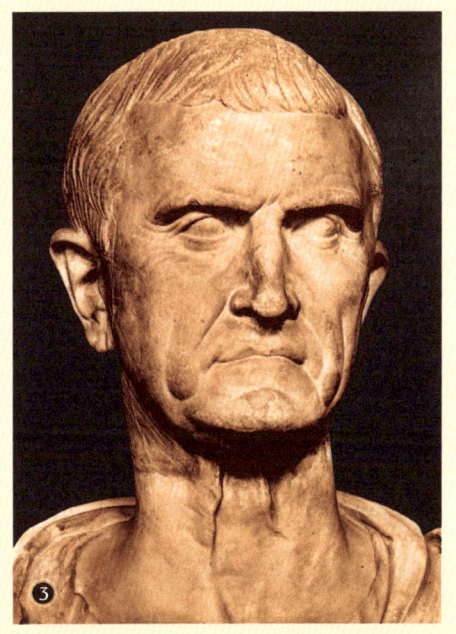

③**克拉苏** 他曾是罗马最富有也最具影响力的人——尤其在元老院成员的圈子以及骑士阶层中。克拉苏指望恺撒能帮他通过一项法案，根据该法案，包税人团体可以用少量税款来换取在亚细亚行省的征税权，这样也能帮助克拉苏增加个人财富。上图为通常被认为的克拉苏半身像（现藏巴黎罗浮宫）。

的贵人派与平民派之间的斗争。但是，这次斗争的背景和苏拉独裁统治前的背景有所不同。

这一次，是克拉苏或庞培一样强大且果决的军事权威严重影响了共和国政府内部传统的权力分配。共和政体的根基已经开始动摇，并且十分可能就此崩溃。

在战胜了米特拉达梯和马加比王朝之后，元老院允许庞培在罗马的街头举办一场盛大的庆典——然而，这也是元老院对这位既受人追捧又负有盛名的将军做出的唯一让步了。

实际上，元老院并不看好庞培自由管辖亚细亚行省的方式：当庞培管理该地区时，他自负且随心所欲地对当地政府进行了重组，完全没有请示元老院。毫不意外，元老院没有批准庞培在东方实施的举措，因为前者认为每一项措施都应该被反复讨论。庞培在回到罗马后展现出了极大的善意，尤其是他一抵达意大利就解散了他的军队，但这并不足以扭转当下的局势——事与愿违，庞培的政敌将他的这番举动理解为力量薄弱的体现，这让庞培在元老院失去了应有的分量。由于罗马的城门前没有了军队，元老院自认为更加强大，也更加自信了。元老院的冷淡态度，让庞培怒火中烧，于是他马不停蹄地寻找新的盟友，以让元老院臣服在他的意志之下。

公元前 61 年，负责在行省中征收税金的包税者团体向元老院提出要求：为了换取在亚细亚行省征税的权力，他们必须向国库缴纳一定数额的税金，而包税者希望元老院降低税金的门槛。毫无疑问，元老院的拒绝对恺撒来说是个意外之喜，因为他本身就持和元老院相对的立场，外加此前他在远西班牙（Hispanie Ultérieure）打了几场胜仗——在公元前 59 年的执政官竞选中，这为他吸引了大量骑兵的支持。然而，仅凭骑士阶层的支持还不足以保证他能够在竞选中胜出。因此，恺撒开始劝说克拉苏和庞培与其结盟，三人便可以保证将共和国的控制权握在手中。自相矛盾的是，恺撒作为马略的侄子，也是平民派的领导人，本应怀揣敌意地对抗克拉苏与庞培，因为这两者同为苏拉的狂热追随者，也是其政治纲领的继承者。为了更好地理解恺撒的行为，我们应该记住，在不同党派相互倾轧的背景下，这场长达半个世纪的政治博弈本身就不可能通过一次斗争便一锤定音。政治个体的时代已经取代了政治团体的时代——至少恺撒关于结盟的行为似乎能够表明这一点。基于"政治友谊"概念的恺撒、庞培与克拉苏三者的联盟，应该能够让他们免于遭受潜在的威胁，也能够保证他们实现对罗马政局的有效控制。

几番接触之后，三头同盟秘密地成立了。该同盟旨在阻止任何危及任一成员利益或违背任一成员意志的公共政策的实施。这一联合方针也可以视作这三者对元老院很大一部分成员的回应——他们冥顽不灵，刻薄地反对一切，并且对任何具有改良主义精神的进步人士都持有敌意。克拉苏、庞培和恺撒这三位人物都是荣耀傍身，在加上他们各自的政治声望都很高，因此他们很容易招致罗马精英团体的忌妒和怨恨，这些人也坚决反对三头同盟提出的各种提案。这些反对者毫不犹豫地挑起事端，并推选小加图的女婿马尔库斯·卡尔普尔尼乌斯·比布鲁斯（Marcus Calpurnius Bibulus）为公元前59年的执政官，此人也是恺撒的死敌之一。这种态度，只会让三头同盟每位成员的信念更加坚定：他们比任何时候都更需要紧密地团结在一起。

恺撒执政

三头同盟的第一个目标轻而易举地达成了，这归功于恺撒享有很高的声誉。恺撒上任之后便提出了土地法案，旨在建立新殖民地，以及明确意大利罗马行省中公有土地的分配。尽管十分有可能的是，恺撒提出这条法案的初衷是为了解决意大利人口的贫困问题，庞培及其麾下才退伍不久的老兵也能从这项举措中大大获益。恺撒以一个彻头彻尾的求和者姿态展示了他的意图，以求法案最终能够通过。比布鲁斯和元老院反对该提案，因为他们不能从此类举措中获益。鉴于在元老院中无法达成共识，恺撒直接将他的提案呈交给了公民大会，这大大地激怒了元老院集团。比布鲁斯竭尽全力阻止立法流程的进行，他不仅阻挠各种会议的召开，甚至改变了日程表——这样投票活动就不能举行了。正当恺撒在古罗马广场发表演说之际，比布鲁斯则毫不犹豫地前往演讲现场，企图用武力解散集会。庞培手下的退伍军人迅速做出回应：他们愤怒地对比布鲁斯和小加图做出反击，并将这两者赶出了古罗马广场。恺撒关于土地的提案最终被投票通过，而庞培和克拉苏则被推选为负责组织土地分配委员会的成员。

土地法颁布后，恺撒成功地让元老院批准了庞培征战期间在地中海意欲采取的举措。他还替包税者争取到了税款的减免，这样包税者只要缴纳原先税金的三分之二便能够换取亚细亚行省的征税权了。这一系列的举措，让恺撒能够得到盟友的支持，同时也彰显了三头同盟对共和国的掌控力。

维斯塔贞女，罗马繁荣昌盛的保障

维斯塔（Vesta）[31]的女祭司更多地被人称作维斯塔贞女，她们是圣火的守护者，也被视作罗马繁荣昌盛最根本的象征。她们在罗马的宗教世界扮演着最为重要的角色，因为她们的机敏意味着灶火会永不熄灭——好运会永远眷顾罗马。

女神维斯塔的雕像屹立在罗马万神殿的底端。尽管十分明显的是，维斯塔似乎与希腊女神赫斯提亚（Hestia）有关联，但她在罗马社会中扮演的角色似乎远比那位希腊的与她性质相同的女神重要得多。其证明便是，罗马赋予了维斯塔贞女社会文化的重要职能：这6名年轻的处女会将她们的一生都奉献给维斯塔女神，她们负责照看在维斯塔神庙中永远燃烧的圣火。维斯塔神庙是罗马最为古老的神庙之一。人们通过抽签的方式选出维斯塔贞女，因为有些父母不会自愿地将自己的女儿奉献出来。在共和国时期，维斯塔贞女都来自贵族家庭。维斯塔贞女必须在6岁之后、10岁之前开始履行自己的义务，她们必须供奉女神30年。此后她们便可以结婚了。她们通常披着头纱，手持一盏永远亮着的灯，这象征着她们对圣火的守护。

右图为古罗马广场中维斯塔贞女住所的庭院。左图为带有底座的巨大维斯塔贞女雕塑，其历史可追溯到塞维鲁王朝（époque sévérienne）时期之前的公元191年。

面对这种情况，比布鲁斯决定退出政坛，他回到自己的家中并一直隐居到其执政官任期结束。比布鲁斯也仅能发表一些有煽动性的言论来表示对恺撒的反对，或者援引一些不祥的占卜结果来使后者身败名裂。

在比布鲁斯退出政治舞台之后，恺撒面前已然没有太多阻碍了。现在的恺撒可以着手进行他规划好的、意义深远的各项改革了。他推行反腐败措施，这些措施针对的主要是行省的总督，他希望能让这些人不再倒行逆施，这样也能平息罗马治下人群的不

---

[31] 古罗马的炉灶和家庭女神。——译者注

满。他同样承诺，元老院颁布的所有规定以及政令都会像公民大会的决定一样公开透明。这一首创让罗马大众都能熟悉罗马法律的语料库——这无疑产生了积极的影响。最后，恺撒允许贵族普布利乌斯·克劳狄乌斯·普尔喀 [Publius Claudius Pulcher，即克洛狄乌斯（Clodius）][32] 加入一个平民家族，如此后者便可以参加公元前 58 年平民保民官的选举。恺撒这番令人惊讶的宽宏大量可以这么解释：这次的保民官选举结果将对三头同盟大有裨益。平民保民官能让三头同

---

[32] 该人主动放弃其贵族权利，其姓氏由贵族姓氏"克劳狄乌斯（Claudius）"变为平民姓氏"克洛狄乌斯（Clodius）"。——译者注

▰ 三头同盟

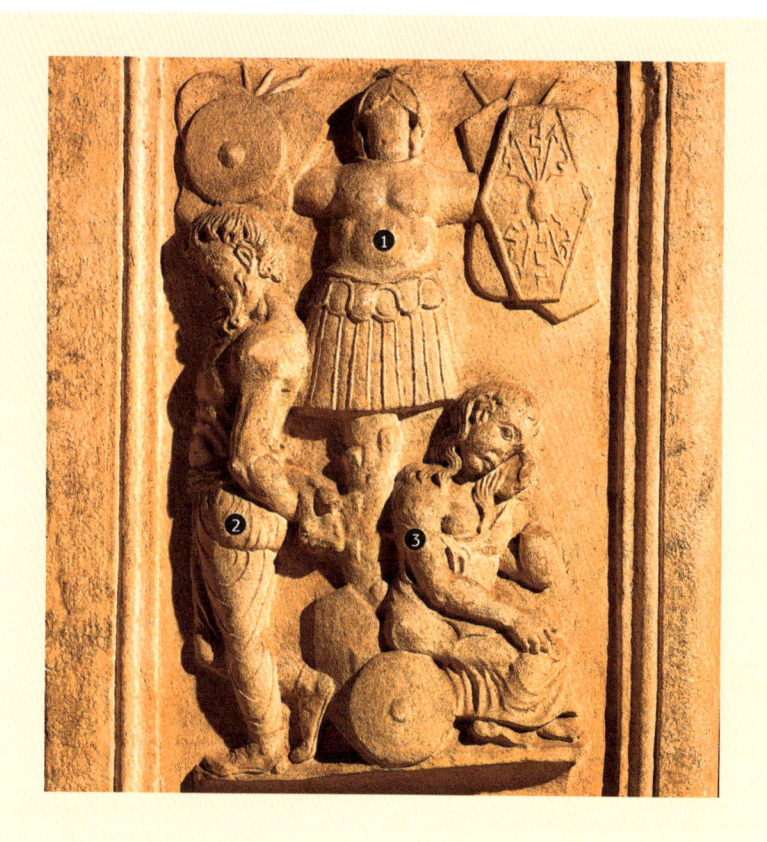

征服后的战争纪念品

罗马人十分重视军事上的胜利——他们认为这是一件神圣的事情。他们常常会为一场胜仗竖起纪念碑，并且对自己的凯旋夸夸其谈。一场胜利还能让英雄为大众所熟知，这对他们的政治生涯大有裨益。

纪念碑上的浮雕向人们诉说了战役胜利后的伟大时刻——它们同样见证了征服者与被征服者之间的关系。

插图 普布利乌斯·克洛狄乌斯·奎利那雷（Publius Clodius Quirinalis）纪念碑中的细节详述了上文所提到的征服者与被征服者间的关系（现藏罗马文明博物馆）。①**浮雕中的人像**。最初，人们也会展示出战败首领的武器。②**蛮族**。战俘会跟在征服者的凯旋列队后游街示众。③**俘虏**。妇女也饱受战争的折磨。她们是暴力行为——尤其是性暴力行为——的受害者，此外她们也常常被卖作奴隶。奴隶贩售在古代是一种利润可观的交易。

盟有效地制约元老院的权力。

恺撒担任执政官的时期也是"秘密联盟"三头同盟的巅峰时期，但恺撒和庞培间的敌对情绪也在这一时期越发高涨——这便解释了庞培在随后的行省分配问题中所持的立场。为了让恺撒远离罗马，也为了降低其在罗马政坛中的知名度和影响力，元老院将两个不重要的行省授予了公元前59年的执政官。显而易见，恺撒对元老院的这一举措极为不满，因为这样一来，他的宏伟军事蓝图便无法开展。立即有人回应了元老院的举措，一位恺撒的支持者（也是平民保民官）向公民大会提出了一项提案，旨在驳回先前关于行省分配的举措，并授予恺撒对山南高卢和伊利里亚五年的管理权，同时还让恺撒成为三个罗马军团的总指挥官。公元前59年末，在庞培的干涉下，元老院甚至将山北高卢的管辖权也让给了恺撒政府，还额外送给他一个军团——这样庞培就能让恺撒与其保持距离了。庞培还预料到，在一个好战的以针对罗马的权威发动数场起义而闻名的行省中，恺撒应该会忙得不可开交。野心勃勃的恺撒远离了罗马，庞培便能就他任何微小的失误大做文章，也能毁掉恺撒赖以为生的强大的民众支持。恺撒很大一部分的敌人应该都会觉得，他的政治前途已是黯淡无光。

恺撒的盟友克洛狄乌斯

恺撒不得不前往那些被分配给他的行省中实施管理——他离开罗马已是既定的事实，但这绝不意味着他会将自己的政治利益拱手让给敌人，也绝不会忘记他与诸如西塞罗一般的杰出政治人物之间的争端。不过，他确实需要一位盟友在他离开罗马期间帮助他执行计划——他找到了克洛狄乌斯，后者能够当选公元前58年的平民保民官，纯粹归功于三头同盟的干预。

克洛狄乌斯是一个制造麻烦的人物，也被卷入诸多丑闻之中。其中一桩丑闻是人们在恺撒家为良善女神（Bona Dea，妇女的守护神）举办庆典之际爆发的。庆典期间，尽管已经明令禁止男性入场，克洛狄乌斯还是设法乔装成了一位女性，成功混入庆典——他意欲勾引庞培亚·苏拉（Pompeia Sulla），后者是恺撒的第二任妻

图斯库鲁姆

图斯库鲁姆坐落于巴尔干山脉的斜坡上，距今天的城市弗拉斯卡蒂约 6 千米，是一些杰出的贵族家族的发源地，例如马尔库斯·波尔基乌斯·加图 [Marcus Porcius Cato，即加图（Caton）]。在共和国末期，图斯库鲁姆成为具有一定等级的罗马人的特权聚居地，例如西塞罗，他便是在其位于图斯库鲁姆的别墅中写下了《图斯库勒论辩》（Tusculanes）。

子，也是前任独裁官苏拉的外孙女。克洛狄乌斯被发现并被绳之以法。然而，恺撒没有出示任何针对他的证据——不过他也利用这次机会和庞培亚离婚了，也为日后克洛狄乌斯能为他所用埋下了伏笔。

克洛狄乌斯当选保民官后，迅速引来了元老院党徒的敌视。实际上，他的周身环伺一群危险的煽动者，这些人正是多起恶性事件的主谋。也正因如此，克洛狄乌斯迅速成为罗马街头的统治者。此外，他的多种行为很快便被认定为损害元老院的利益。激进的克洛狄乌斯颁布了一系列遵从平民派政治路线的法案，例如他向最贫困的群体免费分发面包，再如他通过了一项法案，即任何事先未经审讯便处死公民的行政官，会被处以流放之刑。尽管他没有提及任何人的名字，但这项举措针对的明显是西塞罗，后者曾要求立即处死参与喀提林谋反的共犯。出于谨慎考虑，西塞罗选择不等该法案被投票表决便前往马其顿行省寻求庇护。不久，西塞罗被处以流放之刑，他在罗马的财产被没收，房屋被烧毁。

克洛狄乌斯便开始对付小加图了，后者也是其反对者的领袖。他任命小加图为塞浦路斯行省的大使，并强迫他前往这个罗马的新行省。得益于其助手的精心设计，恺撒终于摆脱掉了两位最主要的敌人，他现在便可以一边管理他手中的行省，一边远距离地酝酿着自己的政治野心了。

然而，克洛狄乌斯一直保持着他的强硬立场，而他激进的态度最终惹恼了庞培。庞培准备拉拢另一位保民官，提图斯·安尼乌斯·帕皮亚纽斯·米罗 [Titus Annius Papianus Milo，即米罗（Milon）]，以反对克洛狄乌斯的提案。元老院的支持者抓住了这次机会，他们也意识到庞培对克洛狄乌斯的厌恶情绪，这意味着庞培和恺撒的联盟间出现了第一个巨大的裂痕。公元前 57 年 8 月，在混乱的政治背景下，米罗和庞培成功地通过投票为西塞罗赢得了豁免权，后者得以返回罗马。这位杰出的雄辩家再次证明了民心向背，他也拿回了自己那些被没收的财产。在道义层面，为了偿还他所欠的庞培的人情，西塞罗在庞培被任命为小麦供应主管和意大利军事领袖的过程中也出了力。庞培作为三头同盟的"一头"，现在却将其主要目标定在了与恺撒的竞争上。对人民来说，这两者的对决将以越来越残酷的形式上演。

冲突再度在罗马的街头爆发了。克洛狄乌斯的武装团体和米罗的武装团体兵刃相向，后者决定一点一点地消耗掉敌人的力量。社会的失序让政治决策流程无法正常地推进。克洛狄乌斯破坏了西塞罗的宅邸，又在街头袭击西塞罗本人。

西塞罗起诉了克洛狄乌斯，但诉讼流程总是被骚乱打断，因此最终针对克洛狄乌斯的所有指控都被撤销了。这位无法被掌控的保民官继续为所欲为，直到庞培亲

执政官格涅乌斯·多米蒂乌斯·阿赫诺巴布斯的"祭坛"

格涅乌斯·多米蒂乌斯·阿赫诺巴布斯将军是公元前122年的执政官,他曾被派去高卢对抗阿洛布罗基人和阿尔维尼人,并于公元前121年取得了胜利。人们在罗马为他举办了盛大的凯旋式。他骑在大象的背上进入了罗马城(他曾使用大象作战)。多米蒂乌斯·阿赫诺巴布斯的家族是罗马最有影响力的贵族之一。这个家族中的成员世世代代都在政治和军事领域担任要职。多米蒂乌斯·阿赫诺巴布斯在公元前115年担任监察官之后,为了纪念自己主持了公民主体的人口普查工作,便在战神广场(现代史学不恰当地将之称为"祭坛")上的尼普顿神庙中的雕塑群基座上记录下了人口普查的信息,随后净化仪式(lustrum)会为罗马城最基本的人口普查工程画下句号。

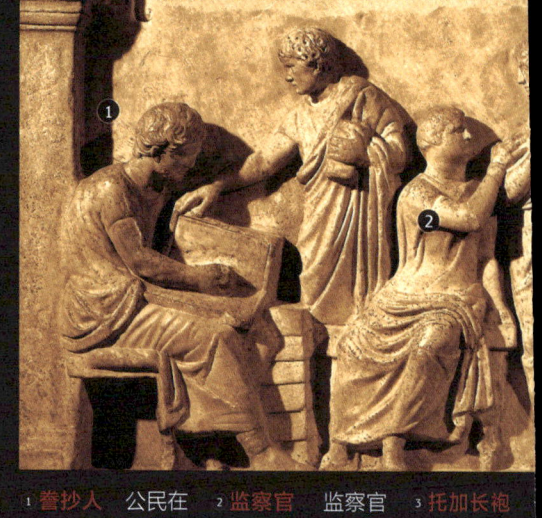

1 誊抄人 公民在宣誓者(拉丁文:lurator)面前进行申报,而宣誓者则将公民的名字记录在黏土板上。

2 监察官 监察官按照纳税额(cens)为公民进行登记,这样既保证了公民的权利也维护了罗马的法律。

3 托加长袍 罗马公民才能戴托加长袍,以披挂的方式袍穿在身上。

长长的檐壁见证了他的时代

由多米蒂乌斯·阿赫诺巴布斯主持建造的装饰有纪念性浮雕的檐壁很快就被人分割开并被出售了。因此流传至今的四块檐壁被分开保存,其中的一片收藏于巴黎罗浮宫,其余的三片则收藏于慕尼黑石雕陈列馆。罗浮宫中收藏的那一片(对页图)描绘了人口普查的场景以及进行动物牺牲仪式[33]的场景。动物牺牲仪式具有"净化"的功能,因此能够保证人口普查工作的效率。而在收藏于慕尼黑石雕陈列馆的三片檐壁中,则出现了受到希腊风格影响的维纳斯和尼普顿的形象。收藏于罗浮宫的檐壁片段是我们得以完整保存的、罗马共和国时期最为古老的浮雕。这块檐壁是该时期为数不多的关于公民宗教仪式的图形证据之一,尽管该文物的具体日期和真伪度鉴别存在着争议,但它仍旧是那个时代的一个无价的见证。

1 看守牲畜的祭司 他们负责在祭祀仪式前照料牲畜,并以祭司的身份出席仪式。

2 主要牺牲品 双角佩有装饰品的牛是一种具有浓厚宗教色彩的象征。

3 次要牺牲品 羊和猪是献给战神玛尔斯的祭祀品。

---

[33] 在古罗马,人们会将猪、羊和牛献祭给战神马尔斯,此举也是为了赞美和净化大地。——译者注

4 **罗马军团** 公民按照纳税额进行登记，纳税额对应的是个体在罗马军团中不同的服役义务。

5 **乐师** 净化仪式伴随着献祭落下帷幕，其间也会有乐师演奏音乐。

6 **马尔斯** 战神的出现会让人想起公民组织和军事机构间紧密的联系。

7 **祭台** 这张桌子用来摆放作为贡品的动物和蔬菜，这是人和神进行交流的地方。

8 **监察官** 他身着盖住其头部后襟的托加，并在其助手的帮助下完成牺牲仪式。

4 **牺牲仪式** 公牛、母羊和母猪会依照顺序被宰杀，以保证净化仪式的效率。

5 **军旗（Vexillum）** 第二位监察官会举着这面军旗，以发出仪式开始与结束的信号。

6 **盾牌** 形状为椭圆的长形盾牌（Scutum）是罗马共和时代末期步兵的典型装备。

7 **马** 人们看到马便能知道马背上的士兵是一位骑兵，即骑兵百人队（Centuries équestres）的成员。

8 **骑兵** 檐壁中一名骑兵对应了四名步兵——这象征了罗马百人队的编制。

庞培剧院，罗马公共建筑的典范

今天我们已无缘欣赏的庞培剧院，曾是罗马第一幢以大理石修砌的建筑。装潢精美的庞培剧院引入了一种结构，即长长的走廊上覆盖着拱顶——这是真正意义上的公共建筑建设的革新。

庞培剧院从众多希腊式的剧院中脱颖而出，它的格局依赖天然的水平差，而庞培剧院则拥有更为壮观的规模。①**梯形座席**。座席搭建在一个直径为150米的用于祭祀胜利的维纳斯的神殿之上，可容约1万名观众就座。②**舞台**。表演者会在这个由列柱围绕的直径为90米的封闭空间中表演。③**庭院**。被圆柱环绕的庭院一直延伸到剧院的尾部。

插图 彼得·康诺利（Peter Connolly）绘制的庞培剧院复原图。下一页图为描绘了喜剧演出场景的浮雕（现藏那不勒斯国家考古博物馆）。

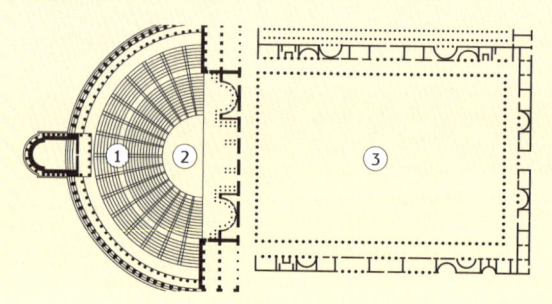

自出面干涉。克洛狄乌斯于公元前53年被暗杀，毫无疑问，这背后少不了米罗的唆使。

卢卡协议

尽管恺撒因为在高卢地区担任行省总督而远离了罗马政治舞台，但庞培的举动还是让他心生猜忌。恺撒的担心在公元前54年得到了印证：那年的执政官参选人卢基乌斯·多米蒂乌斯·阿赫诺巴布斯（Lucius Domitius Ahenobarbus）在其竞选方针中提出，应收

❶ 演员 演员都为奴隶或被解放的奴隶（总之不可能是公民）。因为女性禁止表演，所以他们也会反串女性角色。

❷ 面具 演员佩戴的面具会反映角色的性别以及情绪。

❸ 装饰 不同的场景元素代表了不同的地点以及氛围。

❹ 戏服 根据戏剧类型的不同，演员的穿着也不同：悲剧的戏服是希腊式披带（Pallium），喜剧的戏服是罗马托加长袍。

❺ 音乐 一般戏剧中都会出现音乐。在罗马，一些戏剧的伴奏是笛声。

❻ 人物 情节总围绕着人们熟知的原型展开：老人、美女或奴隶……

回恺撒麾下的罗马军团，也应收回其治下的领土。恺撒将军一直全面关注着罗马的事务。面对着这种不留情面的威胁，恺撒迅速做出回应。

恺撒发现自己无法放弃总督的职位，也无法离开他管辖的领土，因此他组织了两次会晤。第一次他在拉文纳和克拉苏会面，而第二次则是在公元前56年，恺撒与庞培在卢卡会晤。这两番会晤的目的便是为他们那基于政治友谊的协议"续约"，由此三头同盟便可以继续存在。而这个同盟已经不再是一个秘密组织了。大约有

200名元老院议员来到了卢卡，同时还有大量罗马的行政官随行。显而易见，现在的"三头同盟"已经为罗马的政治阶层做了利益的整合及划分，每个派别都有其领导人以及相应的支持者。因此，谈判的重点旨在维持"三头"间权力的平衡，以及试图尽可能地尊重每一个个体的利益。

三头同盟在卢卡签订的诸多协议中，有一项便是——确保庞培和克拉苏当选公元前55年的执政官，这样便能保证在5年内，他们也能拥有类似恺撒在行省中的权力。他们同样还决定，将恺撒的行省总督的任期再延长5年，同时允许恺撒额外征召四支罗马军团。这次的会晤让三头同盟将他们的政治战线至少拉长到公元前50年——那么在公元前49年，也就是恺撒返回罗马后的第二年，他便可以成为执政官了。因此，三头同盟的规划为他们开启了对罗马政治实施绝对统治的新篇章。

克拉苏与庞培再度当选

在恺撒的行省总督任期被延长了5年之后，罗马政治活动的重点便转移到整治腐败问题上了，最为重要的是，这次人们倾尽一切措施来根除强权政治以及暴力活动。西塞罗本人对三头同盟采取的行动只能表示欢迎，而克洛狄乌斯的激进主义政策只能偃旗息鼓。一切煽动群众的行为都会被抵制，人们可以抓捕所有的暴力政治团体。米罗最终被绳之以法。他曾为有权势的西塞罗鞍前马后，但他并没有因此而被豁免。

克拉苏和庞培在任期结束后被分别授予了一个行省总督府。克拉苏对应的是叙利亚行省，而庞培对应的则是西班牙行省。庞培做出了一个史无前例的举动——这一举动也昭示了共和政体的结构已是极度分裂——他拒绝前往西班牙行省，并在罗马进行对该行省的管理工作。

克拉苏与庞培的处境不尽相同。尽管他在三头同盟成立之初便有相当大的权力和影响力，但盟友间的对抗日益激烈，他的实力也有所削弱。为了赢得声望，也为了重获先前的政治地位，克拉苏决定离开意大利，前往叙利亚行省，并准备与帕提亚人开战。然而，作为战略家他略显平庸——他的战略无法为他极大的野心开路。公元前53年，克拉苏的军队在卡莱战役（Bataille de Carrhes）中被击溃，他本人也在这场惨烈的溃败中丧失了性命。

克拉苏战死之后，共和国便完全任由势不两立的庞培和恺撒摆布了。这两位"理论上"的盟友只是在等待最佳时机的来临以采取敌对行动。在这场为了权力而展开的激烈斗争中，只有一个人能笑到最后。

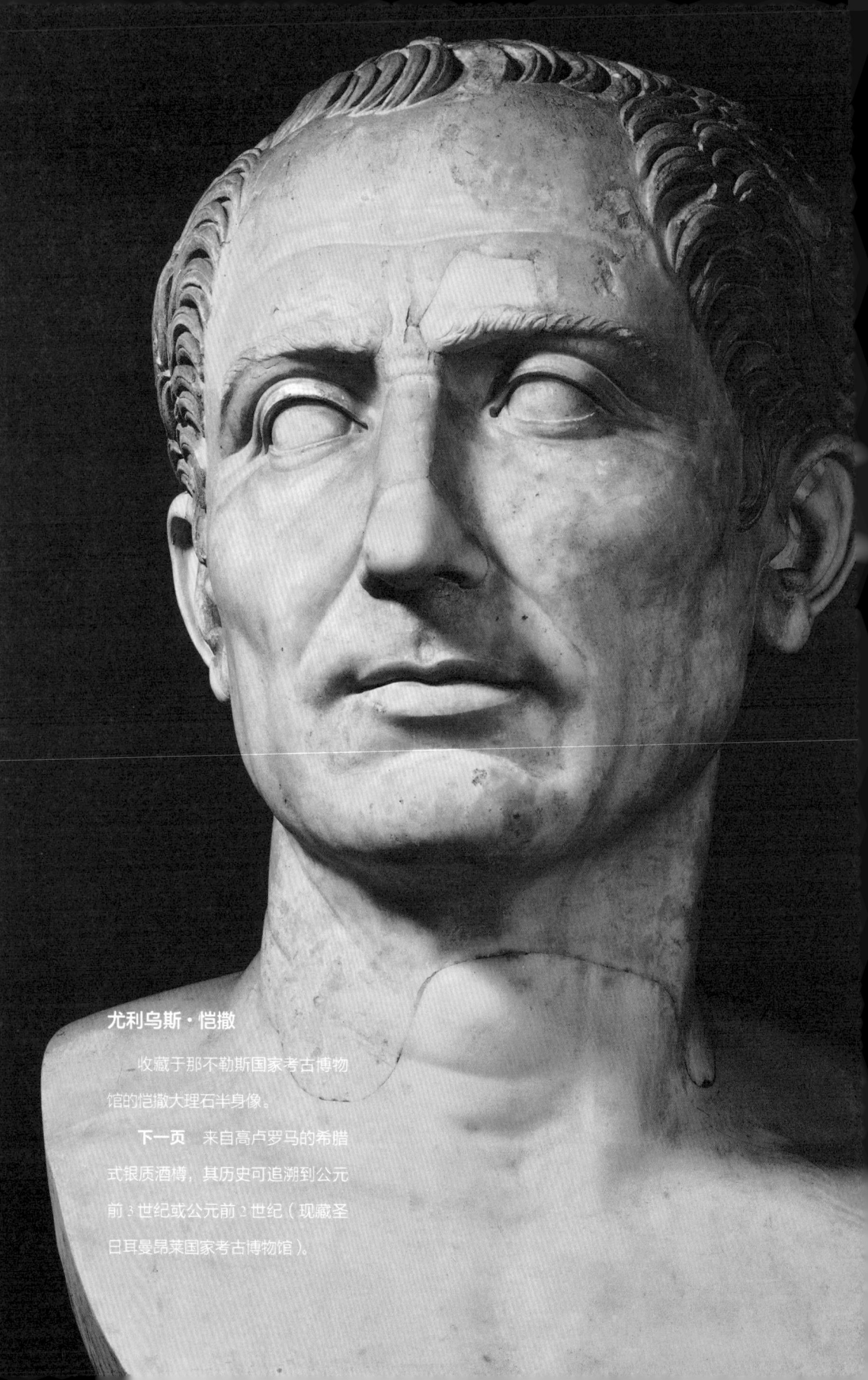

尤利乌斯·恺撒

收藏于那不勒斯国家考古博物馆的恺撒大理石半身像。

下一页 来自高卢罗马的希腊式银质酒樽,其历史可追溯到公元前3世纪或公元前2世纪(现藏圣日耳曼昂莱国家考古博物馆)。

尤利乌斯·恺撒

恺撒从根本上撼动了共和政体。尽管他通过武力强调自己的权威，但他在罗马社会平衡的重塑方面却扮演了举足轻重的角色。不过十分矛盾的是，他的胜利也最终导致了罗马共和国的瓦解，他的登场也强调了专制和集权。

深谋远虑的恺撒是一位极富政治声望的伟大演说家，然而他仍旧需要树立军事威望才能与战功赫赫的庞培争辉。他首先要做的便是组建一支忠心耿耿的大军——这对奠定其权威以及制约元老院来说至关重要。尽管作为行省总督，他能够指挥几支军队，但他的资源和庞培相比仍旧较少，也完全不足以真正地控制罗马。如果在意大利不能组建足够的军队来实现其宏图伟业，他只能在外部寻求盟友。在这种情况下，高卢便成为他能够大施拳脚的理想场所了，他可以从罗马已经控制的两个高卢行省（山北高卢和山南高卢）入手。高卢仍旧是人口十分分散的独立地区，这样恺撒便能进行一系列的征服活动——这本质上是为了满足他本人的野心。同样，征服高卢也为很多人带来了财富，受益的不仅有进行大宗买卖的商人、包税人和骑士，就连恺撒本人也累积了巨大的财富：他会收到担任执政官几年间的固有报酬，还会有无数人向他行贿。

但是，恺撒通向成功的道路并非坦途。高卢人是罗马人的"老相识"了。罗马人曾在公元前4世纪的阿里亚之战（Bataille de l'Allia）中与高卢人交战，高卢人大获全胜，布伦努斯（Brennus）领导着征服者洗劫了罗马——这一切仍旧留在罗马人的集体回忆中。仅仅是想起这些蛮族人，罗马人便能被恐惧攫住——然而这种来自本能的情感可能会有利于恺撒，他似乎将更加大胆地推进自己的事业。

这一时期的高卢实际上还是一片农耕区域，由彼此之间差距巨大的诸多部落组成，但他们似乎都对战争怀有同样的热忱。不同的高卢部落拥有配备防御工事的城市，并且拥有民兵队和军队，如果遇到威胁，还有供人们避难的场所。同样，不同的部落所秉持的宗教习俗都不约而同地与德鲁伊祭司密切相关。德鲁伊祭司是一类巫师或萨满，他们是人类和神明之间的媒介。他们会将自己的知识传授给贵族团体中的年轻人，他们同时具备司法职能。

赫尔维蒂人和日耳曼人

在恺撒来临之前，高卢东部的局势一直动荡不安，三个部落冲突不断。爱杜依人是罗马的盟友，塞夸尼人和阿尔维尼人则和居住在莱茵河以北的日耳曼人建立了外交关系。公元前60年前后，塞夸尼人煽动由阿利奥维斯塔（Arioviste）带领的日耳曼人越过边境同爱杜依人开战。爱杜依人投降，将一部分领土割让给了日耳曼人，此举损害了罗马的利益——这一冒犯行为，外加大量赫尔维蒂部落开始迁移，最终致使罗马人开始干预高卢的事务。

赫尔维蒂人居住在今天的瑞士西部地区。他们对塞夸尼人的不断骚扰感到厌倦，决定进行大规模的迁移以寻找新的居住地。他们破釜沉舟，在公元前58年春进行迁移之前便烧掉了所有的村庄以切断所有退路。赫尔维蒂人向西挺进，在此过程中，他们穿过了爱杜依人控制的土地，而后者则是罗马人的盟友——这一疏忽让赫尔维蒂人损失惨重。约有30万赫尔维蒂人集中穿越这片罗马的行省——面对这一威胁，恺撒决心做出表率：他在比布拉克特战役（Bataille de Bibracte）中扫清了赫尔维蒂人的部队。那些逃跑的战士都被罗马人的盟友部落抓住并被处死。恺撒将那些幸存的人全部遣返赫尔维提（Helvétie）[34]。恺撒将赫尔维提视为一道防御壁垒，可以帮助降低那些住在帝国边界其他野蛮部落带来的潜在威胁。

然而恺撒没有忽视真正的威胁是来自由阿利奥维斯塔带领的日耳曼人。因此，他向其治下的部落施加压力，后者也可以借机表现自己扫清日耳曼人所带来的威胁的意愿。显而易见，由恺撒主持的高卢人会议的唯一目的便是，增加恺撒在高卢人中的威望，以及为恺撒向阿利奥维斯塔引战这件事披上合法的外衣。其实恺撒首先尝试了外交的手段，但阿利奥维斯塔拒绝了罗马使者提出来的所有提议，战争避无可避。得益于线人的消息，恺撒提前知道了阿利奥维斯塔将要夺取位于维森奇奥[Vesontio，今贝桑松（Besançon）]的据点，因此这位将军带领他的将士一起前往维森奇奥进行防守。阿利奥维斯塔要求重新进行谈判，但随后在会晤的过程中，日耳曼人的使节团袭击了罗马的使节团。再一次双方只能兵戎相向。恺撒发现，出于宗教原因，阿利奥维斯塔及其将士不希望在满月之前开战——他决定利用这一信息入侵敌人的营地并以武力逼迫他们就范，而高卢部落的首领企图和其他骁勇善战的日耳曼人向莱茵河的方向逃跑，但他们的努力是徒劳的。罗马人第一次深入至莱茵河。

征服高卢

冬天来临之际，恺撒让其部队就地驻扎，并把指挥权交给了提图斯·拉比埃努斯（Titus Labienus），而他本人则返回了山南高卢行省。公元前57年春，为了加强自身的军事力量，恺撒私人出资招募了两支新的军团，此举未经罗马政府授权。他从高卢贵族中挑选出大量人员，将他们任命为罗马军团中的军官，这些人先前就对他表现出了极大的忠诚，还向他提供了各个领域的极为宝贵的信息。在这一时期，有人告诉恺撒，来自高卢北部的贝尔盖人（高卢人和日耳曼人的混合部落）凝聚成了一股危险的反叛力量。因为担心他们会遭受和高卢人一样的悲惨命运，贝尔盖人

---

[34] 赫尔维蒂人的原聚居地。——译者注

尤利乌斯·恺撒

尤利乌斯·恺撒的苦战

八年来，恺撒发动了一系列艰苦卓绝的战争以期征服高卢人。这位罗马的资深执政官认为这场征服将为他赢得无与伦比的声望——倘若胜利了，恺撒便能够与庞培平起平坐，并且待到时机成熟，他便可以举兵与这位敌手对抗。

令人生畏的罗马战争机器，与恺撒极其出色的兵法和策略相配合，最终将敌人击溃。尽管高卢人在数量上占优势，并且他们对地形更为熟稔，但部落间的战争让他们不断内耗——恺撒知道如何利用这一点。在复杂而庞大的战争期间，罗马人需要面对无数场苦战，例如对抗内维尔人的萨比斯战役（Bataille du Sabis）。罗马人同样饱尝苦涩的败果，例如那场在热尔戈维的战斗。就算恺撒再英勇，他的战略天赋再出色，都无法减轻高卢战争的残酷程度。公元前 55 年，恺撒清洗了超过 40 万名的乌斯佩斯特人和坦特里人，其政敌小加图声称恺撒须为此次的屠杀负责，并要求人们将恺撒绳之以法。

高卢战争年表

公元前58年

恺撒担任总督 恺撒成为伊比利亚行省、山南高卢行省及山北高卢行省总督。6月，恺撒击溃赫尔维蒂人，随后他与阿利奥维斯塔率领的苏维汇人作战，也取得了胜利。

公元前57年—公元前56年

罗马胜利 恺撒针对贝尔盖人及威尼托人采取的军事行动全面告捷。

公元前55年

恺撒深入至莱茵河 恺撒引战，其目的是阻遏日耳曼人入侵高卢。恺撒第一次向不列颠发起远征。

公元前54年—公元前53年

二度入侵不列颠 高卢人发动叛乱，恺撒被迫后撤。恺撒针对内维尔人发起远征。

公元前52年

大规模叛乱 维钦托利带领着高卢人在热尔戈维击败了恺撒，但后者最终在阿莱西亚彻底击溃了高卢叛军。

公元前51年

记录历史 战争结束前不久，恺撒便将其不朽的战争记录在《高卢战记》（*De Bello Gallico*）中。

决定先发制人，主动向罗马人引战。

贝尔盖人表现出极强的攻击性，他们在苏艾西奥奈人的国王加尔巴（Galba）的带领下组成了一个强大的联盟。尽管该联盟的兵力确实要多于罗马人的兵力，但就实战而论，他们远不及恺撒的军队训练有素、经验丰富。

双方敌对的导火线可能是恺撒曾命令其高卢盟友爱杜依人入侵临近的贝洛瓦克人的领土，因为他想尽早率领自己的军队进入该区域。恺撒与

贝洛瓦克人进行了一番苦战，后者兵败撤退，恺撒向苏艾西奥奈人发动进攻。在见到罗马的战争机器是如何部署之后，震惊的苏艾西奥奈人迅速丢盔弃甲。恺撒随后与贝尔盖联盟中的其他部落开战——诸如内维尔人、阿特雷巴特人和维洛曼杜伊人，并在艰苦卓绝的萨比斯战役中击溃了他们，但恺撒方面也蒙受了巨大的损失。在恺撒的这番武力展示之后，只有阿杜亚都契人仍坚持继续反抗罗马。罗马大军压境，阿杜亚都契人躲进了一个要塞里，恺撒对要塞进行围攻，最后阿杜亚都契人投降。但实际上，阿杜亚都契人是诈降：他们企图利用这个机会在夜间逃跑，但最终还是被罗马军队制服了。53000 名幸存者最终被卖作奴隶。此时的贝尔盖首领也决定投降并走上收回失地的道路，他们也向恺撒宣誓效忠并为他提供了军事支持。

恺撒将军在次年巩固了其胜利。正当一切都似乎趋于平静之时，居住在阿摩里卡 [Armorique，今布列塔尼（Bretagne）] 地区的威尼托人针对恺撒的军队发动了起义，该区恺撒驻军不断的食物需求让他们不胜其烦。邻近的其他部落也加入了威尼托人的起义军。恺撒迅速地分散了其兵力，以稳住高卢剩余地区的局势，并在卢瓦尔河中修造了一艘战舰。罗马水军与反叛部队展开了激烈的战斗，许多部落负隅顽抗。但这并不妨碍罗马军队再一次取胜，也不能阻止胜者对被征服的土地进行洗劫。最终，威尼托人的首领被斩首，而该区的其他居民则被卖作奴隶。

公元前 56 年至公元前 55 年的那个冬天，日耳曼部落乌斯佩斯特人和坦特里人渡过莱茵河寻找新的土地。但是，恺撒最近才让高卢地区的力量趋于平衡，加之此前他不断地发动征服战争，这极大地减少了闲置土地的数量。但这远不足以让这些日耳曼人泄气，他们决心拿起武器为自己的目标而战。恺撒勒令日耳曼人后撤，但后者完全没有回应他的要求。由于担心日耳曼人在酝酿阴谋，恺撒决定主动引战，而战役最终演变成了一场真正的屠杀。之后，恺撒率领其军队渡过莱茵河。恺撒一方面想给住在边境的日耳曼人留下深刻的印象，另一方面也在筹划新的入侵。罗马人出现在该区的消息不胫而走，许多部落四散而逃。一路上，罗马人几乎没有遇到任何阻碍，他们也借此机会增加了高卢边境的安全系数。

公元前 55 年，恺撒迈出了其征服战争中决定性的一步：他以不列颠岛 [Bretagne insulaire，今大不列颠（Grande-Bretagne）] 上的居民支持高卢起义为由，开始计划入侵该地。因此他穿越了英吉利海峡。大不列颠人猛烈地抵抗罗马人的进攻，罗马人无法保证自己能够安全地入侵该区，因此只好撤退。恺撒于次年再度前往不列颠岛碰运气，这一次，他成功地率领五个罗马军团深入了该岛的腹地。他应该很快地和不列颠人开战了，并且在斯陶尔河附近的一场夜间战斗中战胜了后者。重新集结了军队之后，不列颠人还是徒劳地想在一个要塞里进行抵抗。罗马人的到来迫使当地的居民更团结地组织了起来，这些居民纷纷加入卡西维拉努斯（Cassivellaunos）的麾下。

卡西维拉努斯采用游击战术并发动小规模的武装袭击，以求削弱罗马人的力量，却收效甚微。当恺撒抵达泰晤士河河畔的时候，他发现屹立在眼前的是蔚为壮观的防御工事。但恺撒还是在随后爆发的激烈战斗中再次取得了胜利。如果必须说明的话，那么这次发生在入侵敌人领土过程中的战役，是能够证明恺撒战略天分的又一个例子。

恺撒取胜之后，数个不列颠部落的首领纷纷向恺撒献降，并送给他士兵、补给品和人质。这些人的投诚也对最终确定卡西维拉努斯的位置起到了决定性的作用——卡西维拉努斯被罗马人围攻，最终做出了让步并向罗马人投降。

在入侵并征服了大不列颠之后，罗马得以返回高卢并对领土进行重组。但高卢人仍怀有自己的心思。

维钦托利起义

恺撒离开高卢期间，高卢人前往意大利北部并组织起义。令人惊讶的是，高卢人重组了该地绝大多数的部落。公元前53年至公元前52年的冬季，叛军扫平了塞纳布姆 [Cenabum，今奥尔良（Orléans）] 的罗马驻军。

由阿尔维尼人发动的叛乱迅速蔓延到高卢的各个角落。维钦托利是一位骁勇而果敢的战士，也是叛军的领导人。

发现局势已经相当严峻的恺撒迅速率领6万将士返回高卢，但他的兵力远远低于维钦托利手中的叛军人数。不过恺撒归根结底还是一位战略家，知道如何扬长避短。他组织了一系列战略目标明确的闪电战以弥补人数上的不足，诸如他夺取了塞纳布姆、阿瓦里库姆 [Avaricum，今布尔日（Bourges）] 以及卢泰西亚 [Lutèce，今巴黎（Paris）]。他随后率领六支罗马军团入侵了阿尔维尼人的领

恺撒的著作《高卢战记》

在致力于征服高卢的这些岁月里，恺撒利用战斗间隙撰写了这部描绘其丰功伟绩与峥嵘岁月的著作。他想让自己的事迹在罗马流传。他的这本著作中也有高卢风俗的相关信息。

恺撒的这部以第三人称撰写的随记详细地描述了他与不同高卢族群开展的战斗。这部随记不单单是其所有战争的纪年表，它还针对被征服之前的高卢进行了关于其风土人情的长篇描述，因此该作也具有相当大的历史价值。恺撒详细描述了这些敌人的外表（尤其他们都蓄着长而浓密的头发）以及高卢人的社会结构——在高卢人的社会结构中，勇猛的骑兵组成了贵族战士阶层。然而，比起一本历史书籍，恺撒更愿意将他的著作写成一部宣传性的作品：在该作中，恺撒宣扬其打下的胜仗，夸耀自己的战略才能——由此一来，即使他不在罗马，他也能在罗马人群中提升自己的威望，这有助于他实现自己的政治野心。在造型艺术的领域，同样也有将高卢人与罗马人之间的不朽对抗永远定格的作品。

右图为奥朗日凯旋门的浮雕描绘了战斗的场景。该凯旋门是为了纪念高卢战争中的退伍军人而修建的。左图为一枚公元前2世纪的斯塔特金币（Statère），由高卢部落帕里西人冲制。

土，并围攻了他们的首都热尔戈维。但由于没有足够的兵力确保他取得最终的胜利，恺撒宁愿选择后撤。这次罗马的失败不是军事层面而是心理层面的，兵败的压力使得一些仍旧忠于罗马的高卢人转而向维钦托利投诚。恺撒率军转战南部以防卫其治下行省的边境，而维钦托利则不断对该地进行骚扰，不过罗马人还是成功地战胜了维钦托利。因此这位高卢人首领决定将所有精力都集中在防守阿莱西亚上。

但恺撒已经从之前热尔戈维的战斗中吸取了教训。在对阿莱西亚进行围城之前，他招募了更多的士兵，并采取了许

多其他的预防措施。他以极快的速度在阿莱西亚城的外围竖起了一圈围栏，将高卢人的军队包围在其中，随后他又在自己部队的背后修筑了围栏，以防有人可能从外部发动进攻，最后他又命人沿着两道围栏修建多处防御工事，以保障自己的军队可以自由行动。恺撒将很大一部分注意力都放在其将士的安全方面，因为他知道时间是站在他这一边的。维钦托利最主要的问题便是大量军队的粮饷供应不足：要塞内部的食物很快便会消耗殆尽。约有2万高卢人响应号召从外部来袭，以期挫败恺撒的围城计划，同时维钦托利也试图从堡垒内部向罗马人发动进攻。

恺撒的军事扩张

恺撒是一位身经百战的军人，也是一位杰出的战略家，同时也是罗马将领的代表人物。恺撒远比他那些杰出的对手（诸如庞培和维钦托利）还要优秀得多——尤利乌斯·恺撒是一位真正的军事天才。只有亚历山大大帝才能够与他相媲美。他和古代世界其他著名的军事将领有所不同，因为恺撒似乎在相对年长的时候才开启了他的军旅生涯。年龄没有成为他的阻碍，反而让他成了一个集耐心、老成以及智慧于一身的人物——这无疑就是他与其敌人不同的地方。凭借其外交天赋，恺撒与一些强大的盟友缔结了联盟——高卢便是最好的例子。他任命一些高卢人为军官，这证明了比起出身，他更看重一个人的能力。恺撒继承了其姻亲马略的意志：他和马略一样，不仅懂得和士兵同甘共苦，也很看重自己对士兵做出的承诺——这从那些老兵对其永不改变的忠诚中便可见一斑。

① 征服阿莱西亚

时间：公元前52年7月至9月。

战斗人数：4万罗马人对阵超过30万高卢人。

折损：不详。

战斗经过：恺撒通过建立双重防御工事的策略对阿莱西亚进行围城，维钦托利率8万名步兵及1.5万名骑兵进行抵抗，城外有约25万高卢人前来支援。经过4天的战斗，援军被击退，维钦托利投降。

② 法萨罗战役（Bataille de Pharsale）

时间：公元前48年8月9日。

战斗人数：恺撒率2.2万名步兵及1600名步兵，庞培率4.5万名步兵及7000名骑兵。

折损：庞培方战死1.5万人，恺撒方战死230人。

战斗经过：庞培命令其骑兵队发动决定性的进攻，但恺撒将自己的步兵隐藏在己方的骑兵队之后，阻遏了庞培骑兵的攻势。恺撒的步兵队大败庞培的铁骑。

③ 亚历山大之战

时间：公元前48年10月至公元前47年3月。

战斗人数：恺撒率4000人对阵2万敌军。

折损：不详。

战斗经过：埃及军队、前罗马士兵、雇佣军将恺撒围困在亚历山大的皇宫中。恺撒进行了激烈的抵抗，后来其盟友，帕加马国王博斯普鲁斯的米特拉达悌一世（Mithridate Ier du Bosphore）率兵前来支援，恺撒胜。

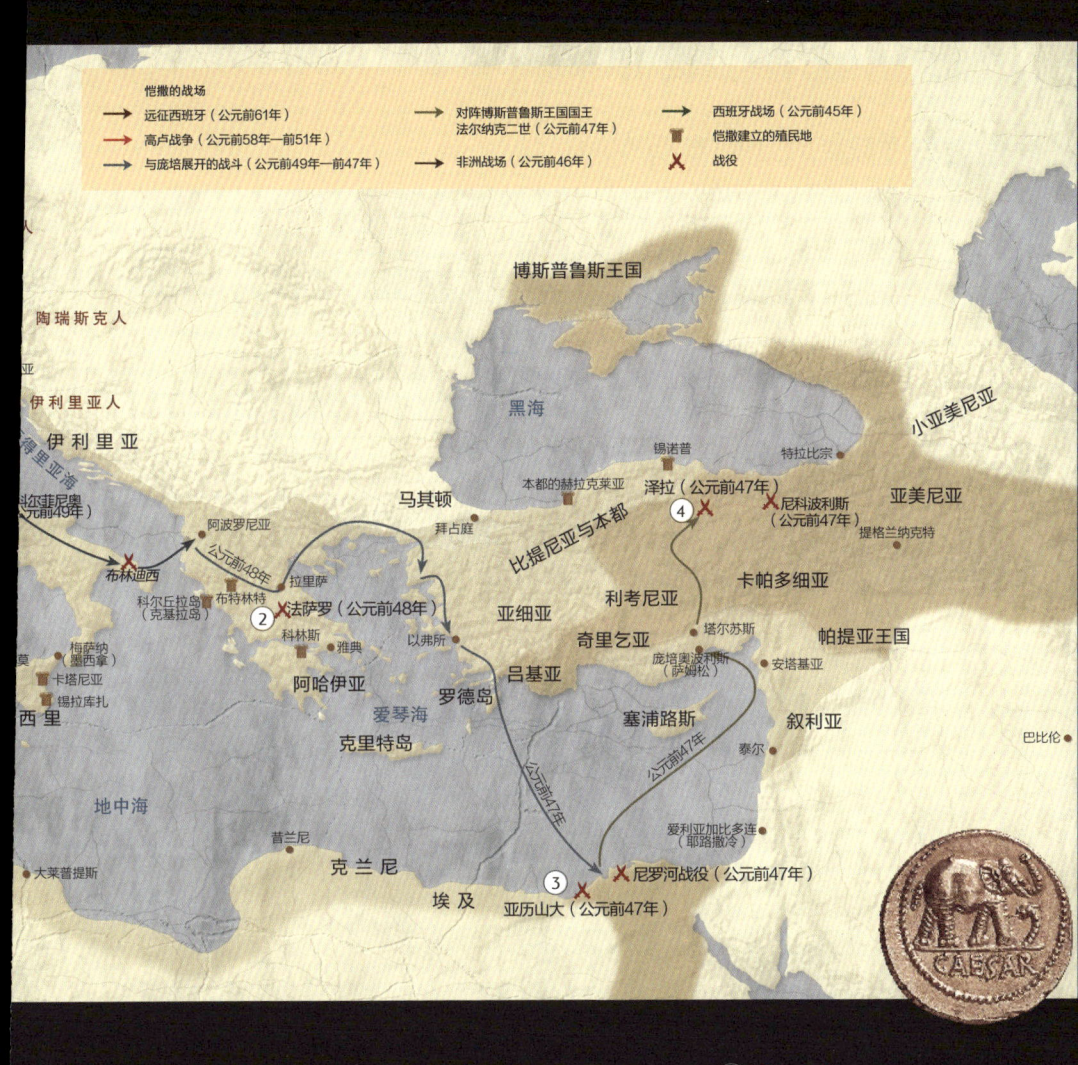

→ 恺撒的战场	→ 对阵博斯普鲁斯王国国王法尔纳克二世（公元前47年）	→ 西班牙战场（公元前45年）
→ 远征西班牙（公元前61年）		🏛 恺撒建立的殖民地
→ 高卢战争（公元前58年—前51年）	→ 非洲战场（公元前46年）	✗ 战役
→ 与庞培展开的战斗（公元前49年—前47年）		

地名（地图标注）：博斯普鲁斯王国、黑海、小亚美尼亚、陶瑞斯克人、伊利里亚人、伊利里亚、马其顿、锡诺普、特拉比宗、本都的赫拉克莱亚、泽拉（公元前47年）、尼科波利斯（公元前47年）、亚美尼亚、提格兰纳克特、阿波罗尼亚、比提尼亚与本都、拜占庭、卡帕多细亚、布林迪西、公元前48年、拉里萨、利考尼亚、科尔丘拉岛（克瑟拉岛）、布特林特、法萨罗（公元前48年）、科林斯、雅典、以弗所、奇里乞亚、塔尔苏斯、帕提亚王国、庞培剧波利斯（萨姆松）、安塔基亚、梅萨纳（墨西拿）、卡普尼亚、锡拉库扎、西里、阿哈伊亚、爱琴海、罗德岛、吕基亚、塞浦路斯、叙利亚、巴比伦、克里特岛、泰尔、地中海、昔兰尼、爱利亚加比多连（耶路撒冷）、大莱普提斯、克兰尼、埃及、亚历山大、尼罗河战役（公元前47年）、公元前47年

CAESAR

④ 泽拉之战

时间： 公元前47年8月2日。

战斗人数： 恺撒率1万至1.2万名将士（共计4支军团，其中一支人员不齐），敌军人数不详。

折损： 不详。

战斗经过： 本都王国兼博斯普鲁斯王国国王法尔纳克二世用镰刀战车打头阵，而恺撒则在地势较高的地方修筑了防御工事。敌军的第一波攻势没能奏效，恺撒的大军将敌人歼灭。

⑤ 塔普苏斯战役

时间： 公元前46年4月6日。

战斗人数： 恺撒率6支军团及4000名骑兵，庞培党人拥有4万名士兵，一支骑兵团、120头战象以及努米底亚的援军。

折损： 庞培党人方1万人战死，恺撒方50人受伤。

战斗经过： 恺撒的步兵队在毫无预警的情况下就发动了进攻并扫清了庞培党人的军队，恺撒军队瞄准战象放箭，战象受惊，四散而逃。

⑥ 蒙达之战

时间： 公元前45年3月17日。

战斗人数： 恺撒率9支罗马军团（2.5万人～3万人）对阵13支庞培党人的军团。

折损： 恺撒方1000人战死，庞培党人方3.3万人战死。

战斗经过： 庞培党人在一处丘陵上进行布阵，恺撒发动进攻，并成功在敌军左翼打开一道缺口，右翼的军队前来填补这道缺口，但恺撒的骑兵队趁机对已经变得薄弱的右翼发动进攻并将敌军右翼包围。

恺撒与维钦托利：阿莱西亚的对峙

恺撒于热尔戈维败北之后，一路追击由维钦托利率领的高卢叛军，后者最终逃至阿莱西亚的堡垒中。恺撒清楚地知道，发动正面进攻会让他损失惨重，因此他决定对敌军堡垒进行持久的围城，用饥饿来击溃他们。

一方面为了防止敌人逃跑，另一方面也为了防止外部军队对敌军进行支援，恺撒环绕着阿莱西亚修建了两道防御工事。① **阿莱西亚**。该城坐落于一处海拔为150米、长度为1500米的高地上。② **维钦托利的营地**。维钦托利的营地占据了这座城市所在的高地的一半地区。③ **前方战壕**。这道战壕用以阻遏敌军的第一波攻势。④ **封锁壕**。这道防线由一道壕沟以及一道填满水的沟渠组成。⑤ **防御壕**。距封锁壕200米处的防御壕的作用是阻遏敌人的攻势。⑥ **陷阱**。顶部被削尖的木桩淬火后变得十分坚硬，它们被隐藏在被树叶掩埋的孔洞中。

插图 埃米尔·路易斯·皮库（Émile Louis Picault，1833—1915）创作的维钦托利的青铜雕塑，这一带有异想天开的英雄主义色彩的高卢酋长形象，很符合19世纪大多数人的想象。

内战的催化剂

渐渐地，资源的短缺消耗了维钦托利部队的最后一点忍耐力，因此他们最终只能投降。维钦托利的放弃等于将整个高卢拱手让给了罗马人。公元前51年，将最后一次叛乱扼杀在摇篮中之后，恺撒重夺意大利北部地区，并在此地举办了凯旋式。这位将军至此已完全征服了高卢，得以获得更高的政治地位。

防御工事 恺撒命人修造一条长度约为18公里的封锁壕,并在封锁壕的外围再修造一道壕沟来加固这道防线。围栏后则设置有箭塔,并且士兵也可以通过箭塔进行瞭望。罗马人则位于这道壁垒后的120米处。他们在地上布满了陷阱和蒺藜。

插图 恺撒此次防御系统的部分现代复原图。

在恺撒远离罗马期间,该地渐渐被混乱充斥了。公元前53年的克拉苏之死,引起了公众舆论的恐慌。许多人已经知道,维系三头同盟的权力的平衡已经被打破,现在的罗马已经任由对立的庞培和恺撒摆布了。当恺撒在高卢事务缠身时,庞培却因站在与克洛狄乌斯相反的立场,成功地将自己定义为元老院的捍卫者。没有人能够与他争辉,也没有人能够约束他,而他本人的举止仿佛他就是罗马最

恺撒渡过卢比孔河：罗马陷入恐慌

公元前 49 年，恺撒率领着他的部队渡过了卢比孔河。这条河流是一条自然边界，标志着其身为行省总督的管辖范围的尽头。通过这一具有象征意义的举动，恺撒入侵了意大利：他公开并有意地发动了内战。

恺撒的举动在意大利居民中激起了恐慌。此时距苏拉时期的内战不过才 40 年，而作为罗马将领的恺撒的此次进军唤醒了人们心中的恐惧。此外，在恺撒征战高卢时期，他的军团便因为凶悍并极具破坏性而名声在外。不过，当恺撒的部队经过意大利不同的领土时，他们却避免与当地人发生任何冲突——此举立马为他们赢得了意大利城市的精英阶层的支持。但在罗马的情况并非如此，因为他的大多数反对者（尤其是元老院的成员）都表露出对庞培的支持。恺撒大军压境，面对这一威胁，大量的恺撒反对者逃离了罗马。

插图 这块较为晚期的浮雕出自行政官提比略·弗拉乌斯·麦卡鲁斯（Tiberius Flavius Miccalus）的石棺。浮雕描绘了罗马士兵的形象，这一时期的罗马士兵和恺撒时期的罗马军团士兵类似，但还是有着十分显著的差异（现藏伊斯坦布尔考古博物馆）。

有权势的人一样——他控制着政局，也从自身的利益出发指导共和国的立法。

克洛狄乌斯和米罗间的武装冲突最终以前者的死亡收场，最后一次的暴力冲突发生在罗马不远处的亚壁古道上——这让元老院决定采取更加谨慎的措施以保障城市的安全。元老院将大权交给了庞培，即任命其为"唯一执政官"（Sine collega）。这一有违常理的政治举措等同于将庞培任命为独裁官——深知恺撒和庞培都会威胁到共和国的存亡的元老院，还是选择了前者。促成这番选择的原因很可能是恺撒的权力相对大得多，而比起谨小慎微的庞培，性格果决的恺撒是一个更加强大的敌人。

尽管担任了唯一执政官，但庞培还是能够保留其西班牙行省的总督政府，同时他还将自己的职能合并了。甚至当恺撒都不再在行省中任职的时候，他还能继续连任行省总督一职——而此时多疑的庞培已经视恺撒为其死敌了。公元前54年，恺撒的女儿、庞培的妻子茱莉亚去世，这激化了两人之间的矛盾。而次年的克拉苏之死，正式宣告这两者的同盟关系彻底破裂。

公元前51年，高卢逐渐安定下来之后，恺撒便准备返回罗马了——但这番"准备"却一直延长到公元前49年。恺撒的目的是再次竞选执政官，但庞培提出了一项新的法案，即所有缺席的候选人不能参加竞选。这不仅让恺撒无法竞选执政官，也意味着他将在一段期限不明确的时间内不担任任何官职。

在没有任何保护的情况下，任何关于腐败的指控都能将恺撒置于死地——这成了他政治生涯中的最大阻碍，而庞培的权力也因此得到了进一步的加强。恺撒的支持者与庞培的支持者在元老院争执不休。局势已是如此紧张，作为公开的恺撒党徒，平民保民官盖乌斯·斯克里伯尼乌斯·库里奥[Gaius Scribonius Curio，即库里奥（Curio）]提议恺撒和庞培都解散各自的军队。人民大会中的大部分人都为这项举措投票。

然而，由于庞培的反对，该动议未能被通过。同时庞培还要求恺撒自行卸任并解散其军队，并将其列为共和国的公敌。保民官马克·安东尼（Marc Antoine）和昆图斯·卡西乌斯·朗基努斯（Quintus Cassius Longinus）同时投出手中的否决票以反对这一激进的举措。元老院意识到共和国正面临着巨大的危机，因此宣布国

莱斯沃斯岛

庞培兵败法萨罗之后,前往希腊小岛莱斯沃斯岛与其家人会合。该岛屿与小亚细亚隔海相望。尽管莱斯沃斯岛的首府米蒂利尼(Mytilène)是后来和高贵者米特拉达悌六世保持盟友关系的城市,但庞培还是在公元前 79 年将该城转变为罗马治下的自由城市。

上图 莫利亚高架渠(Aqueduc de Moria)证明了罗马人在很久远的年代便已经存在于莱斯沃斯岛上了。莫利亚高架渠修建于公元前 3 世纪,全长 26 公里,每天可向首府输送 13 万升水。

家进入紧急状态。两位保民官双双出逃和恺撒会合,而此时的恺撒已经开始将自己的军队驻扎在卢比孔河附近——该河是分割了意大利以及恺撒治下西部土地的边界河。

恺撒率领着大军离开了他的行省,向罗马进军——新的内战也真正引燃了。当他的部队渡过卢比孔河时,恺撒说出了那句被载入史册的名言:"骰子已经被掷下。"(Alea jacta est)——这反映出了恺撒孤注一掷的决心,也暗示了在紧张的时刻带有个人情感色彩的肃杀气氛,而此行也将带来具有历史意义的沉重结果。

法萨罗战役，一场决定性的战役

在都拉斯对恺撒的大军发动奇袭之后，比起进攻，庞培倒是更满足于远远地跟在敌人身后。最后双方都抵达了法萨罗。庞培的骑兵队由提图斯·拉比埃努斯率领，后者在战斗中甚至都无法拖延敌军进攻的脚步。

当恺撒的大军迅速朝阿波罗尼亚、俄里科斯以及阿塔曼尼前进时，在已经迫不及待地要将恺撒杀之而后快的元老院议员的不断刺激下，庞培率军横穿马其顿东南部。他希望在恺撒抵达拉里萨之前，先行与昆图斯·凯基利乌斯·梅泰卢斯·比乌斯·西庇阿（Quintus Caecilius Metellus Pius Scipio）会合。恺撒则在贡菲与格涅乌斯·多米蒂乌斯·卡尔维努斯（Gnaeus Domitius Calvinus）会合，他们的联军占领并洗劫了该地。战斗打响了，庞培麾下的军官，除了提图斯·拉比埃努斯之外，都无法招架隐藏在恺撒骑兵队之后的 6 个步兵大队[35]的进攻。庞培骑兵队中的贵人派成员在战斗刚开始时就被恺撒的老兵投掷的标枪吓得四散而逃。步兵队的进攻将庞培的大军彻底击溃了。

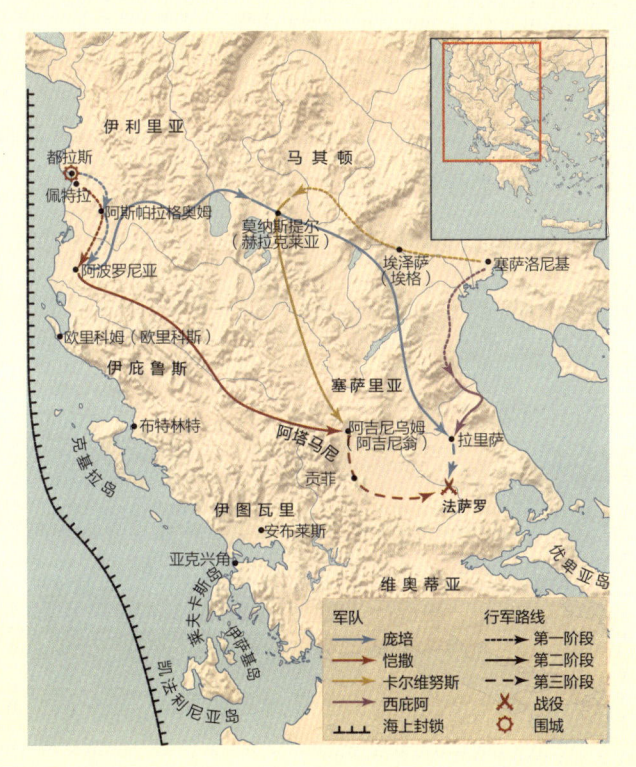

插图 一枚由 Q. 纳西迪乌斯（Q. Nasidius）于公元前 42 年至公元前 39 年间以庞培的儿子塞克图斯·庞培的名义制作的古罗马银币。

---

[35] 一支古罗马步兵大队的人数约为 600 人。——译者注

庞培谢幕

恺撒向罗马进军——尽管庞培要为此负主要责任，但他无力站起来反抗前者。庞培的麾下确实还有几支部队，但这些将士已经很久没有作战了。眼看敌人步步紧逼，庞培决定离开意大利，以期在那些对他示好的地区得到增援。

大多支持庞培的元老院议员都跟着他逃跑了，因为他们根本别无选择：如果留在罗马，他们便会有遭到恺撒报复的危险。恺撒几乎在布林迪西港抓住了所有外逃人员，但庞培还是成功地逃往了希腊——他的首选目的地其实是西班牙行省，七支罗马军团正在该地等待这位指挥官的号令。

恺撒抵达罗马之后，便避免实施在此类情况下通常会出现的暴行。他宽大地处理了自己的政敌，以缓解充斥在罗马城的混乱与恐怖的气氛。在让社会和政治都恢复常态之后，恺撒命马尔库斯·埃米利乌斯·雷必达（Marcus Aemilius Lepidus）管理罗马，与后者同名的其父是公元前78年有平民派倾向的执政官。恺撒本人则马不停蹄地去寻找庞培。在短短40天的时间内，恺撒便控制了马赛，并在列伊达战役中取胜，由此恺撒得以攻克庞培治下的大部分西班牙行省地区。

随后恺撒返回罗马，并被任命为独裁官，不过两个月之后他便卸任了，因为他在执政官竞选中成功当选。实际上，是他本人召集了竞选活动，为的便是向人们证明，在他的统治下，共和国能够正常运转。恺撒与普布利乌斯·塞尔维利乌斯·瓦蒂亚（Publius Servilius Vatia）当选公元前48年的执政官。恺撒赦免了那些流亡在外的人士，以治愈共和国在经年的冲突中留下的旧创，之后他便继续出发追击敌人。

庞培在马其顿行省以及在其东方的支持者中招募了军队。元老院仍旧对他抱有好感——这种"正统性"尽管有些虚无缥缈，却让他能够将恺撒定义成一位篡权者和叛国者。公元前48年初，尽管恺撒的兵力远不及其对手，但他还是率兵与庞培的大军开战。但庞培已经控制了巴尔干地区的局势，恺撒也发现了在面对庞培时，其人数不占优势，因此身陷窘境。当冬天结束时，马克·安东尼派出新的

刺杀庞培

法萨罗兵败之后,庞培前往希腊。随后他又掉转航向,前往埃及寻求法老托勒密十三世帮助。埃及不想触怒恺撒,因此庞培一登陆埃及就被刺杀了。根据传统的描述,埃及人将庞培枭首,并将其首级及印章指环献给了恺撒。他们的本意是想赢得恺撒的好感,但后者的反应出乎意料:恺撒捉拿了那位杀害庞培的人。随后他将已故对手的头颅埋在供奉涅墨西斯(Némésis)的神庙中——恺撒下令建造了这座神庙,以纪念庞培。

插图 意大利画家乔凡尼·安东尼奥·佩莱格里尼(Giovanni Antonio Pellegrini,1675—1741)的画作《向恺撒呈上庞培首级》(*La Tête de Pompée présentée à César*)让人们永远地记住了这一篇章。

军团前来支援恺撒，因为后者认定起兵的时机已经成熟了。庞培更倾向于避战，因此恺撒的应对之计便是将其围困。然而，庞培还是成功地突出重围，并重创了恺撒的军队，因此恺撒决定且战且退，以争取时间等待其援军从意大利赶来。正面交锋似乎已是不可避免的了。两方军队最后在法萨罗交火，尽管庞培在人数上占优势，但恺撒卓绝的战略才华为他奠定了胜利的基础。庞培看到自己即将被围，因此战役刚一结束他便逃跑了。

在妻子与儿子塞克图斯（Sextus）的陪同下，庞培前往埃及寻求庇护——此前他在这里都能被很好地接待。但是这个尼罗河河畔王国的内部局势动荡不安，因为两位继承人——爱父者托勒密十三世（Ptolémée XIII Philopator）与其姐姐克里奥帕特拉七世（Cléopâtre VII）[36]——之间的矛盾不断。托勒密十三世是真正的掌权人，其监护人希望能保护埃及免受恺撒怒火的波及。他们命人将庞培杀死以向恺撒示好——不幸的庞培在其妻儿的眼前被杀害。

吹笛者托勒密十二世（Ptolémée XII Néos Dionysos）于公元前51年去世，埃及王国便由其两个孩子共同治理，一个是年仅17岁的克里奥帕特拉七世，另一个便是托勒密十三世——作为克里奥帕特拉七世的弟弟和丈夫，当年的他只有9岁。一场激烈的夺权之战立即让王朝四分五裂。托勒密十三世的监护人兼幕僚趁着年轻的君主势力较弱，将克里奥帕特拉七世驱逐。由于担心自己会有性命之虞，克里奥帕特拉七世决定前往叙利亚蛰伏——这便是恺撒抵达埃及时的局势了，他的初衷本是追击庞培。

恺撒在埃及

恺撒的敌人已经悲剧谢幕，但这位罗马将军的反应在托勒密的预料之外。

对恺撒而言，庞培仍旧代表着罗马的力量。因此杀害庞培，便意味着对共和国的冒犯。不过事实仍然是，埃及帮助恺撒完成了清除庞培的艰巨任务。此外，庞培遇害，恺撒便有权为其报仇，他也有责任维护前者的身后名：恺撒极其巧妙地对局

---

[36] 即埃及艳后。——译者注

克里奥帕特拉与恺撒：一段爱情传奇

埃及艳后是历史上最为迷人的人物之一。她凭借其传说般的美貌和非凡的智慧吸引了当时众多最为杰出的男人，其中便有恺撒，他最终也被埃及艳后那令人难以抗拒的魅力屈服。

恺撒在亚历山大的皇宫中第一次见到了克里奥帕特拉。根据一些目睹此次事件的人的说法，克里奥帕特拉将自己卷在一张精美的毯子里，一位侍者在恺撒全神贯注的注视下将毯子打开——他立刻就被这位年轻貌美、极有魅力的女子吸引了。无论这一情节是真实的，还是人们想象的，都因其具有异国情调而被载入了史册：它证明了克里奥帕特拉那强大的吸引力，以及此次"会面"对恺撒造成的强烈冲击。一些伟大的导演，诸如塞西尔·B. 德米尔（Cecil B. De Mille）于 1934 年、加布里埃尔·帕斯卡（Gabriel Pascal）于 1945 年，以及约瑟夫·曼凯维奇（Joseph L. Mankiewicz）于 1963 年，都将这对举世无双的恋人第一次碰面的神奇情节搬上了大荧幕。克劳黛·考尔白（Claudette Colbert）、费雯·丽（Vivien Leigh）和伊丽莎白·泰勒（Élisabeth Taylor）都以她们的方式诠释了克里奥帕特拉这个人物。

插图 法国画家让-莱昂·杰罗姆（Jean-Léon Gérôme）的油画《恺撒与克里奥帕特拉》（*César et Cléopâtre*）的复制品，该画家的创作灵感来自古代及东方。

势进行了斡旋。

恺撒在埃及逗留了一段时间——埃及简直是滋养了他雄心壮志的沃土。该地自然资源丰富，尤其是谷物，恺撒知道将这些资源掌控在手中的重要性。机会以戏剧化的形式出现在恺撒的眼前——糟糕的天气迫使他留在了亚历山大，恺撒决心好好地利用这次机会。于是他开始研究埃及王国的内部情况，其目的极有可能是在埃及内部播撒纷争的种子，随后一举发动叛乱，并最终将其收入囊中。与此同时，他还要求埃及偿还吹笛者托勒密十二世在世时欠下的巨额债务。为了筹到足够数额的赔偿款，埃及法老不得不从首都的几座神庙中征收财富，此举激起了人民的极大不满。紧张的局势演化成了叛乱，而此时恺撒也要求克里奥帕特拉重返宫廷，与其弟弟托勒密共同执政。他也找到了一种方法，先发制人地赶在那些朝臣之前，先行操纵年轻的法老托勒密十三世。

公元前48年10月，克里奥帕特拉与恺撒被托勒密的军队围困在皇宫之中，后者身后有大量反对恺撒政治干预的埃及公民的支持。而罗马的西方盟友派来的援军则花了6个月时间才赶到埃及。恺撒当然不愿意坐以待毙，他设法从宫殿中指挥别人烧毁了一部分敌人的战舰以及港口区域。最终，恺撒翘首以盼的增援在公元前47年年初赶来了。

因此恺撒能够打破围困并与托勒密的军队交战，并最终在尼罗河三角洲附近将后者击溃。仍是孩子的法老在逃亡中去世。恺撒瞬间便解决了王朝的权力分离问题——他将克里奥帕特拉推上了王位，后者现在与其最年幼的弟弟托勒密十四世（Ptolémée XIV）共同执政。

据历史记载，恺撒曾在埃及多逗留了3个月，并与克里奥帕特拉同游尼罗河直到4月，其间有400艘舰船随行。我们通常认为，恺撒延长了在埃及逗留的时间的主要原因是他对那位女王的迷恋，但他的真正原因远没有那么浪漫。4月恰好是谷物收割的季节，恺撒趁机将自己的舰船填满了粮食。公元前47年4月，恺撒离开了埃及，留下了3支军团保护谷物和女王——克里奥帕特拉已经有孕在身，她腹中的孩子便是恺撒的儿子恺撒里昂（Césarion）。

顽强的敌人

当恺撒还在亚历山大期间,庞培曾经在东方的支持者准备组织反抗活动——这很可能再度引发新的起义。其中最为严峻的恐怕是本都国王法尔纳克二世(Pharnace Ⅱ)带领的暴动,其人是庞培的前支持者,也是高贵者米特拉达悌六世的儿子——法尔纳克便是从前者的手中继承的王位。

恺撒和庞培从前的针锋相对让巴尔干地区混乱不堪,法尔纳克二世利用了该地的乱局,将自身的影响力扩展至该区的边界。庞培去世之后,恺撒被埃及的事务耽搁了一段时间,法尔纳克二世得以继续扩大其在亚美尼亚

托勒密十五世

据一些史料称,托勒密十五世是克里奥帕特拉与恺撒的儿子,因此也是恺撒的继承人,亚历山大人称恺撒里昂为"小恺撒"。小恺撒于公元前44年至公元前30年与克里奥帕特拉共同统治埃及。上图为位于登德拉的哈尔所神庙外墙浮雕中的克里奥帕特拉与托勒密十五世。

西部以及卡帕多细亚的统治范围。但埃及问题一经解决，恺撒便知道是时候该清除这个日渐壮大的威胁了。

恺撒第一番阻遏本都国王的尝试，以其支持者格涅乌斯·多米蒂乌斯·卡尔维努斯的兵败收场。法尔纳克继续进行他的事业并占领了比提尼亚，这迫使恺撒亲自指挥行动。8月，这位将军离开了埃及并前往小亚细亚，其目的便是向法尔纳克引战。恺撒在泽拉（Zéla）击溃了法尔纳克，后者逃回本都王国。也正是在这次胜利之后，恺撒说出了那句著名的话："我来，我看，我征服。"（Veni, vidi, vici.）他随后命人追击法尔纳克，后者在战斗中身亡。

在此期间，共和国的局势变得更加复杂。在恺撒离开罗马期间，马尔库斯·凯利乌斯·鲁弗斯（Marcus Caelius Rufus）反对恺撒提出的关于债务的法案，并在公元前48年，将还债时限推迟到了6年。与恺撒一同执政的另一位执政官普布利乌斯·塞尔维利乌斯·瓦蒂亚与元老院勾结，将鲁弗斯革职。因此鲁弗斯不得不寻找新的支持——最后他找到了一位出乎意料的支持者：米罗。被流放的米罗于公元前49年在没有被恺撒赦免的情况下便返回了罗马。他们怀着摧毁恺撒政府的目的，联合在一起以激化社会的局势——但他们的努力最终一无所获，鲁弗斯和米罗都被逮捕并被处死。

公元前48年，恺撒还在东方，他在与法尔纳克二世对阵时取得的大胜让他有资格将其独裁者的任期续任一年。当时的意大利由马克·安东尼掌控，他是罗马骑兵的长官，也是恺撒政府中的二号人物。当继承了鲁弗斯遗志的平民保民官普布利乌斯·科尔内利乌斯·多拉贝拉（Publius Cornelius Dolabella）试图反对恺撒时，事态变得复杂了，马克·安东尼不得不竭尽全力去避免新的麻烦。

还应指出的是，庞培的支持者仍旧众多。当年恺撒在法萨罗取得胜利之后，一部分的元老院议员随着庞培一起逃离了罗马，以示他们坚决不向恺撒让步之志。他们中的大部分都逃往了北非，而此地的努米底亚国王祖巴一世（Juba I[er]）一直是庞培的盟友。祖巴一世的宫廷接待了最为杰出的庞培党领导人和元老院议员，以及庞培的两个儿子格涅乌斯和塞克图斯。这些恺撒的敌人在尤提卡成立了伪政府，并

小加图 [又称尤提卡的加图（Caton d'Utique）] 自杀

马尔库斯·波尔基乌斯·加图在罗马的政治生活中一直是一位十分活跃的人物，他是元老院的支持者，也是贵人派寡头集团的成员，因此他也成为庞培阵营的成员。庞培兵败法萨罗之后的公元前46年，其支持者又在塔普苏斯一败涂地——小加图选择体面地自杀，以保全与其元老院议员身份相称的从容和高傲。

小加图一直是恺撒的死敌，也是恺撒专制政府各项草案的反对者。当小加图抵达尤提卡时，他收到了庞培党人在塔普苏斯惨败的消息，因此他公开声明自己不愿生活在一个由恺撒统治的世界上。随后他召集其朋友共进晚餐，并与他们相谈哲学。令人愉悦的聚会结束之后，小加图向其朋友们道了再见，并回到了自己的住所。接着他又读起了柏拉图来消磨时光直到深夜——然后他拔出了自己的剑，并将其刺入自己的腹部，但是没有伤及要害。他的侍者被嘈杂声惊动，连忙跑来救他并为他包扎伤口。但当侍者们离开房间，加图再次独身一人时，他又开始尝试终结自己的生命。翌日清晨，人们发现已经断气的小加图一手拽着自己的肠子，一手拿着柏拉图的书。既然已经明确了自己即是自己命运的主人，小加图选择忠于自己的信念，直到最后。

插图 普遍认为的小加图半身像，该文物来自摩洛哥的城市瓦卢比利斯（Volubilis），作者不详（现藏拉巴特考古博物馆）。

宣称此处才是真正合法的共和国政府。在庞培幸存军队的支持下，这个政府得以将反叛队伍逐渐壮大，并渐渐地发展成了一股能够威胁到地中海稳定的不容小觑的力量——最重要的是，他们也对恺撒构成了威胁。

恺撒的处境变得更加糟糕：其麾下一部分人驻扎在意大利南部的军队发动哗变——如果在非洲开辟新的战场，那么将意味着他们的退伍时间会有所延迟，军饷的发放时间也会相应地被延后。对他们进行部署的指令无法安抚他们，反而会让情势变得更加糟糕。厌倦了一系

战斗中发出召集令的战士（第204页）

这件伊比利亚的石灰石雕塑是安达卢西亚奥苏纳一处浮雕中的一部分，其历史可追溯到约公元前2世纪。浮雕中的战士正在吹响号角，这种乐器也会出现在一些仪式中（现藏马德里国家博物馆）。

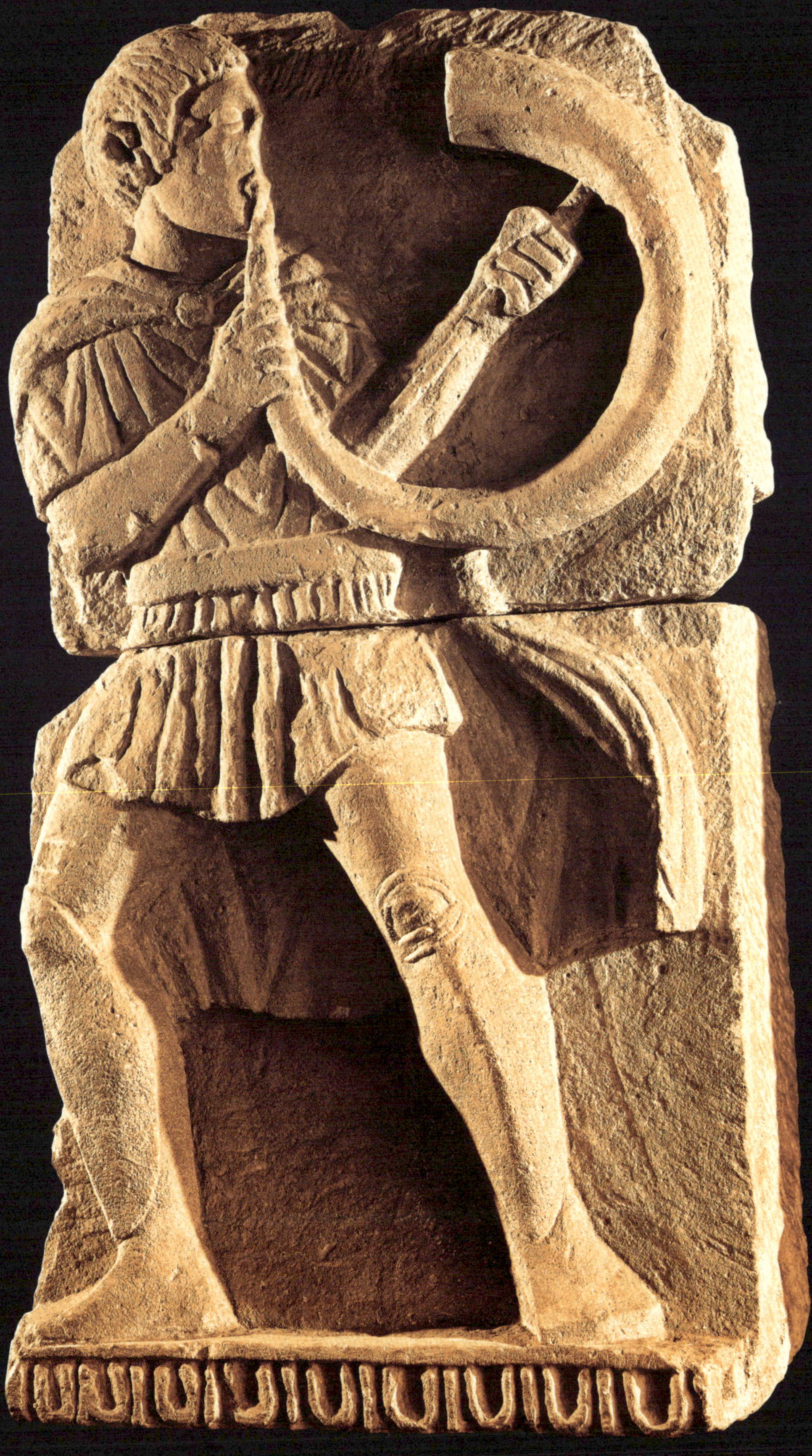

列虚伪承诺的将士决定向罗马进军。恺撒及时地出现以安抚他的军团，而后者面对着他们的将军，立即放弃了反叛的计划。罗马的情况也别无二致，恺撒的出现立即安抚了公众舆论。恺撒能够听取公众的诉求，也接受了马尔库斯·凯利乌斯·鲁弗斯关于债务的法案。这种求和的姿态让他能够安抚大众的情绪，也让他能重新恢复某种意义上的政局安定。

恺撒仍然要解决十分棘手的北非问题。他于公元前47年抵达北非。然而祖巴的攻势却阻挠了他的进军，因此他必须采取更为主动的措施以摆脱困境。和从前一样，来自意大利的预备役军队让他能够直接引战并继而扭转了局势。决战于公元前46年春在塔普苏斯爆发。小加图与昆图斯·凯基利乌斯·梅泰卢斯·比乌斯·西庇阿率领庞培党的军队作战，最终惨败。祖巴、庞培党的大部分领导人以及恺撒的敌人，都在此次战役中丧生。

蒙达：最后一役

贵人派大军在塔普苏斯一役后，侥幸活下来的人都摆脱了追击他们的敌人。他们聚集在庞培党最后的代表人周围，并准备抵抗恺撒的大军。庞培的两个儿子，格涅乌斯和塞克图斯成为反叛军的领导。在此期间，杰出的军人提图斯·拉比埃努斯开始募兵，此人曾在高卢战争期间在恺撒麾下担任军官，后在内战期间加入了庞培的阵营。提图斯·拉比埃努斯希望组建一支全新的、能够和恺撒军团分庭抗礼的军队。恺撒的众多政敌向他提供支持，提图斯·拉比埃努斯最终招募了13支军团，并且拥有足够的资金来购买装备及支付军饷。有赖于西班牙行省丰富的资源，拉比埃努斯的军队迅速成形，并已经做好了作战的准备。

公元前46年末，昆图斯·卡西乌斯·朗基努斯在外西班牙行省担任总督。此前庞培在担任该行省总督的时候，他曾在庞培手下任职，之后昆图斯·卡西乌斯·朗基努斯成功竞选公元前49年的平民保民官，并加入恺撒阵营。朗基努斯管理该行省的手段极端残酷，因此不满情绪在人群中及其麾下的将士中蔓延。庞培党人在一位名叫马塞勒斯（Marcellus）的财务官的帮助下，利用外西班牙行省的紧张局势煽动该地人民发动叛乱，并最终迫使朗基努斯逃离该地。针对朗基努斯臭名昭

■ 尤利乌斯·恺撒

奥苏纳的青铜艺术品

蒙达之战告捷之后，恺撒为了惩罚那些曾反抗过他的城市，将之变为罗马的殖民地。最为显著的例子便是乌索（Urso，即奥苏纳），人们也是在该地发现了上图中的这块历史可追溯到公元前1世纪的青铜板。这块青铜板上镌刻着关于在罗马西班牙行省建立母神——尤利乌斯（Genetiva Julia）这座殖民地以来最古老的法案（现藏马德里考古博物馆）。

著的滥权行为进行的政治宣传为恺撒带来了极端负面的影响，大多数人民都开始认为恺撒是一位真正的暴君。

与塞多留几十年前在相同情况下的做法如出一辙，庞培党人将西班牙地区视作反抗恺撒权威的最后战线。恺撒则派出了他的两位副手昆图斯·法比乌斯·马克西穆斯（Quintus Fabius Maximus）和昆图斯·佩蒂乌斯（Quintus Pedius）前去搜集关于庞培党人行动和人员的相关信息。公元前45年末，恺撒亲自率军进军西班牙行省。他的意图是彻底扫清贵人派的叛军。这一次，恺撒手上的兵力有限，因为他只招募了5支军团，并且只有两支军团才是真正意义上身经百战的队伍。而敌军则拥有 13 支军团，但是就实战方面，这些军团不及恺撒的部队。

一抵达西班牙地区，格涅乌斯·庞培和提图斯·拉比埃努斯便围攻了乌利亚，该地是西班牙仍旧忠于恺撒的最后据点。作为回应，恺撒进攻了科尔多瓦，在此守城的塞克图斯·庞培迅速地呼唤其兄弟前来支援。格涅乌斯·庞培发动了一系列的骚扰战，同时也谨慎地避免与恺撒的军队正面交锋。科尔多瓦的防御工事十分牢固，因此恺撒不得不放弃围攻该地，格涅乌斯则率军跟在他的部队之后，但保持了一定的距离——他试图在不引战的前提下惹恼恺撒。恺撒随后围攻了阿特瓜城，尽管当时庞培党的大军就在附近，但该城还是在恺撒的进攻下屈服了。此次战败严重影响了格涅乌斯·庞培的声誉——尽管他精明且反应迅速，但就战略才华而言，他还是不及自己的父辈杰出。随着时间的推移，越来越多的西班牙行省的居民转而加入恺撒的阵营。事态危急，格涅乌斯最终不得不主动引战。

3 月 17 日拂晓，两方军队在蒙达城狭路相逢。格涅乌斯率先进行了战略部署，这样一来他便可以利用该地起伏的地形。恺撒则率领着一支精锐骑兵队发动了第一波进攻，这支骑兵队在塔普苏斯取得胜利后士气高涨。但战场崎岖的地形大大地降低了骑兵队的机动性，恺撒几乎丧命于此。恺撒曾经为了将自己的胜利谱写进史诗，为了让自己名垂青史而战；而在蒙达，他不得不为了自己的存亡而战。这是一场不死不休、毫无慈悲的激战。尽管有利的地形似乎使战争局势向格涅乌斯倾斜，但恺撒凭借其顽强的意志最终改变了战局。他自己也一马当先，在战斗的最前线与将士们并肩作战。将军的意志也鼓舞了其麾下忠心耿耿的军团，他们一鼓作气，取得了最终的胜利。经此一役，恺撒在统治共和国的道路上将不会遇到任何阻碍了。

终身独裁官

征战十五载，恺撒除掉了其所有的反对者和敌人，也成功地平定了罗马治下所有地区的叛乱——那么现在时机已经成熟：恺撒意欲采取必要的措施以维护国家的长治久安。

恺撒身后的支持主要来自军队，自从他在高卢战争中取得了第一番胜利之后，军人便对他怀有绝对的忠诚。为了嘉奖这些忠心耿耿的老兵，恺撒赠予他们意大利

马塞勒斯剧院

由于恺撒在征服期间累积了巨额财富，因此他决定贡献出一部分来资助罗马的大型建筑工程。其中最值得一提的便是他希望修建一个能够与庞培剧院相媲美的大型剧院。但为了实施这一工程，恺撒采取了一系列不受欢迎的举措，例如征用大量土地。恺撒遇刺之后，该项目瘫痪了多年，最后奥古斯都大帝于公元前22年重启了该项目，以纪念他的侄子马尔库斯·克劳狄乌斯·马塞勒斯（Marcus Claudius Marcellus）。

或行省中的土地——随之而来的便是激烈的殖民运动，同样罗马人也能够借此机会加速整个地中海盆地那些被其征服的土地的罗马化的进程。恺撒的身后有罗马骑士阶层以及平民阶层支持，因此他坚决反对元老院家族继续对共和国实施严苛的寡头统治，并采取了对骑士阶层和平民阶层有利的政策。

为了表彰从他发动征服战争起就成为他忠实盟友的一些高卢部落，恺撒决定授予这些部落的居民罗马公民身份，这一恩惠的范围及至坦斯帕达纳高卢（Gaule transpadane）[37]。同样，一些西班牙地区的城市也被惠及。而努米底亚、西西里以及山北高卢一些城市的居民，则被授予拉丁公民身份。

[37] 山南高卢的北部地区。——译者注

恺撒的左膀右臂马克·安东尼：忠诚又善变

一些人物借助着凯恺撒大帝羽翼下的风也能振翅——这对整个罗马的命运而言都有着十分重要的意义。例如马克·安东尼就是个例子，他是恺撒忠诚的左右手，并作为克里奥帕特拉的情人、屋大维（后来的奥古斯都大帝）的死敌在历史中留名。

马克·安东尼是一位军事天才，也是尤利乌斯·恺撒最为忠诚的助手。他在高卢战争期间出色地服役，也证明了其作为一位军事统帅的天赋。公元前 49 年，人们开始从四面八方对恺撒进行政治攻击。恺撒的反对者试图要求前者在高卢就交出他的权力。马克·安东尼随后当选平民保民官，他手上的否决权帮助恺撒驳回了很大一部分政敌的提案，这些人都试图让恺撒的事业毁于一旦。面对着愈演愈烈的政治斗争，马克·安东尼加入了恺撒驻扎在卢比孔河河畔的军队。马克·安东尼被恺撒提拔为军队的二把手，并在恺撒追击庞培期间负责管理意大利——马克·安东尼借此机会侵吞了大量的公共财产，过上了奢靡的生活。他非法占用了包括庞培在内的大量敌人的财产。尽管如此，马克·安东尼依旧对恺撒忠心耿耿，后者也依旧将其委以重任。公元前 44 年，两人同时出任执政官。在《反腓利比克之辩》中，西塞罗将这两位执政官，同时也是罗马最有权势的人在公元前 44 年末的作为描述成黑暗的、无疑也是不公正的勾当。马克·安东尼自始至终都自称是恺撒在政治上的继承者，这也就是为什么他一直对恺撒的养子屋大维抱有敌意——两者间的敌对便是这个混乱时代最后一场内战的根源。

马克·安东尼硬币　上方的罗马银币大约是公元前 32 年冲制的，被发现于下萨克森（Basse-Saxe）的卡尔科里森丘（Colline de Kalkriese）（现藏奥斯纳布吕克卡尔科里森博物馆公园）。左侧是印有马克·安东尼肖像的古罗马金币。该金币冲制于公元前 40 年，用以纪念马克·安东尼和屋大维的和解（现藏柏林国家博物馆纪念章陈列馆）。

就严格的法律层面而言，恺撒在公元前 49 年向罗马进军的时候就已经担任独裁官了。他在法萨罗之战中取胜之后，便再次被任命为独裁官，而这次的任期没有时限。公元前 48 年，他同样获得了保民官的权力，因此他在面对任何行政官时，都可以行使手上的否决权，同时他也可以以一个平民捍卫者的身份出现在大众的面前。所有的这一切都反映了他想与元老院的势力一较高下的意愿，当然，后者中还包括流亡到尤提卡的所谓庞培党人的"元老院"。恺撒在担任独裁官期间，还将执政官的任期提高到 5 年。在塔普苏斯取胜之后，独裁官成为一个年度性的公职，而恺撒则被任命为任期长达 10 年的独裁官。之后恺撒又在蒙达之战中取胜，由此他被提名为终身独裁官，而这一次他又拥有了监察官的权力——这样一来他便有了废除元老院议员的资格。这种行政官职能无休无止地合并，并最终将所有权力都集中在一个人身上的行为，无疑是对共和国宪法的绝对否定，然而，已经没有人能够反对这一行为了。

恺撒自公元前 62 年起便是公共宗教事务的负责人 [大祭司（pontifex maximus）]——至此，前所未有的权力全部都集中在恺撒一个人的手中。尽管这种集权实际只持续了很短的一段时间（公元前 49 年 1 月—公元前 44 年 3 月），但却足以让恺撒做出影响深远的改革。恺撒的大部分举措带有平民派倾向。他通过增加元老院的席位以及让自己的支持者入驻来削弱元老院的力量。他严格地控制了行政官选举的流程，因此人们再也不能自由竞选行政官了。一些历史学家认为恺撒其实在实施"君主专制"。

一部分行省的居民——尤其是山南高卢的居民自公元前 49 年起便被恺撒授予了罗马公民的身份，通过此举，恺撒改变了公民主体的结构。这一政策确保了他能在部落会议（Comices tributes）中获得那些忠实支持者的选票——因此恺撒能在各个领域同时进行相对激进的立法活动。尤其是他增加了行政官的数量。由于他急于缓解紧张的局势，因此在面对平民时表现得十分慷慨——最为明显的一次，便是他在公元前 44 年通过投票颁布了一项大赦天下的法案，旨在笼络他那些从前的敌人。

此外，恺撒还增加了三分之一的元老院议员——新晋元老院议员中的大部分都是他忠心耿耿的支持者——以将元老院转化为某种国家性的议会机构。他同样还授予一些来自波河河谷的高卢贵族以元老院议员的身份，这些高卢议员也是第一批能够进入元老院的行省居民。此举弱化了罗马贵族的权威，而在传统中，"贵族权威"是国家机构的显著特征，因为贵族代表了寡头政治集团。而将元老院向更多人开放的举动，为罗马重新定义了身份：罗马从一个"城邦"国家，转变为了地中海地区的一个不可被取代的强大国家。对组织和管理一个如此巨大的"帝国"而言，重组公民机构被证明是十分有必要的。因此恺撒增加了财务官、裁判官以及市政官的数量，并且将由他亲自任命这些官员。

狂热的改良主义者恺撒对公共或私人机构的各个领域都带来了影响，甚至有些改革的影响持续到了今天。例如，恺撒对罗马的历法进行了改革，如果依照改革之前的罗马历，每经过几年的时间，历法上的年份和回归年之间就会出现极大的偏差。独裁官恺撒还在地中海地区建立了众多殖民地以安置那些退伍军人，也借此机会将意大利之外的领土分配给罗马的穷人以解决贫困人口所带来的问题。他同样还继续实施格拉古兄弟关于罗马城市谷物配给的举措，不过他限制了受益人的数量。他还针对罗马惯常的税收形式做出了改革，目的便是增加新的税收项目以及建立官方税收机构。恺撒在公共工程领域也同样活跃，在他的所有创举中，最值得一提的便是他将古罗马广场修饰一新。然而，由于战事频繁，恺撒经常性地不在罗马，这阻碍了一些项目的展开，而这些项目，无疑是旨在授予不同的社群以罗马公民的身份。尽管这些项目没能成功地推进，但日后恺撒的外甥盖乌斯终将在罗马实施更为普遍的政策。

三月的伊都斯日[38]

尽管恺撒的诸多举措带有进步主义色彩，但罗马社会的不同阶层却对这些举措的反响不一。罗马的许多公民在最初都表达了对恺撒的支持，但他们在后期都不约

---

[38] 即罗马历的 3 月 15 日。——译者注

尤利乌斯・恺撒

马尔库斯・尤利乌斯・布鲁图斯

　　布鲁图斯是贵人派的支持者，法萨罗战败之后，他被恺撒赦免。之后恺撒命他管理山南高卢。布鲁图斯是颇有威望的共和国的维护者，也是共和国建立者卢基乌斯・尤尼乌斯・布鲁图斯（Lucius Junius Brutus）的后代。布鲁图斯为了将共和国从独裁者的手中拯救出来，带头筹划了刺杀恺撒的阴谋。但迫于民众的不满，刺杀成功后的布鲁图斯逃出了意大利，因此他被指控犯下叛国罪。逃至奥尔良的布鲁图斯最终将与马克・安东尼及屋大维对峙，并在公元前42年的腓立比战役（Bataille de Philippes）中败北后自杀。米开朗琪罗（1475—1564）雕刻的布鲁图斯大理石半身像（现藏佛罗伦萨巴杰罗宫博物馆）。

而同地对后者感到失望。最为贫穷的人民必须面对一个事实，即面包的配给量在慢慢地降低。骑士阶层也失去了其先前的影响力，他们致富的手段现在也严格地被国家掌控。那些支持更加民主的政策的人曾将恺撒视作他们的新领袖，但现在鉴于恺撒实施独裁统治，他们认为其背叛了他们的理想。恺撒及其支持者将共和政体中的传统概念完全地舍弃了，致使他们管理之下的罗马的日常生活变得混乱不堪，人们开始认为这位独裁者实际上是一位篡权者。

恺撒那不断累积的权力激起了人们的不安，而鉴于人们对"君主"这一概念一直避之不及，群众心中的不安情绪越发强烈了。自从国王傲慢塔尔奎尼被驱逐以来，罗马人一直抵制君主制，并认为君主制是一种将所有的权力都集中在单一个体身上的、极其容易孳生暴政的制度。出于这个原因，恺撒的专制政策唤醒了人们心中古老的恐惧，这种恐惧一开始只是怯意。

上述的种种因素，最终致使60个人开始筹划一场刺杀恺撒的阴谋——这一行动被证明是完全正确的，因为那位独裁者意图再次采取军事行动，以对抗东方的帕提亚人以及欧洲东部的达基亚王国（Dacie）——这样一来，恺撒的势力会进一步地扩大。如果恺撒取得了胜利，那么随之而来的便是他的声望再度提高——预料到这一点的密谋者马不停蹄地开始采取行动。

密谋者必须在恺撒离开罗马之前就展开诛杀暴君的行动，因为如果他选择在未来开战的话，那么这场行动还会再耽搁好几年的时间。密谋者将行刺的日子定在了三月的伊都斯日，那天也是祭祀战神马尔斯的日子，国家会在这一天将军队的指挥权交给将军。这些阴谋家来自罗马的贵族阶层，他们企图在这一天阻止恺撒出任罗马军队的总指挥官。盖乌斯·卡西乌斯·朗基努斯（Caius Cassius Longinus）是阴谋的主要发起者，后来马尔库斯·尤利乌斯·布鲁图斯也加入了暗杀阴谋，盖乌斯是后者的妻舅兼好友。尽管布鲁图斯和恺撒的政见不合，但恺撒对前者怀着深深的敬意，也对他的某些观点高度推崇。布鲁图斯是共和国建立者卢基乌斯·尤尼乌斯·布鲁图斯的后代——他的这位祖先曾驱逐了罗马王政时代的最后一位国王。因

刺杀恺撒于元老院议事堂

恺撒在公元前 44 年 3 月的伊都斯日被乱刀刺死。人们一般认为盖乌斯·卡西乌斯·朗基努斯是此次谋杀行动的主谋。恺撒的独裁统治践踏了共和国建立的根本原则，因此人们刺杀恺撒的目的是让共和国恢复秩序。参与阴谋的人毫不犹豫地自称"解放者"。马尔库斯·尤利乌斯·布鲁图斯也参与了这场阴谋，他的祖先卢基乌斯·尤尼乌斯·布鲁图斯曾是驱逐了罗马最后一位国王的执政官。

23 名罗马人举剑刺向了恺撒。参与筹划这场阴谋的至少有 60 名罗马贵族，其中还有不少被恺撒赦免的庞培支持者。这场谋杀案发生在庞培议事堂，也是元老院召开会议的地方。盖乌斯·尤利乌斯·恺撒就这样倒在了其死敌格涅乌斯·庞培·马格纽斯的雕像脚下。几个世纪以来，许多理论都尝试解释为什么一定要置恺撒于死地。其中最有可能的原因便是人们担心他成为手握绝对权力的独裁者——这让罗马人回想起了王政时代，这引起了他们发自内心的厌恶。自苏拉独裁时期以来，拥有装备精良、实力强大的部队就足以建立独裁政权——这已是屡见不鲜，庞培和恺撒就是很好的例子。然而，这次阴谋行动却无法阻止共和国式微的脚步：它只不过让共和国的最终结局推迟了 15 年而已。

对页图 意大利画家文森佐·卡米奇尼（Vincenzo Camuccini，1771—1844）的绘画作品《尤利乌斯·恺撒之死》（*La Mort de Jules César*）（现藏那不勒斯卡波迪蒙泰博物馆）。

此，布鲁图斯参与刺杀恺撒的阴谋无疑是出于拯救共和政体的渴望——恺撒的暴政已经威胁到了共和政体的存亡。

布鲁图斯计划在恺撒前往元老院视察时将其杀死。已经有人事先警告过这位独裁官会有刺杀行动，但后者还是对危险有所低估。公元前 44 年 3 月 15 日，正如人们所预料的那样，恺撒出现在了庞培议事堂（Curie de Pompée），该地是举行元老院会议的地方。当他单独进入议事堂的时候，密谋者们声称有要事相商，并将他团团围住，随后便毫不留情地将他杀害于

庞培的雕像之下。

　　密谋者曾将马克·安东尼控制住[39]，以防其对行刺计划进行干预。恺撒死后，马克·安东尼负责在其葬礼上发表悼文，他凭借自己出色的演讲能力和极具戏剧性张力的演绎技巧，让人们在他演讲的过程中回想起恺撒的美德，并公开指明了那些谋杀他的凶手。他的悼词对罗马的居民产生了极大的影响，他们愤怒地攻击了那些密谋者，并强迫他们离开罗马城。故而此时的罗马便由马克·安东尼一人全权领导了。

[39] 一说马克·安东尼在恺撒被杀害期间化装成奴隶逃离罗马。——译者注

尤利乌斯·恺撒

公元前 44 年 3 月伊都斯日恺撒之死始末

1月26日
从阿尔班山区返回的恺撒,得到了热情市民的盛赞,人们以迎接凯旋君主的方式迎接了他。

2月15日
恺撒获得终身独裁官的头衔之后,马克·安东尼想公开为其戴上金色王冠,恺撒拒绝了。阴谋家们将此举理解为恺撒希望加冕为王。

3月15日
尽管关于阴谋的消息不胫而走,并传到了恺撒的耳中,但他却低估了事态的严重性。23 位参与暗杀的人每人都向恺撒刺了一剑。

3月17日
在雷必达的帮助下,马克·安东尼召集了元老院会议,以求元老院批准所有恺撒在世时做出的决定并承认恺撒政府。

3月20日
公众在恺撒的葬礼中瞻仰了其遗容并对他称赞有加,随后恺撒的遗体被火化。面对着市民们越发高涨的敌对情绪,阴谋者们决定逃离罗马。

尽管马克·安东尼是位激情洋溢、意志坚定的人物,但他还是缺乏感召力以及作为一位战略家的才能,而恺撒恰恰是凭借这些品质才得以对罗马的政府进行改革。

许多人对恺撒之死感到欣喜,他们认为这段黑暗的专制时光即将终结。然而,即使共和国不再任由一个人的意志支配,但它还是注定要走向灭亡。贵人派和平民派间的冲突无休无止、暴力大行其道、战争连年不绝,加之日益严重的贫困问题,使共和政体再也无法承受任何形式的革新。罗马囿于一部单一的宪法,但罗马如闪电般扩张,其结果便是,这部宪法已经完全无法满足扩张后的国家体量了。

无论在罗马的内部还是外部,冲突从未停歇,这就导致了任何个体都可以控制国家,只要其身后有军事力量的支持——而这似乎也成了获取权力的必要条件。当恺撒试图对共和国进行体制改革时,无论他的本意是让共和国恢复常态,还是加强自身的权力,最终都付出了生命的代价。

年轻的盖乌斯·屋大维(Caius Octavius)是恺撒的外甥也是其养子,也是恺撒政治方案忠实、最杰出的继承者。他完成了恺撒未竟的事业,在共和国的废墟之上建立起了新的政治实体:元首制(Principat)罗马。这一前无古人的政治实体永远地让共和国留在了虚构的作品中。尽管如此,所谓的元首制仍旧基于个体的权力,且具有排他性。然而，在达成其终极目标之前，屋大维必须通过唯一的手段才能证明自己，并且使罗马人相信他是一位合法的统治者。这唯一的手段便是战争。公元前27年，罗马人在巨大的痛苦中见证了屋大维成为罗马的第一位皇帝，而此时的他，便是奥古斯都。

档案：令人畏惧的高卢人

档案：令人畏惧的高卢人

数个世纪以来，高卢人一直给人这样的印象：他们是蓄着长发、聒噪吵闹且难以被驯服的战士。但在这种刻板印象的背后，藏着的是一个由十分丰富且多元的文化融合而成的文明。从前的高卢人曾真正地威胁到罗马的霸权。

恺撒在高卢的土地上发动的战争给我们留下的印象便是，这片土地上的高卢部落都是野蛮的、未开化的——恺撒在维护其政治利益的著作《高卢战记》中对自己在高卢时期的描述，也能印证这个观点。《高卢战记》是关于高卢历史的重要书面记载，但除却该作，还有其他的史料留存于世。除了恺撒，一些希腊或拉丁的作家 [尤其是波利比乌斯、斯塔波拉（Strabon）、西西里的狄奥多罗斯（Diodore de Sicile）和西塞罗] 也为我们留下了关于高卢人日常生活以及文化习俗的书面证明。对于我们来说十分遗憾的是，高卢人更倾向于用口

维钦托利 这位高卢酋长呼唤其同胞在阿莱西亚之战中对抗恺撒。弗朗索瓦 - 埃米尔·埃尔曼（François-Emile Ehrmann, 1833—1910）作品（现藏克莱蒙费朗巴贡博物馆）。

铁器时代高卢墓葬中的希腊艺术品

人们在勃艮第大区的城市维镇附近的拉索奥斯山上的要塞城市中发现了一处巨型墓葬，该墓葬能直接证明高卢与地中海其他地区产生了重要的商业联系。我们认为该墓葬的坟冢构造明显受到了希腊风格的影响。墓葬配备有一个迈加隆式样（Mégaron）[40]的主厅。墓葬的主人为一位女性，从其华丽的服饰以及陪伴她去往"来世"的高品质陪葬品判断，该人生前极为富有。墓穴又被称作"维城贵妇的宫殿"，其中有大量当地或希腊的华丽陪葬品。

插图 装饰精美的希腊青铜双耳爵。该文物在维镇被发现，并以其尺寸而闻名。其上出现的元素可能是由希腊或伊特鲁里亚的商人传入的，并且该文物本身被这些商人用作商品交换（现藏塞纳河畔沙蒂隆市镇博物馆）。

---

[40] 爱琴文明的一种建筑类型。——译者注

档案：令人畏惧的高卢人

德鲁伊与神明

在凯尔特社会中，德鲁伊不仅仅是主持献祭仪式的祭祀，他们还拥有司法权，并兼具法官、教师、炼金术师和学者的职能。尽管高卢人的神明与信仰多种多样（超过300种），但所有的德鲁伊都会每年一度地聚集在一处圣地——根据恺撒在其《高卢战记》中的描述，圣地位于"卡尔努特人（Carnute）的国度"。然而我们对这些德鲁伊知之甚少，关于他们的大部分书面证据都出自希腊拉丁、爱尔兰或是后期凯尔特的萨克逊作家之手。宇宙之王塔拉尼斯（Taranis）、战争与黑暗之神图塔蒂斯（Teutatès）以及自然之神以斯（Ésus），是凯尔特古迹中最为常见的三位一体。在塔拉尼斯的献祭仪式上，人们会供奉一颗被砍下的人头以及一个被关在人形容器（通常用木条或柳条编制）中的被活活烧死的人。人们会向图塔蒂斯献上一位被溺死于酒桶中的人，会向以斯供奉一位吊死在树上的人——象征着牺牲者的血液会滋养大地。斯特拉波和西西里的狄奥多罗斯说，当高卢的铁骑从战场返回时，会将敌人的首级挂在马脖子的颈圈上，他们会用将稻草塞进敌人的头颅制成标本，并放在家中当成奖杯，以炫耀自己的战功。

上图为几尊发现于恩特蒙特（Entremont）的人头雕塑。"人头"这个主题在凯尔特文化中屡见不鲜，暗示了人们会在宗教仪式中用人头祭祀（现藏普罗旺斯地区艾克斯格拉内博物馆）。对侧图为图塔蒂斯的小型青铜雕塑（现藏圣日耳曼昂莱国家考古博物馆）。

头传统的而非书面传统的方式来传承他们的文明。高卢人从3世纪起就引入了希腊字母表，但或许是出于宗教原因，他们依旧不愿意用文字来记录往事。不少考古遗迹也能够提供一些重要的信息，有了这些信息，我们能更好地了解高卢文明。通过对这些遗迹的研究，我们能够更加深刻地了解这个民族，并且也能以完全不同于恺撒的视角来认识他们。高卢人因其凶悍而千锤百炼的战士而声名远播，还是拥有丰富文化传统的民族，他们也掌握着冶金技术，并与地中海地区的文明互通有无——其中最值得一提的便是希腊文明，自公元前6世纪之初马赛建城以来，高卢和希腊间的贸易联系便越发紧密。

希腊人称高卢人为凯尔特人（Celtes）。在希腊的古代文献中，"高卢人"（Gaulois）通常指的是小亚细亚的"加拉太人"（Galates），而不是高卢地区的居民，尽管这两种文明有着十分明显的区别。而罗马人则称那些占领了莱茵河沿岸及至大西洋沿岸的人为"高卢人"——罗马人一直和这些"高卢人"的历史紧密相关。

高卢人真正地在一片固定的土地上定居下来之前，他们并没有所谓的"身份认同"。实际上，"高卢"一词指的仅仅是一块土地，而不是某个族群。因此，正是人群和其所选的领土之间的关系，才真正催生了"高卢"（拉丁文：Galliae）、"高卢人"（Gaulois）这两个符号。

一般而言，不同的高卢族群都是独立生息的，不同部落仅在一些特定的情况下才会建立联盟——例如在罗马人入侵之际，他们会联合起来一同抵御这个会威胁他们生死存亡的共同敌人。

高卢人的起源与扩张

高卢人的出现与第一铁器时代文化[哈尔施塔特文化（Culture de Hallstatt，约公元前800年）]有着十分密切的联系。但是，在公元前450年前后，第二铁器时代文化[拉坦诺文化（culture de La Tène）]出现之前，我们都无法明确地定义高卢人。我们对文化间嬗递的机制知之甚少，对不同文化间的界限也不甚明确。然而，我们知道文化的演替加速了人口的增长，而因为一个时期的人口要远远多于上个时期，原材料也随之变得丰富——这从武器、饰物以及手工艺品的不断丰富中便

■ 档案：令人畏惧的高卢人

堡垒城市恩特蒙特，一座高卢城市

位于普罗旺斯的恩特蒙特是萨卢维人（Sallyens，由凯尔特人和利古里亚人组成的族群）的首都。恩特蒙特作为一处战略要地，坐落在连接了阿尔卑斯山和希腊殖民地马赛的道路上。当利古里亚人进犯尼卡伊亚 [Nikaïa，即尼斯（Nice）] 和昂蒂布（Antipolis）时，马赛作为昂蒂布的盟友城市，立即向罗马请求支援。罗马人踏平了这座城市。恩特蒙特在公元前 102 年至公元前 90 年被弃置。

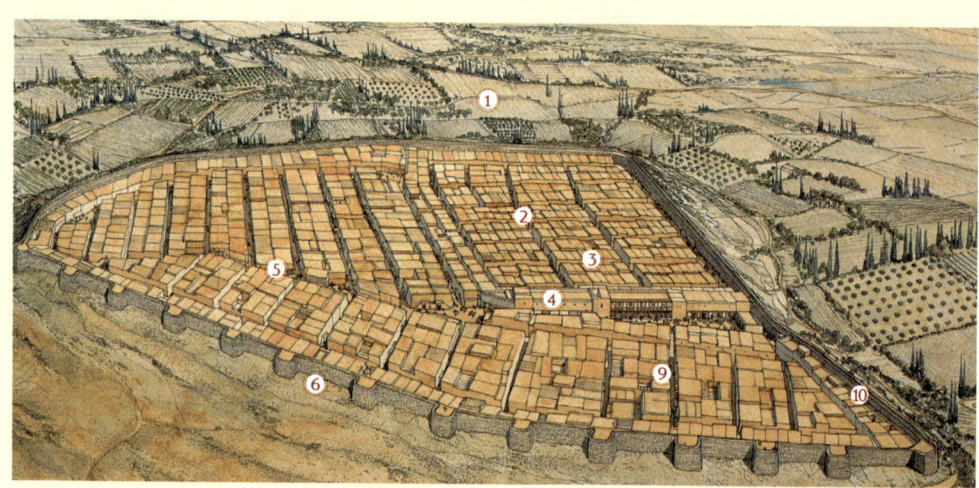

① **选址** 和大部分的高卢堡垒城市一样，恩特蒙特建造于丘陵之上，因此易守难攻。极有可能曾有一座圣所坐落在图中标示的位置。

② **街道** 在最初的城市中心，宽度为3米的街道采用正交规划。圆形的街道拐角的存在似乎能证明马车曾在街道上行驶。

③ **住宅** 由于最初的住宅规模较小，人们会占用公共道路扩建房屋，其证据便是我们在住宅外部（大门附近）发现了炉灶。

④ **起源** 最初的堡垒建造于公元前175年，占地1公顷。该城被城墙环绕，北墙被特别加固，该侧城墙的四周都设置了防御性的塔楼。

⑤ **发展** 公元前150年，第二道城墙拔地而起，以保护其内3.5公顷的土地。人们只能从西面的一个入口进入该城。

⑥ **城墙** 城墙厚3.5米，高6米至7米。每隔18.5米会设置一个高8米至9米、宽9.15米的塔楼。

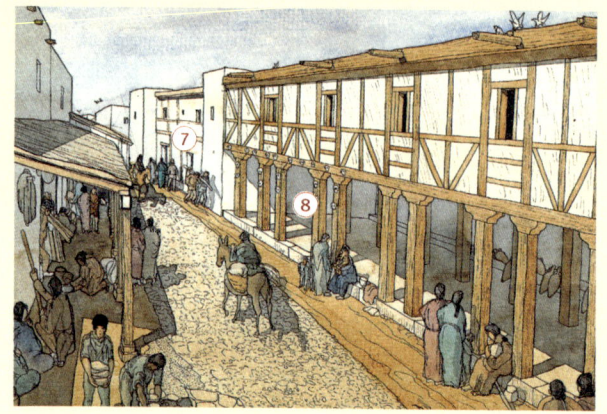

⑦ **入口** 从入口进入后便是整个城市最宽阔的街道，双层房屋倚靠老城墙而建，不过这些老城墙后期已经被废置。

⑧ **大厅** 这座大厅用于集会，长20米，宽5米。其建筑骨架是顶端嵌有头骨的木制支柱。

⑨ **城市化** 新城市中心的街道更为宽阔（4米至5米），而此处住宅也更为宽敞，至少配备有两个房间，有时甚至更多。

⑩ **油坊** 后人根据一处榨油机的遗迹发现了一间油坊。这间油坊能存储约3000升油。

222

可见一斑。

公元前 5 世纪末，凯尔特人开始从阿尔卑斯山以西向大西洋沿岸扩张。最终他们征服了意大利北部、不列颠群岛以及伊比利亚半岛的土地。凯尔特族群的一个分支——加拉太人——甚至成功征服了安那托利亚中部的土地。

生活在 4 个世纪之后的蒂托·李维称，凯尔特人向外扩张的原因是生活在今法国地区的部落人口急剧增长，而他们向意大利北部移民的进程也不是一蹴而就的，整个过程持续了至少 50 年。

第一批凯尔特移民在波河的源头地区定居，而其他部落则一点点地向南部开疆拓土。塞农人（也是后期参与扩张的部落）最终入侵了伊特鲁里亚城市丘西，后者则向罗马求援。罗马人与塞农人于公元前 390 年 7 月 18 日在西拉娜大道 11 公里处交火，该地也是台伯河和阿里亚河交汇的地方。罗马人的军队几乎无力抵抗塞农人的大军，后者直接进入了罗马城，并将罗马洗劫一空。随后塞农人开始对付卡比托利欧山的堡垒，而罗马人在此抵抗了 7 个月之久。在停止围攻卡比托利欧山之后，塞农人分裂成了几个部分，其中一部分塞农人在亚得里亚海沿岸的安科纳和里米尼之间安家，剩下的一部分则前往西西里，投入锡拉库扎僭主大狄奥尼西奥斯（Denys l'Ancien）的帐下，而这支塞农人部队让迦太基人饱尝耻辱的败果。

自从高卢人以令人生畏的姿态出现在意大利半岛之上起，不少国家都会征召高卢人入伍。他们快速地适应了如何在大型军阵中作战。他们通常出现在战斗的第一线或者军阵的中心——这也是战斗中人员折损最为严重的位置。高卢人的主要武器是长矛或是长剑。他们不会佩戴头盔或是胸甲，而是赤裸上身（有时候甚至全裸）进行战斗，他们会佩戴装饰性的项链（torques）和金制手环，并使用一面扁平的长形大盾牌进行防御。罗马人从这类盾牌中得到了启发，并且很有可能也根据陆龟（testudo）的生理构造开发出了作战策略：罗马军团中的士兵会将盾牌依次拼接在一起，组成龟甲阵进行防御。

大约在公元前 2 世纪，高卢人开始骑乘地中海地区的大型马。这样一来，他们便可以将先前由小型马牵引的战车编队替换为体量更大的重装骑兵队。骑兵配备有

档案：令人畏惧的高卢人

高卢部落：族群拼图

恺撒抵达高卢的时候，认为这片土地被三个大族群割据，正如他在其高卢战争故事的开篇词中所说的那样："整个高卢分裂成三个部分。"在高卢西南部与西班牙接壤的地区，生活着阿基坦人，高卢东北主要是贝尔盖人的家园，而在高卢中部生活着的则是许多不同的族群，罗马人将他们统称为高卢人或凯尔特人。鉴于并不存在一个统一的"高卢国家"，要想界定高卢地区的不同人种、族群或村庄是十分困难的。无疑，族群间的差异隐藏在高卢文化的方方面面，但它们都随着罗马化的进程而消失殆尽。不过，数量庞大的高卢语言能够印证族群间存在着极大的差别。一些语言性的记录似乎能证明存在着日耳曼语言、凯尔特语言以及大量的方言——这显然驳斥了"高卢是一个统一文明"的理论。尽管贸易交换可能增加不同文化间的相似度，但距地中海最为遥远的高卢人显然没有受到其相邻地区过多的影响。高卢族群的分散正好解释了为什么高卢会以如此之快的速度被征服，这场征服战争在短短 7 年内就结束了。最终，公元前 50 年，罗马宣布高卢为其治下的行省。

猎杀野猪 这是一块来自一口高卢罗马石棺上的浮雕。该石棺历史可追溯到公元 3 世纪或 4 世纪。浮雕描绘的不仅仅是生活的场景,它更多地唤起了人们对死亡的记忆(现藏阿尔勒古代博物馆)。

头盔和锁子甲——由于在马背上难以操控步兵所使用的大型盾牌,因此高卢人发明了锁子甲作为盾牌的替代品。在展开敌对行动之前,高卢人会事先进行神秘的宗教仪式:打头阵的高卢人会在两军阵前边跳舞边前进,并邀请最勇猛的敌人进行一对一的较量。在此期间,士兵会用他们的武器击出声响,并吹响著名的高卢战争号角(Carnyx)以威慑敌人。

高卢人的社会

对高卢人而言,部落是他们最大的社会单元。部落是团结在一起的家族集合,而部落中的所有家族都来自同一个祖先。一个部落将成百上千名个体(有时候甚至

■ 档案：令人畏惧的高卢人

会有上万名个体）都聚集在一个"帕古斯"（Pagus）[41]中，即一个往往由自然元素（河流、山脉、森林……）所界定的区域。帕古斯的大小或多或少类似于今天的"区"。部落通常以社群或城市的形式进行重组，而这个时候一个社群（或城市）的人口数量便介于20万至60万之间，我们所知道的高卢社群（或城市）的例子就有50个，其中最主要的便是爱杜依人、阿尔维尼人、塞夸尼人以及塞农人的社群。纵观整个高卢的历史，部落间的敌对和冲突从未间断——这渐渐地推动着不同的部落开始结盟，甚至部落和部落间还出现了从属关系。随着时间的推移，这些关系和高卢联盟也在不断地发展。

高卢人的社会被分成了几种人群：德鲁伊、"骑士"和人民——这是贯穿了整个古代的三种传统的印欧社会阶层。德鲁伊兼具宗教、司法以及教育的职能。"骑士"拥有参加战争的特权，这种特权是世袭的，因为个体是否有作战能力取决于此人是否能购买昂贵的战斗装备。最后，人民由自由人、农民、牧民以及手工业者组成。处于社会最底层的是大量在频繁的战事中被俘获的奴隶。

战斗中的高卢人

高卢人又被称作凯尔特人，除了多种身份，他们首先将自己视作战士，并且正是通过战争，他们才能在那个时代被人们熟知。高卢人在公元前4世纪初便出现在历史的舞台上——他们入侵到意大利北部，随后征服并洗劫了罗马。

高卢人入侵的记忆深深地烙印在罗马人的脑海里，因此对罗马人来说，高卢人意味着恐怖本身。极有可能是，罗马被洗劫的这一篇章严重地影响了高卢人的名声：根据许多描述，高卢人都是肥硕的野蛮人，他们毛发浓密，蓄着大胡子和长发，用号哭般的腔调唱出粗野的曲子的同时，还挥舞着手中那极具毁灭性的武器。尽管这样的形象和纪律严明的罗马军人形象完全相反，但这些所谓无组织、无纪律的凯尔特人仍旧在几个世纪的战争中不断地战胜罗马人——这表明了关于高卢人都是缺乏协调性的个人主义者的言论，仅仅是罗马人的一家之言。这里仅举一个例子：维钦

---

[41] 即法国高卢时代的"区"，后文所指的"区"（Caton）是法国的行政区划，一个区分为若干个县。——译者注

托利在热尔戈维取得了赫赫战功，这表明高卢人不仅是骁勇的战士，也是有组织的军人——恺撒必然很早便意识到了这一点，因为他经常征召高卢战士入伍。恺撒尤其欣赏高卢人骁勇善战的铁骑——他征服了高卢之后，高卢铁骑在他对抗庞培的战斗中发挥了巨大的作用。

十分可能的是，罗马军队在高卢罗马化的进程中扮演了催化剂的角色。通常，被征召进罗马军团的高卢人会完全融入军队中，这就会让他们越来越认为自己是罗马的一分子。罗马同样鼓励来自世界各个角落的士兵在高卢安家，这样便在高卢原住民的心中激发了某种"融入感"。所有的这些因素开启了不同文化交汇、融合的复杂进程，而这一进程即是我们今天所说的"罗马化"。

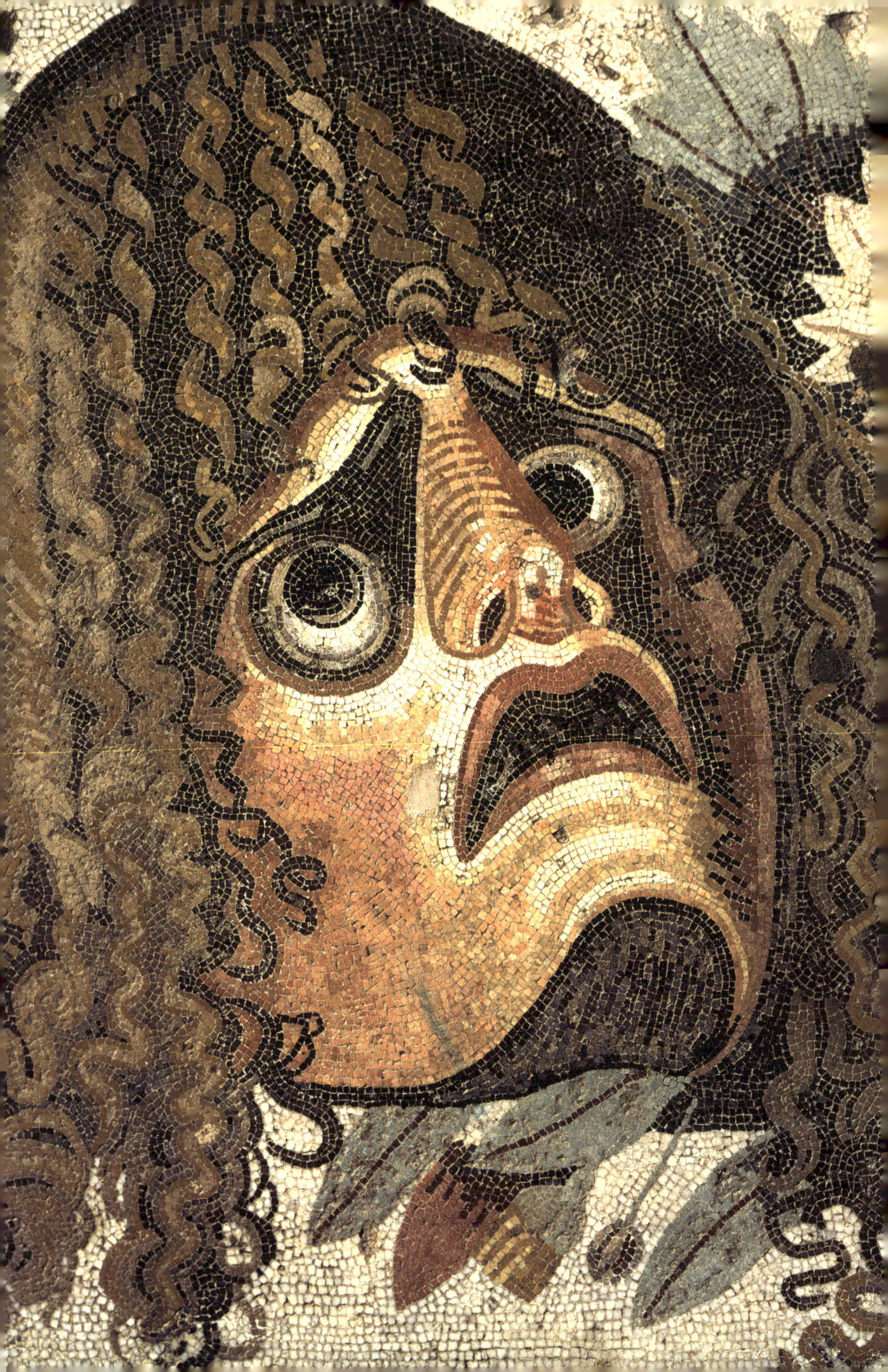

附　录

公元前 2 世纪至公元前 1 世纪的罗马共和国 230

对照年表：罗马、中亚及近东、远东及美洲 232

执政官年表 234

插图（左侧）　来自庞贝城中农牧神之家（Maison du Faune）的罗马马赛克镶嵌画。该文物的历史可追溯到公元前2世纪，画中是一张悲剧表演者佩戴的面具（现藏那不勒斯国家考古博物馆）。

公元前2世纪至公元前1世纪的罗马共和国

萨尔马提雅人

斯基泰人

奄蔡

博斯普鲁斯王国

里海

多瑙河

黑海

锡诺普

本都
（公元前65年）

亚美尼亚

拜占庭

比提尼亚
（公元前75年）

泽拉（公元前47年）

帕加马

弗里吉亚
（公元前116年）

加拉茨

卡帕多细亚

科马基尼
（公元前87年）

亚细亚
以弗所
公元前129年）

利考尼亚

卡莱（公元前53年）

皮西迪亚

奇里乞亚

底格里斯河

吕基亚

（公元前102年）

塔尔苏斯

安塔基亚
（公元前64年）

叙利亚

幼发拉底河

克里特岛
（公元前75年）

塞浦路斯
（公元前58年）

帕福斯

中海

泰尔

犹地亚

纳巴泰人

亚历山大

尼罗河

埃及

阿拉伯人

红海

231

对照年表

罗马

公元前136年—公元前121年

土地改革：
- 攸努斯在西西里领导了第一场奴隶起义
- 提比略·格拉古和盖乌斯·格拉古两兄弟为了消除罗马外扩引发的危机，提出进行土地改革及社会改革
- 罗马在对西班牙的凯尔特伊比利亚城市努曼西亚进行了长时间围城之后，将其摧毁
- 罗马统治山北高卢

文化事件：
- 盖乌斯·卢基里乌斯（Caius Lucilius）发明了一种新的拉丁文学体裁：讽刺诗
- 波利比乌斯撰写《历史》（Histoires）

公元前120年—公元前90年

党派斗争：
- 诸如马略和苏拉这些杰出的罗马人物在朱古达战争以及罗马对抗辛布里人和条顿人期间崭露头角
- 第二次奴隶起义爆发
- 罗马的两支政治党派贵人派和平民派展开激烈斗争
- 马略实施军事改革，其个人的军事实力得到加强

文化事件：
- 庞贝城的农牧神之家落成
- 斯多葛哲学理论引入罗马精英阶层

中亚及近东

公元前136年—公元前121年

帕提亚王国：
- 在伊朗当地游牧部落的施压下，帕提亚人失去对伊朗的控制权
- 帕提亚王国中的很多地区都针对国王米特拉达悌二世（Mithridate II）发动暴乱

叙利亚：
- 安条克七世（Antiochos VII Évergète）在米底王国（Médie）被击败，塞琉古人在幼发拉底河（Euphrate）流域失去影响力

文化事件：
- 阿拉伯人驯化双峰骆驼
- 贵霜帝国（Empire kouchan）开始使用希腊语

公元前120年—公元前90年

帕提亚王国：
- 帕提亚人在战胜了众多伊朗游牧民族之后，重夺该地控制权
- 安条克七世（来自信德的人）去世

本都王国：
- 高贵者米特拉达悌六世在揭露其母劳迪丝四世（Laodice IV）（摄政）的篡权阴谋后，加冕为本都国王

亚美尼亚王国：
- 提格兰一世去世后，伟大者提格兰二世重获自由，并成功登上王位

远东及美洲

公元前136年—公元前121年

- **亚洲**：汉武帝在黄河流域与匈奴人开战并取胜
- 霍去病击败匈奴人，并迫使后者向西迁移
- 匈奴向汉朝称臣，汉朝人得以进入西域
- 汉武帝的使者张骞在汉朝征服的领土内进行远征，并代表汉朝和外部地区建立联系
- 丝绸之路打开
- 儒教成为中国官方宗教

公元前120年—公元前90年

- **亚洲**：司马迁撰写《史记》，该作是中国历史编纂学中的鸿篇巨制
- 中国发展了炼钢技术和钢铁加工技术
- 中国舰船依靠最初级的航海系统行驶至印度
- 朝鲜的"卫满朝鲜"时代终结
- **美洲**：阿那萨吉人、霍霍坎人及莫戈隆人开始在北美洲进行农耕活动
- 奥克维克斯的猎人在阿拉斯加北部殖民

公元前 90 年—公元前 71 年

内战：
- 在清除了意大利盟友内部的叛军后，罗马授予意大利盟友的居民以罗马公民身份
- 马略与苏拉间的冲突演化为血腥的内战
- 尽管遭到诸如塞多留一类的流亡分子的反抗，苏拉还是在罗马建立了独裁政权
- 第三次奴隶起义爆发

文化事件：
- 罗马发明火坑供暖系统（Hypocauste）
- 亚里士多德和泰奥弗拉斯托斯（Théophraste）的手稿传入罗马，成为提兰尼奥（Tyrannion）的藏书

公元前 71 年—公元前 51 年

三头同盟：
- 军事胜利成为合法取得权力的唯一途径
- 元老院与改良主义平民派之间的冲突催生了由克拉苏、庞培及恺撒缔结的三头同盟
- 庞培在外部战场频频告捷，罗马得以将其影响力扩张至地中海东岸

文化事件：
- 庞培剧院落成

公元前 51 年—公元前 44 年

尤利乌斯·恺撒：
- 征服高卢
- 庞培与恺撒间的权力争夺引发了两者私人军队间的武装冲突
- 恺撒获胜之后推行调解政策以消除其支持者与其敌人间的不和
- 罗马与不列颠岛第一次接触

文化事件：
- 卡图卢斯完成其大部分诗歌作品
- 恺撒主持建造全新的元老院议事堂

公元前 90 年—公元前 71 年

亚美尼亚王国：
- 伟大者提格兰二世在与东部邻国交战的过程中取得了一系列胜利，并最终征服了美索不达米亚、叙利亚、奇里乞亚和腓尼基

本都王国：
- 高贵者米特拉达梯六世三次与罗马开战，史称三次米特拉达梯战争

文化事件：
- 希腊式佛教艺术萌芽，该艺术为佛教和希腊传统的美学融合

公元前 71 年—公元前 51 年

亚美尼亚王国：
- 提格兰战争之后，亚美尼亚丧失其霸主地位

本都王国：
- 米特拉达梯六世被卢库勒斯与庞培击败。在被其子背弃后，米特拉达梯自杀

帕提亚王国：
- 帕提亚国王帕莱斯三世被其子米特拉达梯及奥罗德（Orode）杀害
- 帕提亚人以碾压之姿在卡莱战役中战胜罗马

公元前 51 年—公元前 44 年

帕提亚王国：
- 帕提亚人将战俘驱逐到马吉安纳地区以增加该地人口

犹地亚：
- 阿里斯托布鲁斯二世（Aristobule II）被毒杀，其王朝随之一同消失

文化事件：
- 东西方开始接触，中国与地中海之间的丝绸之路由此建立

公元前 90 年—公元前 51 年

- **亚洲**：朝鲜城市新罗建立，该城将发展为朝鲜三国之一
- 匈奴联盟向汉朝称臣
- 印度巽伽王朝（Ahunga）的最后一位君主提婆菩提（Devabhuti）被其大臣杀害，甘婆王朝（Dynastie Kanva）开启
- **美洲**：阿尔班山的萨波特克人的大城市人口迅速增长
- 或因希特尔火山爆发，城市库库尔科开始衰落

公元前 51 年—公元前 44 年

- **中国**：发明水力风箱
- 京房[42]在音符时值中引入数学理论
- **美洲**：中美洲涌现出绚烂多彩的"大肚式"（Barrigón）雕塑
- 来自奥尔梅克文明（Culture Olmèque）的圣安东尼奥古城（现为考古遗迹）的人口开始减少

---

[42] 京房（公元前 77 年—公元前 37 年），西汉学者，本姓李，字君明，推律自定为京氏，东郡顿丘（今河南清丰县西南）人。——译者注

执政官年表

年份（公元前）	主执政官	副[43]执政官
134	普布利乌斯·科尔内利乌斯·西庇阿·埃米利安努斯（二度）	盖乌斯·费尔维乌斯·费库斯
133	普布利乌斯·姆基乌斯·斯凯沃拉	卢基乌斯·卡尔普尔尼乌斯·皮索·弗鲁吉
132	普布利乌斯·波皮利乌斯·莱纳斯	普布利乌斯·卢比乌斯
131	普布利乌斯·李西尼乌斯·克拉苏·迪维斯·姆基安努斯	卢基乌斯·瓦列乌斯·费拉库斯
130	卢基乌斯·科尔内利乌斯·莱恩图鲁斯	马尔库斯·佩皮尔纳
	补任：阿庇乌斯·克劳狄·普尔喀	
129	盖乌斯·塞姆普罗尼乌斯·图迪塔努斯	马尼乌斯·阿基乌斯
128	格涅乌斯·屋大维	提图斯·安尼乌斯·鲁弗斯
127	卢基乌斯·卡基乌斯·朗基努斯	卢基乌斯·科尔内利乌斯·秦纳
126	马尔库斯·埃米利乌斯·雷必达	卢基乌斯·奥雷利乌斯·奥雷斯特斯
125	马尔库斯·普拉蒂乌斯·希普萨乌斯	马尔库斯·费尔维乌斯·费拉库斯
124	盖乌斯·卡基乌斯·朗基努斯	盖乌斯·塞克斯蒂乌斯·卡尔维努斯
123	昆图斯·凯基利乌斯·梅泰卢斯·巴利阿里库斯	提图斯·昆克蒂乌斯·弗拉米尼
122	格涅乌斯·多米蒂乌斯·阿赫诺巴布斯	盖乌斯·法尼乌斯
121	卢基乌斯·奥皮米乌斯	昆图斯·法比乌斯·马克西姆斯·阿尔洛布罗吉努斯
120	普布利乌斯·曼尼利乌斯	盖乌斯·巴比留·卡尔波
119	卢基乌斯·凯基利乌斯·梅泰卢斯·达尔马提库斯	卢基乌斯·奥雷利乌斯·科塔
118	马尔库斯·波尔基乌斯·加图	昆图斯·马奇路斯·雷克斯
117	卢基乌斯·凯基利乌斯·梅泰卢斯·迪亚德马图斯	昆图斯·姆基乌斯·斯凯沃拉
116	盖乌斯·李西尼乌斯·格塔	昆图斯·法比乌斯·马克西姆斯·埃布尔努斯
115	马尔库斯·埃米利乌斯·斯卡乌鲁斯	马尔库斯·凯基利乌斯·梅泰卢斯
114	马尼乌斯·阿基利乌斯·巴布布斯	盖乌斯·波尔基乌斯·加图
113	盖乌斯·凯基利乌斯·梅泰卢斯·卡普拉里乌斯	格涅乌斯·巴比留·卡尔波
112	马尔库斯·李维乌斯·德鲁苏斯	卢基乌斯·卡尔普尔尼乌斯·皮索·卡埃索尼努斯
111	普布利乌斯·科尔内利乌斯·西庇阿·纳西卡·塞拉皮奥	卢基乌斯·卡尔普尔尼乌斯·贝斯蒂亚
110	马尔库斯·米努基乌斯·鲁弗斯	斯普里乌斯·波斯图米乌斯·阿尔比努斯
109	昆图斯·凯基利乌斯·梅泰卢斯·努米底库斯	马尔库斯·尤尼乌斯·西拉努斯
108	塞尔维乌斯·苏尔皮基乌斯·加尔巴	昆图斯·霍尔特恩西乌斯
		补任：马尔库斯·奥雷利乌斯·斯卡乌鲁斯
107	卢基乌斯·卡西乌斯·朗基努斯	盖乌斯·马略
106	盖乌斯·阿蒂利乌斯·塞尔拉努斯	昆图斯·塞维利乌斯·卡埃皮奥
105	普布利乌斯·鲁提利乌斯·鲁弗斯	格涅乌斯·马利乌斯·马克西姆斯
104	盖乌斯·马略（二度）	盖乌斯·弗拉乌斯·菲比瑞拉
103	盖乌斯·马略（三度）	卢基乌斯·奥雷利乌斯·奥雷斯特斯
102	盖乌斯·马略（四度）	昆图斯·卢达提乌斯·卡图卢斯
101	盖乌斯·马略（五度）	马尼乌斯·阿基乌斯·奈波
100	盖乌斯·马略（六度）	卢基乌斯·瓦列乌斯·费拉库斯
99	马克·安东尼（雄辩家）	奥卢斯·波斯图米乌斯·阿尔比努斯
98	昆图斯·凯基利乌斯·梅泰卢斯·奈波	提图斯·迪迪乌斯
97	格涅乌斯·科尔内利乌斯·兰图鲁斯	普布利乌斯·李西尼乌斯·克拉苏
96	格涅乌斯·多米蒂乌斯·阿赫诺巴布斯	盖乌斯·卡西乌斯·朗基努斯
95	卢基乌斯·李西尼乌斯·克拉苏	昆图斯·姆基乌斯·斯凯沃拉
94	盖乌斯·科埃利乌斯·卡尔都斯	卢基乌斯·多米蒂乌斯·阿赫诺巴布斯
93	盖乌斯·瓦列乌斯·费拉库斯	马尔库斯·赫雷尼乌斯
92	盖乌斯·克劳狄·普尔喀	马尔库斯·佩尔佩尔纳
91	卢基乌斯·马奇路斯·菲利普斯	塞克斯图斯·尤利乌斯·恺撒
90	卢基乌斯·尤利乌斯·恺撒	普布利乌斯·鲁提利乌斯·鲁佩斯
89	格涅乌斯·庞培·斯特利博	卢基乌斯·波尔基乌斯·加图
88	卢基乌斯·科尔内利乌斯·苏拉	昆图斯·庞培·鲁弗斯
87	格涅乌斯·屋大维	卢基乌斯·科尔内利乌斯·秦纳
		补任：卢基乌斯·科尔内利乌斯·梅鲁拉

---

[43] 在罗马共和国时期，两位执政官地位相当，不分先后。此处"主副"只是为了方便阅读。——译者注

年份（公元前）	主执政官	副执政官
86	卢基乌斯·科尔内利乌斯·秦纳（二度）	马略·恺撒（七度） 补任：卢基乌斯·瓦列里乌斯·费拉库斯
85	卢基乌斯·科尔内利乌斯·秦纳（三度）	格涅乌斯·巴比留·卡尔波
84	格涅乌斯·巴比留·卡尔波（二度）	卢基乌斯·科尔内利乌斯·秦纳（四度）
83	卢基乌斯·科尔内利乌斯·西庇阿·阿西阿提库斯·阿西阿涅努斯	盖乌斯·诺尔巴努斯
82	盖乌斯·马略（小） 独裁官：卢基乌斯·科尔内利乌斯·苏拉	格涅乌斯·巴比留·卡尔波（三度） 军政官：卢基乌斯·瓦列乌斯·费拉库斯
81	独裁官：卢基乌斯·科尔内利乌斯·苏拉（二度） 马尔库斯·图利乌斯·戴库拉	军政官：卢基乌斯·瓦列乌斯·费拉库斯（二度） 格涅乌斯·科尔内利乌斯·多尔贝拉
80	独裁官：卢基乌斯·科尔内利乌斯·苏拉（三度） 卢基乌斯·科尔内利乌斯·苏拉（二度）	军政官：卢基乌斯·瓦列乌斯·费拉库斯（三度） 昆图斯·凯基利乌斯·梅泰卢斯·比乌斯
79	独裁官：卢基乌斯·科尔内利乌斯·苏拉（四度） 普布利乌斯·塞尔维利乌斯·瓦蒂亚·伊萨乌里库斯	军政官：卢基乌斯·瓦列乌斯·费拉库斯（四度） 阿庇乌斯·克劳狄·普尔喀
78	马尔库斯·埃米利乌斯·雷必达	昆图斯·卢达提乌斯·卡图卢斯 马梅尔库斯·埃米利乌斯·雷必达·利维安努斯
77	迪基乌斯·尤尼乌斯·布鲁图斯	格涅乌斯·斯科里波尼乌斯·库里奥
76	格涅乌斯·屋大维	盖乌斯·奥雷利乌斯·科塔
75	卢基乌斯·屋大维	马尔库斯·奥雷利乌斯·科塔
74	卢基乌斯·李西尼乌斯·卢库勒斯	盖乌斯·卡西乌斯·朗基努斯
73	马尔库斯·特伦提乌斯·瓦罗·卢库勒斯	格涅乌斯·科尔内利乌斯·兰图鲁斯·克罗狄安努斯
72	卢基乌斯·格里乌斯·普利克拉	格涅乌斯·奥菲迪乌斯·奥雷斯特斯
71	普布利乌斯·科尔内利乌斯·兰图鲁斯	马尔库斯·李西尼乌斯·克拉苏
70	格涅乌斯·庞培·马格纽斯	昆图斯·凯基利乌斯·梅泰卢斯·克里提乌斯
69	昆图斯·荷尔顿西乌斯·霍达卢斯	昆图斯·马奇路斯·雷克斯／补任：塞尔维利乌斯·瓦蒂亚
68	卢基乌斯·凯基利乌斯·梅泰卢斯	马尼乌斯·阿基利乌斯·格拉布里奥
67	盖乌斯·卡尔普尔尼乌斯·皮索	卢基乌斯·沃尔卡蒂乌斯·图鲁斯
66	马尼乌斯·埃米利乌斯·雷必达	卢基乌斯·曼利乌斯·托尔卡图斯
65	卢基乌斯·奥雷利乌斯·科塔	盖乌斯·马奇路斯·菲古鲁斯
64	卢基乌斯·尤利乌斯·恺撒	盖乌斯·安东尼·希布里达
63	马尔库斯·图利乌斯·西塞罗	盖乌斯·安东尼·希布里达 卢基乌斯·李西尼乌斯·穆雷纳
62	迪基姆斯·尤尼乌斯·西拉努斯	卢基乌斯·李西尼乌斯·穆雷纳
61	马尔库斯·普庇乌斯·皮索·弗鲁基·卡尔普尔尼安努斯	马尔库斯·瓦列乌斯·梅萨拉·尼格尔
60	昆图斯·凯基利乌斯·梅泰卢斯·凯雷尔	卢基乌斯·阿弗拉尼乌斯
59	盖乌斯·尤利乌斯·恺撒	马尔库斯·卡尔普尔尼乌斯·比布鲁斯
58	卢基乌斯·卡尔普尔尼乌斯·皮索·卡埃索尼努斯	奥卢斯·加比乌斯
57	普布利乌斯·科尔内利乌斯·兰图鲁斯·斯皮恩特尔	昆图斯·凯基利乌斯·梅泰卢斯·奈波
56	格涅乌斯·科尔内利乌斯·兰图鲁斯·马凯利努斯	卢基乌斯·马奇路斯·菲利普斯
55	格涅乌斯·庞培·马格纽斯（二度）	马尔库斯·李西尼乌斯·克拉苏（二度）
54	卢基乌斯·多米蒂乌斯·阿赫诺巴布斯	阿庇乌斯·克劳狄·普尔喀
53	格涅乌斯·多米蒂乌斯·卡尔维努斯	马尔库斯·瓦列乌斯·梅萨拉·鲁弗斯
52	格涅乌斯·庞培·马格纽斯（三度）	补任：昆图斯·凯基利乌斯·梅泰卢斯·庇乌斯·西比阿
51	塞尔维乌斯·苏尔皮基乌斯·鲁弗斯	马尔库斯·克劳狄·马塞勒斯
50	卢基乌斯·埃米利乌斯·雷必达·保卢斯	盖乌斯·克劳狄·马塞勒斯
49	盖乌斯·克劳狄·马塞勒斯	卢基乌斯·科尔内利乌斯·兰图鲁斯·克鲁斯
48	独裁官：盖乌斯·尤利乌斯·恺撒 盖乌斯·尤利乌斯·恺撒（二度）	军政官：空位 普布利乌斯·塞尔维利乌斯·瓦蒂亚·伊萨乌里库斯
47	独裁官：盖乌斯·尤利乌斯·恺撒（二度） 独裁官：盖乌斯·尤利乌斯·恺撒（三度） 昆图斯·弗费乌斯·卡雷努斯	军政官：马克·安东尼 军政官：马克·安东尼（二度） 普布利乌斯·瓦蒂尼乌斯
46	独裁官：盖乌斯·尤利乌斯·恺撒（四度） 盖乌斯·尤利乌斯·恺撒（三度）	军政官：马尔库斯·埃米利乌斯·雷必达 马尔库斯·埃米利乌斯·雷必达
45	独裁官：盖乌斯·尤利乌斯·恺撒（五度） 盖乌斯·尤利乌斯·恺撒（四度）	军政官：马尔库斯·埃米利乌斯·雷必达（二度） 军政官：空位
45	补任：昆图斯·法比乌斯·马克西穆斯 补位：盖乌斯·卡尼尼乌斯·雷比鲁斯	补位：盖乌斯·特雷波尼乌斯
44	独裁官：盖乌斯·尤利乌斯·恺撒（六度） 盖乌斯·尤利乌斯·恺撒（五度） 补任：普布利乌斯·科尔内利乌斯·多拉贝拉	军政官：格涅乌斯·多米蒂乌斯·卡尔维努斯 马克·安东尼

NATIONAL GEOGRAPHIC

图书在版编目（CIP）数据

罗马共和国的终结 / 美国国家地理学会编著；李恋晨译. -- 北京：现代出版社，2021.4

（美国国家地理全球史）

ISBN 978-7-5143-8930-2

Ⅰ.①罗… Ⅱ.①美…②李… Ⅲ.①罗马共和国-历史 Ⅳ.①K126

中国版本图书馆CIP数据核字(2020)第261001号

版权登记号：01-2021-1269

© RBA Coleccionables, S. A. 2013

© Of this edition: Modern Press Co., Ltd.2021

NATIONAL GEOGRAPHIC及黄框标识，是美国国家地理学会官方商标，未经授权不得使用。

由北京久久梦城文化发展有限公司代理引进

罗马共和国的终结（美国国家地理全球史）

编 著 者：	美国国家地理学会
译　　者：	李恋晨
策划编辑：	吴良柱
责任编辑：	姚冬霞　哈　曼
内文排版：	北京锦创佳业文化传播有限公司
出版发行：	现代出版社
通信地址：	北京市安定门外安华里504号
邮政编码：	100011
电　　话：	010-64267325　64245264（兼传真）
网　　址：	www.1980xd.com
电子邮箱：	xiandai@vip.sina.com
印　　刷：	固安兰星球彩色印刷有限公司
开　　本：	710mm*1000mm　1/16
印　　张：	15 　　　　　　字　　数：229千
版　　次：	2021年4月第1版　印　　次：2023年10月第2次印刷
书　　号：	ISBN 978-7-5143-8930-2
定　　价：	76.00元

版权所有，翻印必究；未经许可，不得转载